트랜스미디어 시대의
문화산업과 문화상품

트랜스미디어 시대의
문화산업과 문화상품

이건웅 · 최승호 지음

북코리아

들어가는 말

    4차 산업혁명이 화두가 되고 새로운 미디어가 증가함에 따라 멀티플랫포밍(multiplatforming)이 가능한 컨버전스 시대가 도래하면서 콘텐츠를 기획하고 소비하는 방식에도 큰 변화가 생겼다. 이용자는 대개 복수의 미디어로 구성되는 개인별 미디어 매트릭스를 가지고 있으며, 미디어 매트릭스를 구성하는 미디어들을 동시에, 또는 시차를 두고 넘나들며 이용하는 멀티플랫포밍 행위를 하게 된다. 이재현이 제안한 개념인 멀티플랫포밍 행위는 ① 미디어 차원에서는 '다중 미디어 매트릭스'의 구성 ② 시간 차원에서는 '시간의 심화'로 개념화된다.

    가장 대표적인 것이 트랜스미디어(transmedia) 스토리텔링이다. 트랜스미디어 스토리텔링은 하나의 스토리로 최대의 부가가치를 창출하려는 경제적 의도를 가지고 있으며, 기존의 OSMU(One Source Multi Use)를 포괄하는 다매체 스토리텔링 방식이다. OSMU는 "하나의 원천콘텐츠가 다양한 매체로 재생산되어 다양한 부가가치를 창출하는 콘텐츠산업의 비즈니스 기법"을 말한다. 트랜스미디어 스토리텔링은 다매체를 통해 스토리를 확장하면서 같은 스토리를 반복하는 OSMU 방식에서 진일보하여 원천콘텐츠에서 변형되고 진화된 스토리를 매체별로 전개함으로써 하나의 세계관을 공유하는 더 풍부한 콘텐츠를 가진다는 것을 뜻한다. 이러한 트랜스미디어의 개념 안에는 확장성과 적합성이라는 중요한 의미가 함축되어 있다. 김희경은 트랜스미디어의 확장성에 대해 "미디어의 확장을 의미하는 외연의 확장과 스토리의 확장을 뜻하는 내연의 확장으로 구분"하고 있다. 또한, 하나의 원천콘텐츠가 중심을 이루고 열린 구조로 변주되면서 트랜스미디어 스토리텔링으로 탈중심성을 가짐과 더불어 콘텐츠의 적합성을 갖는다고 부여하고 있다.[1]

MIT 교수인 헨리 젠킨스(Henry Jenkins)는 《컨버전스 컬처》에서 트랜스미디어 스토리텔링의 개념을 제시하고 학문적으로 정립했다. 그의 개념 정리에 따르면, "트랜스미디어 스토리텔링은 공통된 세계관을 기반으로 한 각기 다른 스토리를 여러 개의 미디어 플랫폼을 통해 전달하고 경험하는 서사 방식"을 지칭한다. 세부적으로는 다음과 같은 세 가지 특징으로 설명했다. "첫째, 트랜스미디어란 다양한 미디어 플랫폼을 통해 스토리가 공개되어야 하며, 둘째, 다른 미디어로 유통된 콘텐츠의 소비 없이도 즐길 수 있을 만큼 하나의 미디어로 제공된 콘텐츠는 그 자체로도 완결된 스토리를 가져 자기 충족적이어야 한다. 마지막으로 중요한 점은 새롭게 등장한 텍스트가 기존의 텍스트와 합쳐져서 전체 스토리에 분명하고도 가치 있는 기여를 해야 한다는 점"이다.[2]

하지만 N스크린 시대로 접어들면서 텍스트의 한계는 선명해졌다.

---

[1] 김희경(2015), 《트랜스미디어 콘텐츠의 세계》, 커뮤니케이션북스, 6-8쪽.

[2] 헨리 젠킨스(2008), 《컨버전스 컬처》, 김정희 · 김동신 옮김, 비즈앤비즈, 149쪽.

원천콘텐츠로서 출판의 역할도 그 경계가 모호해졌으며, 이제는 대중 혹은 융합콘텐츠 시대로 접어들었다. 최근 트랜스미디어 스토리텔링은 출판, 영화, 드라마, 게임, 웹툰 등 장르나 분야를 가리지 않고 트랜스와 크로스를 자유자재로 변주하면서 어떤 원천콘텐츠가 트랜스미디어적인 확장성에 적합한지, 그 적합성과 잠재성을 판별하는 기준은 무엇인지를 고민하게 되었다. 이러한 문제의식에서 시작한 이번 집필은 트랜스미디어적인 확장성을 담보하는 콘텐츠의 결정적 요인을 원천콘텐츠 중심의 스토리텔링에서 도출하고자 한다. 그리고 이러한 연구가 현장의 창작자와 연구자를 연결해주는 기능을 하는 데 그 목적이 있다.

최근 문화콘텐츠의 주요 특징 중 하나인 OSMU에 이어 트랜스미디어, 트랜스미디어 콘텐츠, 트랜스미디어 스토리텔링 등이 떠오르고 있다. 트랜스미디어(transmedia)의 접두어 'trans'는 초월 · 횡단 · 변화 · 관통 · 이전 등을 의미하며, 최근에 등장한 트랜스미디어는 여러 가지 의미로 재해석되고 개념도 혼재되는 양상을 보이고 있다. OSMU의 한 종류라고 보는 견해도 있고, 모바일 IPTV, 스마트폰 트위터 및 페이스북 등 뉴미디어의 등장으로 콘텐츠의 향유 방법이 달라짐에 따라 사용자가 동시에 여러 미디어를 접하므로 매체 간의 이동을 의미한다는 하드웨어 중심의 시각도 존재한다.

영화, 게임, 웹툰, 만화, 애니메이션, 도서 등 다양한 콘텐츠로 변이하는 것을 트랜스미디어라고 보기도 하는데, 이는 장르 간 이동 또는 매체 전환을 미디어로 보는 측면과 콘텐츠로 보는 측면이 대립하기 때문에 생기는 문제다. 문화산업의 입장에서 본다면, 매체나 장르의 변이는 트랜스미디어 콘텐츠이며, 하드웨어 중심의 트랜스미디어와 다르게 해석해야 한다. 트랜스미디어 콘텐츠는 문화적으로는 새로운 놀이체험과 사용자의 경험을 유도할 수 있다는 점에 의의가 있고, 산업적 측면으로는 국외에 비해 아직 개발이 미비한 국내 콘텐츠의 개발 방향을 설정하는 데 기여할 수 있다. 이 책에서는 몇몇 주요 주제를 다루고 있다.

첫째, 콘텐츠는 문화기술과 함께 발전한다. 트랜스미디어의 탄생은 N스크린 서비스 같은 대표적인 기술의 발전과 연동되었기 때문에 가능하다. 스마트폰, 태블릿PC, 스마트워치 등의 등장과 활용은 콘텐츠의 다양한 확장을 의미한다. 따라서 이 책에서는 트랜스미디어가 N스크린 서비스 같은 대표적인 문화기술과 접목했을 때 어떠한 시너지를 창출하는지 살펴보도록 한다.

둘째, 문화산업은 OSMU에서 트랜스미디어로 진화하고 있다. 국내 문화산업시장은 이미 OSMU로 대표되는 문화마케팅 기법이 확고하게 자리매김하고 있다. 하지만 OSMU처럼 성공한 콘텐츠의 매체 전환을 통한 부가가치 창출에는 한계가 있다. 더욱 정밀하고 복잡해지는 콘텐츠의 양상을 담아내기 위해서는 진일보한 시도가 필요한데, 그것이 바로 트랜스미디어다. 트랜스미디어는 해외 문화산업시장에서 활발하게 시도되고 있으나, 국내에서는 초기 단계에 머물고 있다. 따라서 이 연구에서는 OSMU에서 트랜스미디어 스토리텔링으로 발전하는 양상과 진화 단계를 살펴본다.

셋째, 해외 사례와 한국 사례를 통해 트랜스미디어의 가능성을 진단한다. 해외에서 〈스타워즈〉나 마블, DC처럼 최적화된 콘텐츠를 중심으로 어떻게 트랜스미디어가 발전하고 실제로 적용되는지 분석한다. 또한, 만화와 애니메이션, 〈미생〉과 《구름빵》 같은 국내 우수 성공

사례를 통해 트랜스미디어의 미래를 다루고 있다.

넷째, 문화산업을 견인하는 문화기업을 분석한다. 국내 CJ ENM 부터 세계 최고의 글로벌 엔터테인먼트 기업 월트디즈니, 비디오 대여점에서 최강 콘텐츠 기업으로 성장하고 있는 넷플릭스, 블록 장난감으로 세계를 움직이는 레고, 마지막으로 중국의 급부상을 대변하는 완다까지 글로벌 문화기업의 탄생부터 발전, 기업관과 문화산업에 미치는 영향 등을 다각적으로 분석한다.

이 책은 최근에 등장한 트랜스미디어 개념을 쉽게 구분하기 위해 OSMU의 개념과 스토리텔링(Storytelling), 스토리 각색(Story Adaptation), 트랜스미디어 콘텐츠(Transmedia Contents), 트랜스미디어 스토리텔링 등 기본적 개념 및 구성적 개념의 차이점을 밝히고, 트랜스미디어 콘텐츠의 구성요소를 살펴본 후 그것을 기준으로 해외 성공 사례를 분석한다. 이를 바탕으로 트랜스미디어 콘텐츠의 현황을 파악하고, 국내 콘텐츠 개발의 지향하는 방향을 제시한다.

이 책은 문화상품 기획을 타깃으로 한 교재이지만, 지극히 주관적인 관점과 내용을 담고 있다. 문화산업의 특성상 단일한 주제나 관점을 갖추기는 매우 어렵다. 그럼에도 불구하고 이 책은 개념과 원칙, 기본에 충실하게 다루어 교재로서 역할을 할 수 있도록 집필했다. 2년 남짓 붙잡고 있으면서 탈고하지 못한 원고를 마무리할 수 있게 도와준 모든 분께 이 사리를 빌려 감사의 인사를 드린다.

CONTENTS

CONTENTS

4차
산업혁명
시대와
문화상품

2. 문화상품이란

1.
4차 산업혁명

2016년 제46회 다보스포럼의 주요 의제는 '4차 산업혁명의 이해(Mastering the Fourth Industrial Revolution)'였다. 다보스포럼은 세계경제포럼(World Economic Forum)의 연차회의를 통칭하는 말로 개최 장소가 스위스 다보스인 데서 유래되었다. 1938년부터 시작된 회의로 역사와 전통을 자랑하며, 세계적인 영향력을 갖고 있다. 여기서 핵심 의제로 제시한 4차 산업혁명은 과거와 현재 그리고 미래를 가르는 개념이다.

18세기에 증기기관이 발명되고 대량생산이 가능해지면서 1차 산업혁명이 도래한다. 기존의 농업 중심의 산업에서 비로소 근대문명을 갖추게 되었고, 세계의 중심은 동양에서 서양으로 바뀌었다. 19세기에서 20세기로 넘어오면서 증기는 전기로 바뀌었고, 산업은 거대화되었다. 문명의 발전은 기득권 유지로 인해 반목과 갈등이 일상화되고 서구 유럽 사회는 전쟁에 휘말리게 된다. 2차 산업혁명은 전쟁이라는 재난 속에서 역설적으로 더욱 발전했고, 세상의 중심은 유럽에서 미국으로 넘어가게 되었다.

　3차 산업혁명은 정보화 사회이며 컴퓨터로 자동화가 가능해졌다. 기업의 업무는 모두 컴퓨터로 전환되었고, 심지어 각 가정마다 컴퓨터가 일상화되었다. 인터넷을 기반으로 전 세계가 하나가 되었고, 스마트폰의 등장은 인간의 삶을 완전히 뒤바꾸어놓았다. 이러한 변화와 혁신 속에서 4차 산업혁명이 태동했다. 2016년 다보스포럼에서 기치를 내세운 만큼 4차 산업혁명의 시작은 2016년으로 보는 게 맞다. 4차 산업혁명은 기존의 제조업에 ICT가 접목하면서 새로운 혁신을 창조해낸다. 알파고와 이세돌의 바둑 대결은 4차 산업혁명이 무엇인지 강렬하게 보여준다. 2016년 3월 구글은 딥마인드 챌린지 매치(Deepmind Challenge Match)를 기획한다. ICT 분야의 전문가는 알파고가 5전 전승을 할 것이라 예상했다. 인문학과 바둑 전문가는 변수가 많은 바둑만큼은 이세돌이 승리할 것이라고 예상했다. 하지만 결과는 4:1로 누구도 경기 결과를 예측하지 못했다. 한 가지 중요한 것은 이미 인공지능의 발전 속도가 인간을 뛰어넘었다는 점이다. 인공지능은 4차 산업혁명을 견인하는 핵심 기술 분야다.

　이외에도 사물인터넷(IoT), 3D 프린터, 웨어러블, 드론과 로봇, 무인자동차, 바이오공학 등이 있다. 세계경제포럼 창립자이자 회장인 클라우스 슈밥은 4차 산업혁명의 개념을 담은 책을 내놓았다. 그는 이 책에서 향후 우리가 당면하게 될 문제를 고민하고 해법을 찾고자 한다. 동시에 아직 우리 사회가 4차 산업혁명을 받아들일 준비가 되어 있는지 반문하고 있다. 정부와 기업, 사회가 4차 산업혁명을 준비하고 이를 활용할 방안을 머리를 맞대고 고민해야 할 시점이라고 말한다.

또한, 그는 3차 산업혁명과 4차 산업혁명이 근본적으로 다르다고 말한다. 혹자는 4차 산업혁명은 3차 산업혁명의 연장에 불과하다며 의구심을 보인다. 이미 컴퓨터와 인터넷 세상이 되었고 뉴미디어가 일상화된 시점에서 4차 산업혁명은 말 만들기 좋아하는 사람들이 만든 허상에 불과하다는 것이다. 하지만 그는 4차 산업혁명은 개별적인 디지털 발전을 의미하는 것이 아니라 여러 산업이 동시다발적으로 연결되고 통합되어 새로운 혁신을 이끈다는 점에서 다르다고 말한다. 이(異)산업 간의 융복합이 비로소 실현된다는 것이다. 빅데이터, 인공지능, 자율주행자동차, 퀀텀컴퓨팅(Quantum Computing)이 가장 좋은 사례라고 제시한다. 따라서 4차 산업혁명에는 연결, 속도, 융합 같은 개념이 핵심이며, 하나의 개별 상품을 생산하는 것이 아니라 시스템을 구축·총괄하고 있다는 점에서 기존의 산업혁명과 다르다.

4차 산업혁명이 한때 유행하는 트렌드로 남을지 아니면 사회를 뒤바꿀 혁신적 개념이 될지 확신할 수 없다. 하지만 적어도 문재인 정부 5년 동안 한국 사회를 지배할 어젠다임에는 틀림없다. 대통령 직속으로 4차산업혁명위원회를 조직해 사회 혁신과 일자리를 연결하고 있다. 장병규 4차산업혁명위원장은 '톱다운(top down: 위에서 아래로 내려오는)'과 '보텀업(bottom up: 아래에서 위로 올라가는)' 방식의 공존, 즉 정부와 민간기업이 함께 논의해야 추진 속도를 낼 수 있다고 제안했다.

한국에서 4차 산업혁명의 성공 여부는 아직 미지수다. 한국에는 아직 4차 산업혁명이 태동하고 있다고 볼 수 없다. 특히 문화산업에는 그 징조가 미미하다. 4차산업혁명위원회의 20명에 달하는 전문가들이 모두 ICT 분야라는 점은 절망적이다. 문화기술이나 바이오공학 등 다양한 분야의 전문가들이 배제되었고, 주무부처의 장관이 참여해 정부 조직 간 협력을 강조한다는 느낌이 들었다. 민간 중심이 아닌 관 중심의 혁신위는 성공을 담보하기 어렵다.

2.
문화상품이란

　　우리나라에 문화산업과 밀접한 관계가 있는 법률로는 〈문화예술 진흥법〉, 〈문화산업진흥기본법〉, 〈콘텐츠산업진흥법〉이 있다. 〈문화예 술진흥법〉에서 정의한 문화산업은 "문학, 미술(응용미술을 포함한다), 음악, 무용, 연극, 영화, 연예(演藝), 국악, 사진, 건축, 어문(語文), 출판 및 만화 의 창작물 또는 이들 용품을 산업 수단에 의하여 기획·제작·공연· 전시·판매하는 것을 업(業)으로 하는 것"을 말한다. 〈문화산업진흥기 본법〉에서 문화산업은 "예술성·창의성·오락성·여가성·대중성(이 하 "문화적 요소"라 한다)이 체화(體化)되어 경제적 부가가치를 창출하는 유 형·무형의 재화(문화콘텐츠, 디지털문화콘텐츠 및 멀티미디어문화콘텐츠 포함)와 그 서 비스 및 이들 복합체의 기획·개발·제작·생산·유통·소비 등과 이 에 관련된 서비스를 행하는 산업"이라고 정의하고 있다. 〈콘텐츠산업 진흥법〉은 문화산업을 "경제적 부가가치를 창출하는 부호·문자·도 형·색채·음성·음향·이미지 및 영상 등(이들의 복합체를 포함한다)의 자료 또는 정보, 또는 이를 제공하는 서비스(이들의 복합체를 포함한다)의 제작·유통·이용 등과 관련한 산업"으로 정의한다. 3개의 법률 모두 문화산업을 정의하지만 의미와 범위가 다르다. 이러한 법률의 혼선은 산업계와 학계에서 문화산업을 정의하는 방향과 기준에 큰 혼란을 주고 있다. 정권이 바뀔 때마다 법이 개정되거나 새로운 법이 생겨나면서 자연스럽게 얽히고설킨 대표적인 사례다. 문화산업 분야에서 문화산업, 문화상품, 문화콘텐츠, 콘텐츠, 문화예술의 의미는 매우 중요하다. 아래 표는 법률에 적시된 법률 사항을 정리한 것이다.

2018년 10월 일부 개정한 〈문화산업진흥기본법〉 제2조(정의) 2항에 문화상품에 대한 정의가 적시되어 있다. '문화상품'이란 "예술성·창의성·오락성·여가성·대중성(이하 "문화적 요소"라 한다)이 체화되어 경제적 부가가치를 창출하는 유형·무형의 재화(문화콘텐츠, 디지털문화콘텐츠 및 멀티미디어문화콘텐츠를 포함한다)와 그 서비스 및 이들의 복합체"를 말한다. 법

〈표 1-1〉 문화산업 관련 용어의 법률적 정의 비교

용어	문화상품(2009)	문화예술(2013)	문화콘텐츠(2006)	콘텐츠(2010)
정의	예술성·창의성·오락성·여가성·대중(이하 "문화적 요소"라 한다)이 체화(體化)되어 경제적 부가가치를 창출하는 유형·무형의 재화(문화콘텐츠, 디지털문화콘텐츠 및 멀티미디어문화콘텐츠를 포함한다)와 그 서비스 및 이들의 복합체	문학, 미술(응용미술을 포함한다), 음악, 무용, 연극, 영화, 연예(演藝), 국악, 사진, 건축, 어문(語文), 출판 및 만화	문화적 요소가 체화된 콘텐츠	부호·문자·도형·색채·음성·음향·이미지 및 영상 등(이들의 복합체를 포함한다)의 자료 또는 정보
법률	문화산업진흥기본법	문화예술진흥법	문화산업진흥기본법	콘텐츠산업진흥법/문화산업진흥기본법

출처: 김시범(2018), 〈문화산업의 법률적 정의 및 개념 고찰〉, 《인문콘텐츠》 48, 인문콘텐츠학회.

률의 정의에 따르면 문화콘텐츠보다 문화상품이 상위의 개념임을 알 수 있다. 〈문화산업진흥기본법〉은 김대중 정부 시절인 1999년 2월 처음 제정된 우리나라 최초의 문화산업 관련법이다. 2002년 7월 제정한 〈온라인디지털콘텐츠산업발전법〉은 이명박 정부 때인 2010년 〈콘텐츠산업진흥법〉으로 개정된다. 하지만 〈콘텐츠산업진흥법〉에는 문화상품에 대한 내용이 전혀 없다. 아래 표는 문화상품의 법률적인 정의 변동을 정리했다.

또한, 문화상품은 시대가 발전하고 문화산업이 급변하면서 법률의 정의와 범위가 바뀌는데, 새로 신설되는 조항도 있고 사라진 부분도

〈표 1-2〉 문화상품의 법률적인 정의 변동

연도	문화상품 정의	변동내역	구분
1999	문화적 요소가 체화되어 경제적 부가가치를 창출하는 유·무형의 재화와 서비스 및 이들의 복합체	신설	법률 제정
2002	문화적 요소가 체화되어 경제적 부가가치를 창출하는 유·무형의 재화(문화관련 콘텐츠 및 디지털문화콘텐츠를 포함한다)와 서비스 및 이들의 복합체	재화의 영역 제시: 문화관련 콘텐츠 및 디지털문화콘텐츠	전부 개정
2006	예술성·창의성·오락성·여가성·대중성(이하 "문화적 요소"라 한다)이 체화되어 경제적 부가가치를 창출하는 유·무형의 재화(문화콘텐츠, 디지털문화콘텐츠 및 멀티미디어문화콘텐츠를 포함한다)와 서비스 및 이들의 복합체	문화적 요소의 구체적 제시: 예술성·창의성·오락성·여가성·대중성 문화콘텐츠, 디지털문화콘텐츠 및 멀티미디어문화콘텐츠 용어 변경	일부 개정
2009	예술성·창의성·오락성·여가성·대중성(이하 "문화적 요소"라 한다)이 체화되어 경제적 부가가치를 창출하는 유형·무형의 재화(문화콘텐츠, 디지털문화콘텐츠 및 멀티미디어문화콘텐츠를 포함한다)와 그 서비스 및 이들의 복합체	정확한 의미전달을 위한 용어 정리	일부 개정

출처: 김시범(2018), 〈문화산업의 법률적 정의 및 개념 고찰〉,《인문콘텐츠》48, 인문콘텐츠학회.

있다. 대개 법률은 3~4년 간격으로 개정되었는데, 아래 표는 〈문화산업진흥기본법〉이 개정되면서 바뀐 문화상품의 범위와 영역을 정리한 것이다. 〈문화산업진흥기본법〉은 1999년부터 2014년까지 6차례 개정되었는데, 영화 · 비디오물과 관련된 산업, 음악 · 게임과 관련된 산업, 출판 · 인쇄 · 정기간행물과 관련된 산업, 방송영상물과 관련된 산업, 문화재와 관련된 산업은 변함없이 산업 영역에 포함된다. 문화예술 분야, 디지털문화콘텐츠 분야, 전통 분야, 에듀테인먼트, 전시 · 박물관 등은 유동적이다.

〈표 1-3〉 문화상품 관련 산업 영역(문화산업진흥기본법)

연도	문화상품 범위
1999	가. 영화진흥법의 규정에 의한 영화와 관련된 산업 나. 음반 · 비디오물및게임물에관한법률의 규정에 의한 음반, 비디오물, 게임물과 관련된 산업 다. 출판사및인쇄소의등록에관한법률과 정기간행물의등록등에관한법률의 규정에 의한 출판 · 인쇄물 · 정기간행물과 관련된 산업 라. 방송법의 규정에 의한 방송프로그램과 관련된 산업 마. 종합유선방송법의 규정에 의한 방송프로그램과 관련된 산업 바. 문화재보호법의 규정에 의한 문화재와 관련된 산업 사. 예술성 · 창의성 · 오락성 · 여가성 · 대중성(이하 "문화적 요소"라 한다)이 체화되어 경제적 부가가치를 창출하는 캐릭터, 애니메이션, 디자인(산업디자인은 제외한다), 광고, 공연, 미술품, 전통공예품과 관련된 산업 아. 영상소프트웨어 중 양방향성 멀티미디어 기술을 이용한 멀티미디어콘텐츠와 관련된 산업(정보통신 관련 기술지원은 제외한다) 자. 기타 전통의상 · 식품 등 대통령령으로 정하는 산업
2002	가. 영화와 관련된 산업 나. 음반 · 비디오물 · 게임물과 관련된 산업 다. 출판 · 인쇄물 · 정기간행물과 관련된 산업 라. 방송영상물과 관련된 산업 마. 문화재와 관련된 산업

연도	문화상품 범위
	바. 예술성 · 창의성 · 오락성 · 여가성 · 대중성(이하 "문화적 요소"라 한다)이 체화되어 경제적 부가가치를 창출하는 캐릭터 · 애니메이션 · 디자인 (산업디자인은 제외한다) · 광고 · 공연 · 미술품 · 공예품과 관련된 산업 사. 디지털문화콘텐츠의 수집 · 가공 · 개발 · 제작 · 생산 · 저장 · 검색 · 유통 등과 이에 관련된 서비스를 행하는 산업 아. 그 밖에 전통의상 · 식품 등 대통령령으로 정하는 산업
2006	가. 영화와 관련된 산업 나. 음반 · 비디오물 · 게임물과 관련된 산업 다. 출판 · 인쇄물 · 정기간행물과 관련된 산업 라. 방송영상물과 관련된 산업 마. 문화재와 관련된 산업 바. 만화 · 캐릭터 · 애니메이션 · 에듀테인먼트 · 모바일문화콘텐츠 · 디자인(산업디자인은 제외한다) · 광고 · 공연 · 미술품 · 공예품과 관련된 산업 사. 디지털문화콘텐츠 및 멀티미디어문화콘텐츠의 수집 · 가공 · 개발 · 제작 · 생산 · 저장 · 검색 · 유통 등과 이에 관련된 서비스를 행하는 산업 아. 그 밖에 전통의상 · 식품 등 전통문화 자원을 활용하는 산업으로서 대통령령으로 정하는 산업
2009	가. 영화 · 비디오물과 관련된 산업 나. 음악 · 게임과 관련된 산업 다. 출판 · 인쇄 · 정기간행물과 관련된 산업 라. 방송영상물과 관련된 산업 마. 문화재와 관련된 산업 바. 만화 · 캐릭터 · 애니메이션 · 에듀테인먼트 · 모바일문화콘텐츠 · 디자인(산업디자인은 제외한다) · 광고 · 공연 · 미술품 · 공예품과 관련된 산업 사. 디지털문화콘텐츠, 사용자제작문화콘텐츠 및 멀티미디어문화콘텐츠의 수집 · 가공 · 개발 · 제작 · 생산 · 저장 · 검색 · 유통 등과 이에 관련된 서비스를 하는 산업 아. 그 밖에 전통의상 · 식품 등 전통문화 자원을 활용하는 산업으로서 대통령령으로 정하는 산업
2011	가. 영화 · 비디오물과 관련된 산업 나. 음악 · 게임과 관련된 산업 다. 출판 · 인쇄 · 정기간행물과 관련된 산업 라. 방송영상물과 관련된 산업 마. 문화재와 관련된 산업 바. 만화 · 캐릭터 · 애니메이션 · 에듀테인먼트 · 모바일문화콘텐츠 · 디자인(산업디자인은 제외한다) · 광고 · 공연 · 미술품 · 공예품과 관련된 산업

연도	문화상품 범위
	사. 디지털문화콘텐츠, 사용자제작문화콘텐츠 및 멀티미디어문화콘텐츠의 수집 · 가공 · 개발 · 제작 · 생산 · 저장 · 검색 · 유통 등과 이에 관련된 서비스를 하는 산업 아. 전통적인 소재와 기법을 활용하여 상품의 생산과 유통이 이루어지는 산업으로서 의상, 조형물, 장식용품, 소품 및 생활용품 등과 관련된 산업 자. 문화상품을 대상으로 하는 전시회 · 박람회 · 견본시장 및 축제 등과 관련된 산업. 다만, 전시산업발전법 제2조 제2호의 전시회 · 박람회 · 견본시장과 관련된 산업은 제외한다. 차. 가목부터 자목까지의 규정에 해당하는 각 문화산업 중 둘 이상이 혼합된 산업
2014	가. 영화 · 비디오물과 관련된 산업 나. 음악 · 게임과 관련된 산업 다. 출판 · 인쇄 · 정기간행물과 관련된 산업 라. 방송영상물과 관련된 산업 마. 문화재와 관련된 산업 바. 만화 · 캐릭터 · 애니메이션 · 에듀테인먼트 · 모바일문화콘텐츠 · 디자인 (산업디자인은 제외한다) · 광고 · 공연 · 미술품 · 공예품과 관련된 산업 사. 디지털문화콘텐츠, 사용자제작문화콘텐츠 및 멀티미디어문화콘텐츠의 수집 · 가공 · 개발 · 제작 · 생산 · 저장 · 검색 · 유통 등과 이에 관련된 서비스를 하는 산업 아. 대중문화예술산업 자. 전통적인 소재와 기법을 활용하여 상품의 생산과 유통이 이루어지는 산업으로서 의상, 조형물, 장식용품, 소품 및 생활용품 등과 관련된 산업 차. 문화상품을 대상으로 하는 전시회 · 박람회 · 견본시장 및 축제 등과 관련된 산업. 다만, 전시산업발전법 제2조 제2호의 전시회 · 박람회 · 견본시장과 관련된 산업은 제외한다. 카. 가목부터 차목까지의 규정에 해당하는 각 문화산업 중 둘 이상이 혼합된 산업

앞서 살펴본 법률적 의미와 달리 학술이나 산업에서 사용하는 문화상품의 의미는 차이가 있다. 전통적으로 문화상품은 "직물, 나무, 도자기, 유리, 금속 등을 활용해서 각 지역의 전통문화를 장인들의 손에 의해 심미적인 아름다움과 생산기술을 발현할 상품"을 의미한다. 넓은 의미로는 미학과 제작기술, 지역 전통 등이 어우러진 공예, 수공예,

민족이나 지역성이 강한 제품을 모두 포함하는데, 가정에서 흔히 볼 수 있는 화분, 그림, 상자, 테이블, 꽃병, 의류, 보석, 장난감, 양탄자 등은 모두 문화상품이 될 수 있는 대상이다.[1] 유네스코(2009)는 문화상품을 "아이디어, 상징 및 생활 방식을 전달하는 소비재를 말하며, 예컨대 책, 잡지, 멀티미디어 제품, 소프트웨어, 음반, 영화, 비디오, 시청각 프로그램, 공예 및 패션"[2] 등을 말한다. 변미연 · 백민숙(2015)은 문화상품을 "각 민족의 전통성을 반영한 경제적인 가치를 가지는 유형과 무형의 고부가가치 상품"[3]이라고 정의했다. 김기영(2014)은 문화상품을 "재화와 서비스를 망라하여 해당하는 개념이고, 특히 지적재산권과 밀접하게 관련되어 있기 때문에 재화와 서비스무역, 그리고 지적재산권"[4]을 모두 검토해야 한다고 주장한다. 남현우(2011)는 문화상품을 "문화산업의 모든 결과물이라고 정의할 수 있으며, 영화, 애니메이션, 캐릭터, 게임 등을 포함하고 있다"라고 말한다. 그리고 아트숍, 뮤지엄숍 등 박물관 · 미술관에서 판매하는 문화상품은 전시품의 소개, 소장품의 복제품, 기념품, 장식잡화, 문방구, 출판물 등 박물관 · 미술관과 연계된 상품을 의미한다.[5]

---

1   Pimpawan Kumphai (2000), "Cultural Products: Definition And Website Evaluation," Kasetsart University, pp. 9-10.

2   유네스코(http://uis.unesco.org), UIS, 2009 UNESCO Framework for Cultural Statistics, 2009, 2019년 1월 2일 검색.

3   변미연 · 백민숙(2015), 〈한류 문화상품으로써의 아동복 디자인 개발에 관한 연구〉, 《한국산학기술학회 논문지》 16(11), 한국산학기술학회, 7487쪽.

4   김기영(2014), 〈문화상품의 무역갈등과 분쟁해결에 관한 연구〉, 《문화산업연구》 14(4), 한국문화산업학회, 146쪽.

5   남현우(2011), 〈박물관, 미술관 문화상품 브랜드 모델 연구〉, 《한국디자인문화학회지》 17(4), 한국디자인문화학회, 163쪽.

이처럼 문화상품에 대한 개념과 범위는 학자마다 기관마다 다르다. 앞서 거론했듯이 협의의 문화상품은 전통적인 문화상품 등 오프라인 상품에 국한된다. 예를 들면, 전통문화에 기반을 둔 다기, 식품, 장식품, 술, 도자기, 그림, 공예품 등을 의미하고, 광의의 문화상품은 문화콘텐츠와 디지털문화콘텐츠를 포함한 유·무형의 재화와 서비스 및 이들의 복합체를 모두 포함한다. 따라서 문화상품이라는 것은 문화적 요소가 체화되어 경제적 부가가치를 창출하는 유·무형의 재화와 서비스를 총망라한 복합체를 말한다. 전통적인 공예품이나 수제품은 물론 도서나 공연 작품, 영화 작품, 디지털콘텐츠인 게임, 전자책, MP3 음원 파일 등이 모두 포함된다.[6]

---

6   윤홍근(2013),《문화마케팅전략론》, 청람, 134-135쪽.

II

N스크린이란
무엇인가

1.
N스크린의 개념

N스크린은 스마트 서비스와 클라우딩 서비스의 발달을 가장 잘 보여주는 사례다. N스크린의 어원적인 의미는 두 가지로 나눌 수 있다. 첫째, 수학에서 미지수를 나타내는 'N'과 '스크린'의 합성어다. 예를 들면, 'N'분의 1로 비용을 부담한다든지, 'N'분의 1로 배당을 받는다는 식으로 일상에서 흔히 사용하는 의미의 'N'이다. 둘째로 Network의 이니셜 'N'과 스크린의 합성어다. 이처럼 'N'은 중의적인 의미로 활용되고 있다.

N스크린 서비스는 미국 AT&T(American Telephone & Telegraph Co.)의 3스크린 플레이(3 Screen-Play)에서 처음 시작되었다. AT&T의 3스크린 플레이는 "전자기기 사용자들이 같은 콘텐츠를 다른 기기로 바꿔서도 그대로 이용할 수 있는 서비스"를 말한다.[1] AT&T는 1885년에 세워진 미

---

[1] 시사상식사전: 3스크린 플레이, http://terms.naver.com, 2017년 3월 30일 검색.

국전화전신회사(AT&T Corp.)가 전신이며, 전화기 발명가로 유명한 알렉산더 그레이엄 벨이 뉴욕에서 설립했다. 1983년 AT&T는 지역 지주회사로 독립 법인을 만들었으며, 1984년 1월 발효된 독점규제법에 따라 AT&T로부터 분리해 독립적인 텔레커뮤니케이션 서비스 공급업체로 탈바꿈했다.

AT&T는 2007년에 3스크린 TV · PC · 휴대폰을 동기화시킨 'AT&T Video Share' 서비스를 시작했다. 2008년에는 마스터스 골프경기를 제공했는데, 낮은 단말기 사양과 데이터 저장 및 전송의 한계, 콘텐츠 부족 등 복합적인 문제에 봉착해 큰 반향을 일으키지는 못했다.[2] 당시는 스마트기기가 활발하게 서비스되기 전이어서 시대를 너무 앞선 서비스 기술이라는 평을 받았다.

N스크린을 간단하게 말하면, "여러 개의 화면을 통해 콘텐츠를 제공하는 서비스"를 뜻한다. 즉, "N개의 다른 단말기에서 동일한 콘텐츠를 자유롭게 이용할 수 있는 서비스로, 그동안의 주요 미디어였던 웹모바일 TV의 3스크린 서비스를 사용자가 가지고 있는 N개의 스크린으로 확대"한 개념이다.[3] 〈그림 2-1〉은 클라우드 저장 공간에 있는 콘텐츠를 TV, 스마트폰, 전자액자 등에서 즐길 수 있는 흐름을 보여주고 있다. 즉 영화 VOD, 음악, 게임을 구입한 후 TV, PC, 태블릿PC, 스마트폰 등 다양한 단말기에서 즐길 수 있다.

이외에도 N스크린의 개념에 대해 다양하게 정의하고 있다. 한국

---

2   신동희 · 김희경(2014), 〈N스크린 서비스를 이용한 크로스미디어 스토리텔링 전략〉, 《한국콘텐츠학회논문지》14, 한국콘텐츠학회, 2쪽.

3   정일현(2016), 〈N-스크린 환경에서의 콘텐츠 재매개〉, 《사회과학연구》32, 경성대학교 사회과학연구소, 161쪽.

〈그림 2-1〉 N스크린의 흐름도

정보통신기술협회(TTA, Telecommunications Technology Association)에 따르면, N스크린은 "PC · TV · 휴대폰 등 여러 단말기로 같은 콘텐츠를 끊김 없이 이용하는 체계"를 말하며, N스크린 디바이스는 "N스크린 디바이스 협업 에이전트가 가능하며, 이를 활용하여 N스크린 앱의 구동이 가능한 컴퓨팅 단말기"를 의미한다.[4]

  N스크린 서비스는 좁은 의미로는 하나의 장치에 저장된 콘텐츠를 다른 장치로 이동시켜 공유 · 소비하는 것을 말하며, 넓은 의미로는 네트워크를 통해 연결된 여러 개의 스크린인 TV, PC, 태블릿PC, 스마트폰, 웨어러블 시계 등으로 콘텐츠를 제공하는 서비스를 의미한다. 기술이 진보하고 발전함에 따라 다양한 기능의 디바이스가 태생함으로써 콘텐츠를 향유하는 방식도 달라지고 있다. TV 시청을 예로 들면, 정통

---

4   한국정보통신기술협회(www.tta.or.kr)

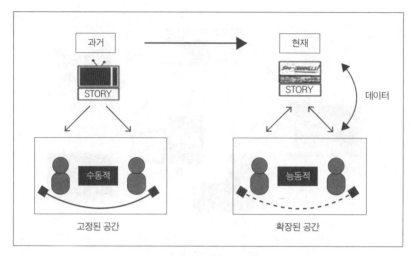

<그림 2-2> 과거와 현재의 시청 행태 변화

적인 방식은 거실 소파에서 스포츠를 즐기거나 안방에서 드라마를 시청하는 것이다. 즐겨 보는 스포츠나 예능, 또는 드라마의 본방송을 사수하며 TV 시청률을 올려주었으나 이제 이러한 시대는 저물어가고 있다. SK브로드밴드의 옥수수를 통해 영화나 드라마를 볼 수 있으며, IPTV를 통해 자신이 보고 싶은 방송이나 영화를 선택해서 보기 등 언제 어디서든지 콘텐츠를 시청할 수 있으며, 디바이스도 TV가 아닌 스마트폰이나 태블릿PC 등 다양해졌다.[5] 위 그림은 콘텐츠를 향유하는 과거의 방식과 현재의 방식을 잘 보여주고 있다.

N스크린 서비스는 미국 최대 통신사업자인 AT&T가 TV, PC, 휴대전화를 인터넷으로 연결하고 콘텐츠를 동기화하여 시청할 수 있도

---

5 박치완 · 신광철 외(2016), 《문화콘텐츠와 트랜스미디어》, 한국외국어대학교 지식출판원, 23쪽.

록 한 3스크린 플레이 서비스로부터 발전되었다. 초기의 N스크린 서비스는 단말기 성능, 양질의 콘텐츠 부족, 데이터 스토리지 부족 등의 문제로 크게 성공하지 못했으나 최근 몇 년간 스마트폰시장의 급성장, 클라우드(cloud) 컴퓨팅의 본격화, 그리고 스마트 TV의 개발 및 보급 확대 등으로 점차 자리를 잡아가고 있다.[6]

6 박치완 · 신광철 외(2016), 위의 책, 24쪽.

2.
N스크린의 발전 과정

N스크린 서비스의 대표적인 두 가지 모델은 OSMU(One Source Multi Use)와 ASMD(Adaptive Source Multi Device)다. 'N스크린'이라는 용어가 등장하기 전의 콘텐츠 소비 행태는 하나의 콘텐츠가 하나의 매체에서 서비스되었다. 18세기 영국 작가 제인 오스틴의 소설《오만과 편견》은 오로지 도서로만 콘텐츠를 향유할 수 있었다. 즉, OSOU(One Source One Use)로 하나의 콘텐츠는 하나의 플랫폼에서만 소구되었다. 하지만 이후 기술과 문화산업이 발전하면서 OSMU 전략이 등장하게 되었고 현재는 일반적인 현상이 되었다.

최근에는 OSMU를 뛰어넘어 특정 주제에 관한 다양한 정보를 접할 수 있는 ASMD로 진화하고 있다. OSOU와 OSMU가 생산자 중심의 방식이라면, ASMD는 수용자 중심의 방식이다. OSOU와 OSMU는 기존 수용자의 충성도에 의존하는 반면, ASMD는 수용자가 기존 방식의 서비스와 콘텐츠에서 아쉬웠던 점을 파악하여 그 부분을 충족시켜

준다. 예를 들면, 언제 어디서나 하나의 콘텐츠 세계에 접속하기, 가상과 허구의 이야기를 현실에서도 접해보기, 특정 캐릭터와 공간의 배경 스토리 알아보기, 수용자가 이야기에 개입해보기 등이 그것이다.[7]

문화산업에서 OSMU는 가장 잘 알려진 용어다. OSMU는 "하나의 원형 콘텐츠를 활용해 영화, 게임, 음반, 애니메이션, 캐릭터 상품, 장난감, 출판 등 다양한 장르로 변용하여 판매해 부가가치를 극대화"하

〈표 2-1〉 국내 주요 통신사의 N스크린 서비스

플랫폼	서비스
CJ헬로비전의 티빙 (tving)	• 현재 전체 N스크린 서비스 가운데 유일하게 월 이용료 모델을 채택하고, 가입자 300만 명에 유료 회원 16만 명 육박 • 130여 개의 실시간 채널과 3만여 편의 VOD를 PC, 태블릿, 스마트폰을 통해 자유롭게 시청 가능
KT 올레TV나우 (olleh TV now)	• IPTV에서 확장하여 스마트폰, 태블릿PC로 실시간 채널과 VOD를 이용할 수 있는 서비스를 제공 중이며, 실시간 채널 50개, VOD 1만 8천 편 정도가 서비스되고 있음.
에브리온TV (Everyon TV)	• 케이블TV 업체인 현대HCN과 인터넷방송 서비스 업체인 판도라TV가 공동으로 출시 • 현재까지 VOD 서비스는 미제공 중이며, 제공 채널 수는 70여 개에 달함.
SKT 호핀 (hoppin)	• 모바일과 PC, TV를 결합하여 사용자가 시간 · 장소 · 상황에 구애받지 않고 다양한 콘텐츠를 끊김 없이 제공받음. • 이용자가 130만 명에 이르며, 현재 SKT 가입자만 가입이 가능하나, 향후 아이폰앱 출시 및 타사 가입자도 이용 가능
LG U+의 슛앤플레이 (Shoot&Play)	• 자사의 웹하드 서비스(U+Box)를 기반으로 한 N스크린 서비스이며, 슛앤은 DLNA 기술을 이용해 DLNA를 지원하는 다른 TV나 PC를 통해 휴대폰에 담긴 동영상 바로보기 가능

출처: 유은재(2011), 〈N스크린(N-Screen)〉, 《인터넷 & 시큐리티 이슈》, 한국인터넷진흥원 재구성.

---

7 박치완 · 신광철 외(2016), 위의 책, 25-26쪽.

는 문화산업의 기본 전략이다.[8] N스크린 서비스와 OSMU 전략을 접목한 대표적인 사례는 국내 통신사 서비스를 살펴보면 된다. 위의 〈표 2-1〉은 국내 주요 통신사와 케이블TV 등 N스크린 서비스 현황을 잘 보여주고 있다.

호핀(hoppin)은 SKT에서 제공하는 N스크린 서비스로서 '뛰어들어가다'라는 뜻의 Hop+In을 결합한 말이다. 2011년 1월 '호핀'을 출시했는데, 전용단말기 '갤럭시S 호핀'에서만 가능했던 서비스를 다른 단말기에서도 이용할 수 있는 애플리케이션을 내놓았다. SKT의 호핀은 TV프로그램, 영화, 애니메이션, 해외 드라마 등 사용자가 원하는 VOD(Video On Demand: 통신망 연결을 통해 사용자가 필요로 하는 영상을 원하는 시간에 제공해주는 맞춤 영상정보 서비스) 콘텐츠를 다양한 디지털기기로 언제 어디서나 자유롭게 이용할 수 있는 서비스이며, 이어보기나 다시보기 등을 유료로 이용할 수도 있다.[9] 이용자는 130만 명에 이르며, 현재 SKT 가입자만 가입 가능하나, 향후 아이폰앱 출시 및 타사 가입자도 이용할 수 있다.

올레TV나우(olleh TV now)는 KT에서 제공하는 N스크린 서비스로 2011년 5월 초 안드로이드 기반의 주요 기기(갤럭시K, 갤럭시탭, 넥서스S, 디자이어HD)에 이용 가능하게 서비스했다. IPTV에서 확장하여 스마트폰, 태블릿PC로 실시간 채널과 VOD를 이용할 수 있는 서비스를 제공 중이며, 실시간 채널 50개, VOD 1만 8천 편 정도가 서비스되고 있다.

LG U+ 슛앤플레이(U+ Shoot&Play)는 LG U+에서 제공하는 N스크린 서비스로 2011년 7월 LTE망 구축을 통해 고화질 대용량 서비스로

---

[8]　김평수(2014),《문화산업 기초이론》, 커뮤니케이션북스.
[9]　신동희 · 김희경(2014), 위의 책, 4쪽.

확대 서비스했다. 자사의 웹하드 서비스(U+Box)를 기반으로 한 N스크린 서비스이며, 숏앤은 DLNA(Digital Living Network Alliance) 기술을 이용해 DLNA를 지원하는 다른 TV나 PC를 통해 휴대폰에 담긴 동영상 바로보기가 가능하다. DLNA는 홈 네트워크 상용화를 위해 2003년 6월 출범한 DHWG(Digital Home Working Group)의 명칭을 변경한 것이다. DLNA 가이드라인에 따라 설계된 제품들은 음악, 사진, 비디오 등의 미디어콘텐츠를 홈 네트워크를 통해 상호 공유 가능한 기능이다.

ASMD는 의미상 'Adaptive'의 해석이 중요하다. 사전적 의미로는 ① (새로운 용도·상황에) 맞추다, ② (상황에) 적응하다, ③ (연극·영화·텔레비전 드라마로) '개작하다'라는 뜻이다. ASMD는 "하나의 콘텐츠를 여러 기기에서 이용하는 것이 아니라, 콘텐츠 및 기기들의 효율성을 고려하여 각 기기별로 특성에 맞는 콘텐츠를 이용"하는 것이다. 그래서 ASMD는 '협업형 N스크린'이라고도 부른다. 예를 들면, 미국 지상파 방송국 ABC는 〈마이 제너레이션(My Generation)〉, 〈그레이 아나토미(Grey's Anatomy)〉 같은 TV 드라마를 N스크린 방법으로 서비스했다. 부가적인 콘텐츠가 필요한 경우에는 TV를 보면서 동시에 아이패드 같은 디바이스를 활용해 드라마의 미공개 영상(Bonus Contents)을 볼 수 있고, 스마트폰을 활용해 좋아하는 주인공과 관련한 뉴스나 SNS도 실시간으로 확인할 수 있다.[10]

ASMD의 활용은 스마트 미디어에 최적화되어 있다. 애플(Apple)은 아이클라우드(icloud)를 중심으로 플랫폼을 확장하는 전략을 실행 중이

---

[10] 신동희 · 김희경(2014), 위의 책, 4쪽.

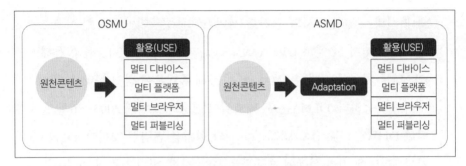

<그림 2-3> OSMU와 ASMD의 콘텐츠 활용

다. 애플은 단말기별로 콘텐츠를 저장한 후 이용하던 하드웨어 종속 모델에서 '아이클라우드'를 통해 모든 단말기를 연결하는 플랫폼 중심 모델로 전략을 선회했으며, 한번 구매한 콘텐츠를 어떤 단말기에서도 재생 가능하도록 구현했다.[11] 넷플릭스(Netflix)는 크로스 플랫폼 전략을 추진하고 있다. 온라인 스트리밍 서비스 제공뿐만 아니라, iPad용 앱 출시 및 게임콘솔, 셋톱박스 등에 OTT 방식으로 탑재하는 등 다양한 단말기 사업자와도 제휴하고 있다. OTT(Over The Top)는 별도의 셋톱박스 없이 인터넷을 통해 콘텐츠를 소비할 수 있는 서비스를 말하는 것으로, 일종의 N스크린 서비스다. 넷플릭스는 1997년 설립한 온·오프라인 동영상 서비스 제공기업으로 4,200여만 장의 영상물을 보유하고 있다. 경쟁기업으로는 훌루나 아마존 인스턴트 비디오가 있고 국내에는 왓챠플레이, 옥수수(oksusu) 등이 있다. 그리고 콘텐츠의 절대 강자 디즈니도 출사표를 던져 디즈니플러스를 오픈했고, AT&T는 물론 애플 등도 잇따라 OTT시장에 진출하고 있다.[12]

---

11 유은재(2011), 위의 책, 30쪽.

12 넷플릭스: https://www.netflix.com/kr/, 2017년 3월 20일 검색.

애플의 경우 패러다임이 하드웨어에서 플랫폼 중심으로 이동했으며, 그 핵심에는 콘텐츠가 있다. 하드웨어에서 플랫폼으로 지각 변동이 일어난 것은 기술의 발전과 양질의 다양한 콘텐츠가 맞물려 있기 때문이다. 콘텐츠의 소구방식도 구매나 대여에서 클라우드 활용으로 변화했다. 이는 비단 애플만의 변화는 아니다. 넷플릭스도 비디오와 DVD 대여, 온라인 스트리밍 사업이 양대 축인데, N스크린과 접목하면서 빅데이터를 기반으로 각 사람에게 맞는 영화를 추천해주고, 태블릿PC, PC, TV, 스마트폰 등 인터넷 연결이 가능한 모든 기기를 통해 광고나 약정 없이 동영상을 시청할 수 있게 변화했다. 동시대의 1위 비디오 대여 기업이던 블록버스터는 세상의 변화를 감지하지 못하고 결국 망하고 만다.

N스크린의 특징을 OSMU와 ASMD로 살펴보았는데, N스크린 서비스에는 세 가지 특성[13]이 있다. 첫째, 공간의 확장성이다. 공간의 확장에는 두 가지 측면이 있다. 우선 플랫폼 확장이라는 측면에서의 공간 확장이다. 플랫폼 확장은 TV를 보면서 태블릿PC나 스마트폰으로 제공되는 다른 콘텐츠를 즐길 수 있다. 다음은 현실과 가상의 혼재라는 측면에서의 공간 확장이다. 현실과 가상의 혼재는 온라인이나 디지털에서 관람한 콘텐츠를 오프라인이나 아날로그에서 직접 경험할 수 있다.

좋은 사례로 트랜스미디어콘텐츠의 한 기법인 대체현실게임(ARG, Alternate Reality Game)이 있다. 대체현실게임은 가상의 사건이 현실에서 일

---

[13] 김정아(2013), 〈N-스크린 환경 기반의 스마트 콘텐츠에 관한 연구: 사용자 실증 분석을 중심으로〉, 숭실대학교 박사학위논문, 18쪽에서 재구성.

어났다는 가정에 따라 네티즌들이 사건을 해결하는 게임[14]을 말한다. 대체현실게임은 대체로 사람들이 친숙한 대상과 서로 관련될 수 있도록 현실세계에서 아이디어를 얻어 그 아이디어를 가상세계로 짜 넣는 방식으로 설계되는데, 엔터테인먼트 콘텐츠를 활용함으로써 고객에게 새로운 경험 가치를 제공하는 것이 특징이다. 대체현실게임은 가상현실게임과는 좀 다르다. 가상현실게임은 컴퓨터로 만들어놓은 가상의 세계에서 사람이 실제와 같은 체험을 할 수 있도록 하는 기술이다.[15] 최근 젊은이들 사이에서 유행하는 방탈출카페도 이러한 현상의 일부라고 볼 수 있다. 방탈출카페는 주어진 시간 내에 에피소드를 바탕으로 밀실에서 영화 속 주인공처럼 단서를 찾아 탈출 및 미션을 해결하는 테마형 카페를 말한다.

둘째, 시간 확장성이다. 아날로그 영화나 TV는 특정 영화관이나 시간대, 혹은 방영시간에 콘텐츠를 감상해야 했다. 즉, 공간과 시간의 제약이 컸다. 하지만 N스크린 서비스 환경은 플랫폼을 연결해줌으로써 공간적 제약뿐만 아니라 시간적 제약이 없어졌다. 네트워크가 연결되고 스크린이 있는 곳이면 모든 콘텐츠를 선별해서 볼 수 있고, 집이 아닌 곳에서 공중파 방송을 볼 수 있게 되었다. '본방사수'라는 개념이 사라진 것이다. 영화나 드라마, 예능 프로그램도 무료 다운로드가 확대되면서 편리한 디바이스를 활용해 시간에 상관없이 시청할 수 있게 되었다.

셋째, 사용자 중심이다. 기존의 미디어나 문화산업 전략 중의 하나

---

14 위키백과: 대체현실게임, 2017년 3월 20일 검색.

15 네이버 지식백과: 대체현실게임(Alternate Reality Game), 2017년 3월 20일 검색.

인 OSOU와 OSMU는 생산자 중심과 일방적이라는 특성이 있다. 방송을 시청한 후 해당 홈페이지에 댓글을 쓰는 정도의 소극적인 참여가 전부였다. 하지만 N스크린 서비스 환경은 각 스크린의 특징을 최대한 살리고 수용자가 궁금하다고 여기는 내용을 제기하는 것뿐만 아니라 상호작용적 요소를 넣어 사용자가 적극적으로 참여할 수도 있다.[16]

---

[16] 박치완 · 신광철 외(2016), 위의 책, 26-28쪽.

3.
N스크린과 OTT 서비스

OTT 서비스는 N스크린 서비스의 일종이다. OTT는 'Over The Top'의 준말로, 'Top'은 셋톱박스를 의미한다. 인터넷 전용망을 통해 콘텐츠를 전송하지 않고 범용 인터넷망을 이용해 디바이스의 제약 없이 콘텐츠를 제공하는 서비스를 지칭한다. 초기에는 셋톱박스에 의존해

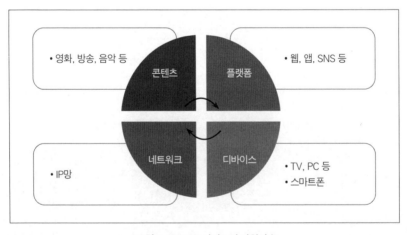

〈그림 2-4〉 OTT 서비스의 가치사슬

서비스를 진행했으나, LTE가 상용화되어 스트리밍 서비스가 일반화되면서 이러한 기술적 제약은 허물어지고 말았다.[17] 위 그림은 OTT 서비스의 가치사슬을 보여주고 있다.

콘텐츠 → 플랫폼 → 네트워크 → 디바이스는 OTT 서비스의 가치사슬을 구성하는 기본 요소다. 콘텐츠를 기획하고 제작하는 주체는 영화와 드라마를 만드는 영화사와 방송사가 핵심이고, 기타 예능이나 음악 등 다채로운 콘텐츠를 양산하는 기획사가 포함된다. 플랫폼은 미국의 넷플릭스, 카카오가 투자한 왓챠플레이, SK브로드밴드의 옥수수 등이 해당한다. 최근 가장 높은 성장세를 보이는 핫한 성장주들이다. 네트워크는 망사업을 하는 미국의 AT&T나 우리나라의 SKT, KT, LG U+가 여기에 해당한다. 미국 애플의 스마트폰이나 아이패드, 삼성이나 LG에서 제작하는 스마트폰, 태블릿PC, TV 등이 디바이스에 포함된다. OTT 서비스가 라인업되고, 인터넷 4G세대로 넘어오면서 N스크린 서비스는 우리의 일상이 되었다.

전 세계적으로 큰 열풍을 일으키고 있는 넷플릭스가 있다면 국내에는 왓챠플레이와 옥수수 등이 있다. SK텔레콤은 2016년 CJ헬로비전과 합병하면서 옥수수를 내놨다. 옥수수는 SK텔레콤의 '호핀'과 SK브로드밴드의 'Btv 모바일'을 통합한 것으로, VOD 외에도 98개 실시간 채널을 즐길 수 있도록 한 서비스다. CJ ENM은 2016년 11월, 티빙을 전면 개편하고 OTT 경쟁력을 상화하기 위해 조직을 재편했다. 국내 기업이 OTT 서비스를 강화하고 재편한 요인은 넷플릭스의 한국 진출

---

17 조혜정(2017), 〈넷플릭스 진출을 통해 본 국내 OTT 산업의 현황 및 활성화 방안 연구〉, 중앙대학교 대학원 석사학위논문, 8쪽.

이 주요하다. 경쟁이라는 측면에서 아마존의 한국 진출도 부정적 측면만 있는 것은 아니다. 2019년 9월, KBS, MBC, SBS 등 지상파 3사의 '푹(POOQ)'을 통합한 온라인 동영상서비스(OTT) '웨이브(WAVVE)'를 만드는 등 국내에서도 OTT에 대한 투자와 관심이 높아졌다.

최근 4차 산업혁명이 시대의 정신으로 자리매김하면서 차세대 인프라를 견인할 개념이 5G 이동통신이며, 새로운 콘텐츠 시대의 개막을 알리고 있다. 2017년 평창올림픽 때 상용 실험을 했고, 2018년 12월 1일 세계 최초로 한국에서 상용화를 시작했다. 4G LTE 이동통신이 사람과 사람 간의 연결이 중심이었다면, 5G 이동통신으로 넘어가면 사람과 사람을 넘어 사람과 사물 간의 연결로 범위가 확장된다. 하현회 LG U+ 부회장은 "모든 사물과 모든 정보가 인간의 실생활과 거미줄처럼 얽혀서 우리 생활을 변화시킬 수 있는 시대를 만들어갈 것이다"라고 전망했다.

4G 때는 SNS 등이 활성화되어 페이스북이나 트위터, 인스타그램 등이 크게 성공했다면, 5G로 넘어오면 초고속, 초연결, 초저지연 시스템으로 전환되면서 사람 중심에서 벗어나 사물인터넷 등 인간과 사물이 연결되는 세상이 도래하게 된다. 초고속이란 일반 LTE보다 20배 빠른 전송속도를 말한다. LTE에서 영화 한 편을 다운받는 데 16초 걸린다면 5G에서는 1초면 가능하다. 초연결성은 10배 이상 대규모 접속을 말하는데, 1km^2 반경에서 4G에서는 10만 개와 동시 접속이 가능하다면, 5G에서는 100만 개가 가능하다. 사물인터넷 활용에서도 두각을 나타낼 것으로 전망된다. 초저지연은 10배 빠른 반응속도를 말하며, 자율형 주행차의 경우 제동 등 반응 속도가 매우 중요한데 이를 극복할 수 있

는 기술을 의미한다.

또한, AI와 대화하고 명령을 내리고 빅데이터를 활용해 학습과 사업 등을 활용하는 시대가 열리는데, 돈 많고 발 빠른 기업이나 활용했던 시스템이 일반 대중의 삶 속으로 스며들게 된다. 자율형주행차나 원격진료 등도 5G를 기반으로 하기 때문에 가능하다. KT경제경영연구소는 국내 5G시장 규모를 2020년 3조 원에서 2025년에는 34조 원으로 예상하고 있는데, 2019년 3월 5G 전용 스마트폰이 출시되면서 본격적으로 시장이 열리고 있다.

트랜스미디어란
무엇인가

1.
트랜스미디어의 개념

1) 트랜스, 트랜스미디어, 트랜스미디어 콘텐츠

트랜스(trans-)는 '전이', '전환', '횡단'이라는 사전적 의미와 더불어 최근에는 컨버전스 혹은 융합과 결합하여 단순하게 여러 영역의 결합을 의미하기보다는 '전이'로, 그 성격과 내용이 '바뀐다'는 의미가 있다. 또한, 접두어 'trans-'에는 인문학적 함의가 있는데, 전이(transference), 초월(transcend), 위반하다(transgress) 등과 같이 초월과 경계의 차원이라는 개념이 있다.[1]

'트랜스미디어'라는 용어는 문화연구가 마샤 킨더(Marsha Kinder, 1940~)가 1991년 한 작품의 캐릭터가 여러 플랫폼에 걸쳐 나타나는 현상인 '미디어 프랜차이즈(media franchise)'를 서술하기 위해 '트랜스미디어

---

[1] 조윤경(2010), 〈접두어 Trans-의 인문학적 함의〉, 《탈경계 인문학》 제3권 제3호(제7집), 이화인문과학원, 7-9쪽.

상호텍스트성(transmedia intertextuality)'과 소비 과정의 다양한 진입점을 말하는 '오락 슈퍼 시스템(entertainment super system)'이라는 용어를 사용함으로써 시작되었다.[2]

헨리 젠킨스(Henry Jenkins, 1958~)는 트랜스미디어를 "각각의 미디어는 각자 최선의 역할을 수행한다"고 했고, 마크 롱은 "트랜스미디어는 모든 미디어마다 독특한 점이 있다"고 했다.

이상민(2009)에 따르면, "트랜스미디어는 하나의 미디어에 담아낼 수 없는 추상적이고 통합적인 의미를 각기 다른 미디어에 담아내는 것이며, 이는 미디어의 특성에 따라 내용물을 개작·변형시키는 개념이 아니라 하나의 공통된 관심사에 대해 다각도의 시각으로 바라보고, 다양한 미디어에 의미를 담아내는 것"이다. 또한, 장동련(2011) 홍익대학교 교수는 매일경제 경제용어에서 "현대사회 모든 분야의 역동적 변화를 수용하고 혁신하기 위한 미디어의 재정의로, 기술과 감성이 조화를 이룬 미디어 단계를 '트랜스미디어'라고 정의하며 통합(integration), 상호작용(interaction), 디지털 기술 접목(digital code), 더 나아가 오픈소싱(open sourcing), 창조성(creation), 집합성(aggregation) 같은 소비자의 감성적 요소까지 포함"하고 있다. 아래 〈표 3-1〉은 헨리 젠킨스, 마크 롱, 케이시 허드슨 같은 주요 연구자들이 제시한 트랜스미디어의 개념을 정리한 것이다.

즉, 트랜스미디어는 사용자와 지속해서 양방향 소통을 하며, 사

---

2 "Transmedia intertextuality works to position consumers as powerful players while disavowing commercial manipulation."(Marsha Kinder, *Playing with Power*, University of California Press, 1991, pp. 120-121).

<표 3-1> 주요 트랜스미디어 연구자와 개념들

연구자	개념
헨리 젠킨스 (Henry Jenkins)	트랜스미디어 콘텐츠는 다양한 미디어 플랫폼을 통해 공개되며, 각각의 새로운 텍스트가 전체 스토리에 분명하고도 가치 있는 기여를 할 수 있어야 한다. 이상적인 형태의 트랜스미디어 스토리텔링에서 각각의 미디어는 각자 최선의 임무를 수행한다. 즉 하나의 스토리가 영화로 소개되고, 텔레비전, 소설 그리고 만화로 확장된다. 그 이야기 세계는 게임 플레이를 통해 탐험될 수도 있고, 놀이공원의 명소로서 경험될 수도 있다. 각 프랜차이즈로의 진입은 자기 충족적이어야 한다. 영화를 보지 않고도 게임을 즐길 수 있어야 하며, 그 역도 마찬가지다.
마크 롱 (Mark Long)	트랜스미디어 콘텐츠는 그것이 하나의 콘텐츠이면서 달라야 한다. 하나의 비전을 가지고 적어도 세 가지 이상의 미디어에서 시작해야 하는 트랜스미디어는 모든 미디어마다 독특한 점이 있어 사람들의 호기심을 자극하고 영화에서 게임으로, 게임에서 만화로 넘어올 수 있도록 기획단계에서부터 설계한다.
케이시 허드슨 (Casey Hudson)	트랜스미디어는 통합된 이야기로, 모든 미디어를 하나의 거대한 이야기로 묶는 것이 필수다. 그렇게 하기 위해서는 확장하기 쉬운 세계관을 선택하고, 현실에서는 찾아보기 어려운 이야기를 만들며, 스토리를 미리 설계해야 한다.

용자의 요구에 가장 빠르고 적절하게 대응할 수 있는 매체다. 또한, 트랜스미디어는 변화하는 환경에 유기적으로 대응할 수 있는 역동적 미디어 시스템으로서, 미디어(media) 측면의 지속적인 기술력과 소비자(comsumer) 측면의 감각 확장 및 참여와 경험, 그리고 디자인(design) 측면의 기업 이미지 표현을 위한 개방적 시스템을 반영할 수 있어야 한다.[3]

---

3 장동련 외 2인(2013), 〈미디어 확장과 진화에 따른 트랜스브랜딩〉, 《디자인학연구》 제26권 제1호, 한국디자인학회, 445쪽.

2) 트랜스미디어 스토리텔링

트랜스미디어 스토리텔링을 가장 먼저 언급한 사람은 헨리 젠킨스이며,《컨버전스 컬처(convergence culture: where old and new media collide)》(2007)에서 트랜스미디어 스토리텔링에 대한 개념을 처음 언급했다. 그는 융합(Convergence)을 설명하면서 네 가지 융합이 있다고 했다.

첫째는 기술적 컨버전스(Technical Convergence)로서 미디어 콘텐츠가 디지털로 전환되어 여러 가지 플랫폼을 통해 유통될 수 있는 것을 말한다. 특히 최근 4차 산업혁명이 트렌드로 부상하면서 AI, 사물인터넷, AR과 VR 등 콘텐츠와 미디어와 융합, MCN(Multi Channel Network)이나 중국의 왕홍 같은 뉴미디어의 등장은 기술적 컨버전스의 중요성을 더욱 증대시키고 있으며 역할도 비대해지고 있다.

둘째는 사회적 또는 유기적 컨버전스(Social, Organic Convergence)로서 사용자가 멀티태스킹 능력을 갖추게 됨으로써 여러 플랫폼을 넘나들며 자유롭게 정보를 검색하고 활용할 수 있게 되는 것을 말한다. N스크린은 생산자의 입장에서 보면 기술적 컨버전스에 해당하며, 환경과 생태계에 대한 적응 혹은 숙달되어가는 사용자의 입장에서 보면 사회적 컨버전스에 해당한다고 볼 수 있다.

셋째는 문화적 컨버전스(Cultural Convergence)로서 미디어 기술, 미디어 산업, 소비자, 생산자 등이 서로 연계되면서 새로운 창의성이 만들어지는 것을 말한다. 이를 통해 참여를 근간으로 하는 새로운 '집단 문화(folk culture)'가 만들어질 수 있으며, 새로이 생성된 이야기가 여러 플랫폼에 걸쳐 전개되는 트랜스미디어 스토리텔링 현상이 나타나기도 한다.

마지막으로는 글로벌 컨버전스(Global Convergence)로서 음악, 영화, 텔레비전 프로그램 등 미디어 콘텐츠의 전 세계적 유통이 가능해짐으로써 문화적 혼종성(hybridity)이 증폭되고 있다.[4] 모바일 스트리밍 동영상 서비스가 일상화되면서 콘텐츠의 국경이 허물어진 지 오래다. 넷플릭스나 왓챠플레이가 좋은 예다.

헨리 젠킨스는 세 번째 문화적 컨버전스(Cultural Convergence)를 통해 나타나는 현상인 트랜스미디어 스토리텔링에 주목한다. 그에 따르면 트랜스미디어 스토리텔링이란 "여러 미디어 플랫폼에서 전개되는바, 여기서 각각의 텍스트는 전체 스토리에 서로 구별되는 독특하고 가치 있는 기여를 하게 된다. 트랜스미디어 스토리텔링의 이상적인 형식은 각각의 미디어가 최선의 그 무엇을 하게 되는 경우다. 영화에 처음 도입된 하나의 이야기는 텔레비전, 소설, 만화 등의 미디어를 통해 확장되어나간다. 각각의 프랜차이즈 엔트리는 자족적(self-contained)이어야 하는데, 그럴 경우 게임을 즐기기 위해 영화를 볼 필요가 없게 되며 그 역도 마찬가지여서 어떤 상품이든지 전체 프랜차이즈(콘텐츠)로의 진입점이 있다. 성공하는 트랜스미디어 프랜차이즈는 미디어에 맞게 콘텐츠를 조정해서 다양한 소비자층을 유인한다. 이렇게 미디어를 넘나드는 독해는 경험의 깊이를 유지함으로써 더 많은 소비를 촉진한다"고 하면서 미디어 자체보다는 트랜스미디어에 맞는 콘텐츠의 생산과 공유, 소비 유도로서 스토리텔링의 중요성을 설명했다.

즉, 트랜스미디어 스토리텔링의 요건을 정리하면 다음과 같다. 첫

---

4 류철근 외 12인(2015),《트랜스미디어 스토리텔링》, 34-40쪽 재구성.

째로 다양한 미디어 플랫폼을 통해 공개되어야 하며, 둘째로 각각의 새로운 텍스트가 전체 스토리에 분명하고 슈퍼히어로로처럼 가치 있는 일에 이바지해야 하며, 셋째로 각각의 미디어는 자기 충족적이어야 한다. 즉, 게임을 하지 않아도 영화를 볼 수 있고 그 역도 성립해야 한다. 넷째로 어떤 상품이든지 전체 프랜차이즈로의 입구가 될 수 있어야 한다. 하지만 이 중에서 세 번째 조건은 다소 엄격한 조건이라고 볼 수 있다. 이 조건은 트랜스미디어 스토리텔링의 가능성을 제한할 수 있다.

이에 트랜스미디어 작가이자 게임 디자이너인 안드레아 필립스(Andrea Phillips)는 자신의 저서 《A Creator's Guide to Transmedia Storytelling》(2012)에서 헨리 젠킨스가 제시한 조건들보다 조금 더 폭넓은 정의를 제시하면서 트랜스미디어 스토리텔링의 요건을 첫 번째로는 다매체, 두 번째로는 단일하고 통일된 스토리와 사용자 경험, 그리고 마지막으로 매체 간 불필요한 반복 방지로 요약했다.

트랜스미디어 스토리텔링에 관한 또 다른 저서인 《Getting Started in Transmedia Storytelling: A Practical Guide for Beginners》(2011)에서 로버트 프래튼(Robert Pratten)은 트랜스미디어 스토리텔링이 스토리, 사용자 참여, 게임하기의 삼원구조를 가진다고 했다. 사용자 참여는 또다시 발견, 경험, 탐험이라는 세 부분으로 나뉘며, 다시 다섯 가지 레벨로 나누어진다고 설명한다. 발견 영역에서는 주목과 평가, 경험 영역에서는 애정, 탐험 영역에서는 옹호와 공헌으로서 그 참여 수준을 나누었다. 스토리와 사용자 참여는 필수이지만, 게임하기는 비교적 선택적이라고 볼 수 있다. 어떤 콘텐츠는 강한 게임하기 구조로 매체 연결을 유도하고, 어떤 콘텐츠는 수동적인 사용자를 위해 약한 게임하기 구조로 매체

간 연결을 느슨하게 하는 경우도 있다.

3) OSMU와 트랜스미디어 스토리텔링

　　트랜스미디어 스토리텔링의 정확한 이해를 위해 One Source Multi Use(이하 OSMU)와 트랜스미디어 스토리텔링을 비교하여 살펴보면 다음과 같다. 먼저 OSMU는 성공한 원작 콘텐츠를 기반으로 하여 동일 콘텐츠를 다른 미디어로 옮기는 것을 말한다. 이때 이루어지는 개작, 변형은 미디어의 특성에 따라 행해지는 결과일 뿐 내용을 완전히 변형하는 것이 아니다. 이에 반해 트랜스미디어 콘텐츠는 단계적이지 않고 여러 개의 미디어를 통해 동시적으로 생성되며, 각각의 미디어에서 나타나는 이야기가 개별적이면서도 전체로 보았을 때 통합적인 세계가 만들어지는 것을 말한다.

　　따라서 트랜스미디어 콘텐츠는 개별 미디어에 나타나는 이야기들이 어떠한 연관성이 있는지가 중요하다. 예전에는 OSMU를 창구 효과(window effect)와 혼용해서 설명하는 학자가 많았으나 분명히 다른 개념이다. 미디어 유통 플랫폼의 다변화를 통해 수익을 창출한다는 창구 효과와 원천콘텐츠의 장르를 다변화하여 수익을 올린다는 OSMU는 상당한 차이가 있는 개념이다.[5] 또한, OSMU 단계를 넘어 융합콘텐츠를

5　김평수(2014),《문화산업 기초 이론》, 커뮤니케이션북스.

〈그림 3-1〉 만화 〈멍텅구리 헛물켜기〉와 영화의 한 장면

지향하는 멀티소스 멀티유스(MSMU) 전략이 부상했다. 이런 전략들은 트랜스미디어 개념이 등장함에 따라 서로 유사하면서도 다른 방식으로 자주 논의되고 있다.

우리나라 최초의 OSMU 사례는 1924년 10월 13일 조선일보에 연재된 〈멍텅구리 헛물켜기〉다. 이 작품은 천리구, 김동성에게 만화를 배운 동양화가 심산(心汕) 노수현(盧壽鉉)의 4칸 만화다. 〈멍텅구리 헛물켜기〉는 2년 후인 1926년 이필우 감독의 연출로 영화화되어 우미관과 조선극장에서 개봉했다.

전 세계적으로 최초의 OSMU 사례를 찾는 것은 의미가 없을 정도로 매체 전환을 통해 이미 고전을 무한 반복적으로 재생하여 각종 매체로 콘텐츠화하고 있다. 셰익스피어의 작품이나 중국의 《삼국지연의》, 《서유기》 등이 대표적인 사례일 것이다. 근대 작품 중에서 가장 오랜 역사와 가장 인기를 끄는 대표 작품으로 《셜록 홈스》 시리즈가 있다.

아서 코난도일의 《주홍색 연구(A Study in Scarlet)》 장편이 1887년 초판을 발표한 이후 《네 개의 서명》, 《바스커빌가의 개》 등이 발표되면서 전 세계적으로 큰 인기를 끌었으며, 영화, 드라마, 뮤지컬 등 다양한 콘텐츠로 개발되었다.

최근 전 세계적으로 주목받은 작품 중 대표적인 OSMU 사례로 《반지의 제왕》이 있다. 저자는 존 로널드 루엘 톨킨(John Ronald Reuel Tolkien)으로 옥스퍼드대 교수를 지냈으며, 1954년 〈반지 원정대〉, 1954년 〈두 개의 탑〉, 1955년 〈왕의 귀환〉을 하퍼 콜린스에서 출간했다. 최고의 판타지소설로 추앙받고 있고, 스티브 킹이나 조앤 롤링에게 심대한 영향을 끼쳤으며, 2001년 피터 잭슨에 의해 영화로 제작되면서 전 세계적인 작품으로 알려지게 된다. 하지만 그 이전부터 OSMU로 왕성하게 콘텐츠화되었는데, 1978년 애니메이션이 제작되었다. 랠프 바쉬 감독이 워너브라더스사에서 만든 작품은 러닝 타임이 133분이었는데, 1편 〈반지 원정대〉와 2편 〈두 개의 탑〉만 각색하여 만들었다. 제작비는 총 400만 달러가 들어갔고, 약 3천만 달러의 수익을 올렸다.

피터 잭슨의 〈반지의 제왕〉 3부작 영화가 〈반지의 제왕〉이라는 브랜드의 대중화를 불러온 후 뉴라인 시네마(New Line Cinema)로부터 라이선스를 딴 EA는 지금까지 액션 RPG, RTS 등 다양한 장르로 게임의 라인업을 확장해왔다. 서리얼 소프트웨어(Surreal Software)에서 개발한 〈반지 원정대〉, 리퀴드 엔터테인먼트(Liquid Entertainment)에서 개발한 〈반지전쟁〉, 터바인(Turbine)에서 개발한 〈반지의 제왕〉 온라인 판이 등장하여 눈길을 끌었지만, 모체인 영화를 등에 업고 있는 동시에 단발성에 그치지 않고 지속적으로 시리즈를 만들어내고 있다는 점에서 EA의 〈반지의 제왕〉 시리즈를 공식(offical) 게임으로 여기고 있다.

〈반지의 제왕〉은 뮤지컬과 연극 작품으로도 여러 번 각색되었다. 2001년부터 2003년 사이에 오하이오주 신시내티(Cincinnati)에서 3부작으로 공연되었고, 2006년에는 토론토에서 2,600만 달러의 제작비를 투입해 만든 새로운 〈반지의 제왕〉 뮤지컬이 공연되었다. 이 작품은 2007년 약간의 수정을 거쳐 런던에서 다시 초연되었고, 2011년부터는 영어권 국가 투어에 나섰다. 런던 공연의 총책임자는 케빈 월리스(Kevin Wallace)와 애니메이션 판 〈반지의 제왕〉 판권을 쥐고 있는 사울 제인츠(Saul Zaentz)이며, 음악감독은 라만(A. R. Rahman), 바르티나(Värttinä), 나이팅게일(Christopher Nightingale)이다. 이외에도 전자책, 음반, 뉴질랜드의 테마파크와 촬영장소 등 다양한 OSMU 사례가 있다.

아래 그림은 OSMU와 트랜스미디어 스토리텔링의 특징과 성격을 잘 보여주고 있다. 위 그림은 OSMU, 아래 그림은 트랜스미디어를 나타낸다. OSMU 스토리텔링은 네모, 세모, 원, 오각형처럼 각기 다른 도형, 즉 다른 매체로 각색되어도 원천콘텐츠 A는 변함이 없다. A라는

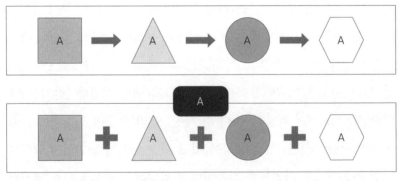

〈그림 3-2〉 OSMU(위)와 트랜스미디어(아래)의 스토리텔링 구조

원천콘텐츠는 각 매체에 맞게 각색되지만, 본질이 바뀌지 않고 동일성을 유지하게 된다. 반면에 트랜스미디어 스토리텔링은 네모, 세모, 원, 오각형처럼 도형이 바뀔 때마다 콘텐츠가 a1에서 a2로 또 a3에서 a4로 변화한다. 적확히는 연속성을 갖고 확장하며, 전체가 모이면 하나의 콘텐츠, 즉 A가 완성된다. a1, a2, a3, a4는 각기 독립된 스토리를 갖고 있으며, 상호 연관되어 있고, 무엇보다 같은 세계관을 공유하고 있다는 점이 중요하다.

〈표 3-2〉는 OSMU, 크로스미디어, 트랜스미디어의 매체 속성, 개

〈표 3-2〉 OSMU, 크로스미디어, 트랜스미디어의 비교

용어	OSMU	크로스미디어	트랜스미디어
매체 속성	매체-도약	매체-결합	매체-전이
개념	성공한 원작 콘텐츠를 기반으로 순차적으로 다른 미디어로 옮기는 과정	복수의 매체에 대한 교차 활용을 통해 이야기하는 방법	동시다발적으로 각각의 콘텐츠가 개별 세계를 표현하는데, 결과적으로는 하나의 세계로 수렴
특징	하나의 콘텐츠를 다양한 미디어 특성에 맞춰 변환	미디어를 통해 표현하는 이야기의 결말이 비어 있어 각각의 스토리를 결합해야만 전체 이야기를 완성할 수 있음	하나의 세계관 속에서 각각의 이야기가 독자성과 완결성을 가지고 있음
효과	이익 실현이라는 마케팅 측면에 초점을 맞춤	능동적인 행동을 유발함	스토리 창작 과정의 확산 중시
예시	『구름빵』이 뮤지컬, TV애니메이션, 문구, 팬시 등으로 파생상품을 개발하는 방식	TV-CF와 해당 화면에 인터넷 검색을 권유하는 메시지, 그리고 상세한 소개가 있는 웹사이트	영화 〈스타워즈〉 에피소드의 프리퀄, 마케팅적 효시로는 영화 〈블레어위치 프로젝트〉

출처: 김신엽(2015), 〈브랜드 마케팅의 트랜스 미디어 스토리텔링에 관한 연구〉, 한국콘텐츠학회 재구성.

념, 특징, 효과, 예시를 일목요연하게 보여주고 있다. 크로스미디어라는 좁은 개념으로 본다면, "복수(複數)의 매체에 대한 교차 활용을 통해 이루어지는 이야기하기 양식"을 말한다. 대표적인 사례로 TV드라마를 중심으로 온라인게임, 모바일 등을 넘나들면서 전개되는 스웨덴의 인터랙티브 드라마〈마리카에 관한 진실(The Truth about Marika)〉(2007), 호주의 텔레비전무비 〈스코츠드(Scorched)〉(2008), 유튜브와 마이스페이스(My Space)에서 진행한 미국의 웹비소드(Webisode) 〈론리걸 15(Lonely girl 15)〉(2006) 등을 들 수 있다.[6] 웹비소드는 웹(Web)과 에피소드(Episode)의 합성어로 인터넷텔레비전 혹은 웹텔레비전을 통해 전달되는 짧은 이야기를 말한다.

트랜스미디어 스토리텔링의 효시로 손꼽는 작품은 영화 〈블레어위치 프로젝트〉(1999)이며, 영화 〈매트릭스〉(1999), 〈스타워즈〉, 미드 〈24시〉, 〈설국열차〉(2013) 등이 있다. 봉준호 감독이 영화화해서 유명한 〈설국열차〉의 원작 작품은 동명의 프랑스 만화를 모티프로 했으며, 작가는 자크 로브와 장 마르크 로셰트다. 2013년 개봉했으며, 개봉하자마자 박스오피스 1위에 오른 이후 2주 동안 1위를 지켰으며, 2013년 9월 15일까지 927만 1,364명의 관객을 동원했다. 원작은 국내에 번역 출판되었으며, 메인스토리는 영화이고, 프리퀄 웹툰과 확장된 스토리의 애니메이션이 있다. 프리퀄 웹툰은 인류 마지막으로 살아남은 인간의 이야기와 열차에 오른 사람들의 이야기가 주된 스토리다. 애니메이션의 경우 영화에 나오지 않는 세계가 멸망하게 된 17년 전 스토리와 열차의 탄생 스토리를 담고 있다. 〈설국열차〉의 경우 코믹이 영화화된

---

6   서성은(2011), 〈크로스미디어 스토리텔링의 온라인 구전 양상〉,《한국콘텐츠학회논문집》 11(1), 한국콘텐츠학회, 135쪽.

것은 OSMU, 웹툰과 애니메이션은 트랜스미디어 스토리텔링으로 같은 세계관 속에서 프리퀄과 확장된 스토리를 보여주고 있다.

〈표 3-3〉 크로스미디어 사례

포스터	내용
	〈마리카에 관한 진실〉(2007)은 2008 EMMY 인터랙티브 TV 시리즈상을 받은 인터랙티브 드라마로 총 5회에 걸친 드라마 시리즈와 함께 웹블로그, 온라인게임, 모바일 등의 미디어를 총동원해서 결혼식 날 밤 사라진 신부를 남편과 제작진이 함께 찾아나서는 내용이다.
	〈스코치드〉(2008)는 호주에서 방송된 크로스미디어 드라마로 역시 2009 International Digital Emmys를 수상한 작품이다. 2012년 크리스마스를 앞두고 최악의 물 부족사태에 직면한 호주와 이를 둘러싼 음모를 다룬 작품으로 TV, 인터넷, 모바일 등의 플랫폼과 드라마, 영화, 뉴스, UCC 등의 다양한 형태로 제작되었다.
	〈론리걸 15〉(2006)은 2006년 인터넷 비디오가 엔터테인먼트로 사용되지 않았을 당시 처음으로 시도된 웹비소드로 유튜브에 열다섯 살 시골 소녀 브리(Bree)의 셀프비디오가 올라오면서 시작됐다. 시골마을에서 홈스쿨링을 하고 있는 외로운 소녀 브리의 집에서 기괴한 의식이 시작되고, 소녀가 가족의 비밀의식 참여를 거부하자 어느 날 부모가 갑자기 사라지는 등 그로테스크하고 흥미로운 이야기 진행으로 1억 5천만 페이지뷰와 수백만 코멘트를 기록한 히트작이다.

2.
트랜스미디어 상호텍스트성과 스토리텔링

1) 트랜스미디어 상호텍스트성

미국 로스앤젤레스에 위치한 서던캘리포니아대학교는 뉴욕대학교와 더불어 영화학과로 유명한 대학이다. 멀리 할리우드가 보이고, 옆으로 한인타운이 인접한 곳이라서 한국과 더욱 친숙한 대학이기도 하다. MBC에서 인기리에 방영된 예능 프로그램 〈무한도전〉의 2016년 8월 로스앤젤레스 편에서 도산 안창호 선생의 발자취를 재발견한 바 있다. 로스앤젤레스에는 '도산 안창호 거리(Dosan Ahn Chang Ho Squire)'로 명명된 곳이 있기도 하고, 그의 큰아들 안필립(필립 안)은 할리우드 최초의 한국계 영화배우로 활동한 인물로 그의 이름은 할리우드 명예의 거리에 오롯이 새겨져 있다. 서던캘리포니아대학교는 조지 루카스가 나온 대학이기도 하다.

그런데 서던캘리포니아대학교는 그보다 더 중요한 의미가 있다.

〈그림 3-3〉
마샤 킨더(Marsha Kinder, 1940~)

트랜스미디어의 개념을 제시한 마샤 킨더와 헨리 젠킨스가 몸담은 대학이기 때문이다. 영화학자 마샤 킨더는 자신의 책에서 '트랜스미디어 상호텍스트성(transmedia intertextuality)' 개념을 처음으로 거론했다.[7] 그리고 같은 학교 커뮤니케이션학과 교수인 헨리 젠킨스에 의해 트랜스미디어 콘텐츠와 트랜스미디어 스토리텔링이 학문적으로 정립되었다.

우선, 마샤 킨더가 트랜스미디어 상호텍스트성에 관심을 가진 계기는 게임에 빠져 있는 아들과 영화를 전공한 자신의 공통점과 차이점을 발견하면서부터다. "오락물의 역사는 쾌락의 원칙에 좌우되어 왔다"며 지루한 영화보다는 신나는 게임이 낫다고 주장하는 아들 빅터(Victor)의 생각과 "영화는 여전히 오락물 장르에서 핵심적인 위치를 차지하고 있다"는 자신의 논리 사이에서 영화와 게임 같은 서로 다른 매체가 근본적으로 유사한 서사성을 가지고 있다는 증거를 찾아보기

---

7 Marsha Kinder, *Playing with Power in Movies, Television, and Video Games: From Muppet Babies to Teenage Mutant Ninja Turtles*, University of California Press, 1991, p. 1.

로 한 것이다.[8]

트랜스미디어 상호텍스트성은 그녀가 1991년 저술한《Playing with Power》에서 처음 등장한다. 한 작품의 캐릭터가 여러 플랫폼에 걸쳐 나타나는 현상인 미디어 프랜차이즈(media franchise)를 서술하기 위해 '트랜스미디어 상호텍스트성(transmedia intertextuality)'과 소비 과정의 다양한 진입점을 말하는 '오락 슈퍼 시스템(entertainment super system)'이라는 용어를 사용함으로써 시작되었다.[9]

원래의 텍스트와 재가공된 텍스트는 동일한 역할을 수행한다고 보기 어렵다. 미디어학자 베벌리 휴스턴(Beverle A. Houston)은 영화라는 독립된 장르의 내용물을 일종의 '선험 담화(prior discourse)'로 사용해 패러디하고 재활용하는 수준에 그친다고 보았다.[10] 그러나 상호텍스트성에 대한 논의를 확장하면 원천 자료 또한 다른 텍스트와 전혀 상관없이 독립적으로 존재할 수 없다.

상호텍스트성(intertextuality)의 어원은 '속'이나 '사이' 또는 '상호'라는 뜻을 지닌 'inter'라는 접두어가 '원문' 혹은 '본문'의 뜻을 지닌 'text'와 결합해 만들어진 신조어인데, 사물의 성질이나 상태를 나타내는 어미 'ity'가 붙으면서 비로소 완성된 단어로 탄생하게 된다.[11] 즉, 상호텍스트성은 한마디로 '텍스트가 자족적이거나 자율적 실체가 아니라 다른

---

8   박치완 · 신광철 외(2016), 앞의 책, 270쪽.

9   "Transmedia intertextuality works to position consumers as powerful players while disavowing commercial manipulation," Marsha Kinder (1991), *Playing with Power*, pp. 120-121.

10   Marsha Kinder, *Playing with Power in Saturday Morning Television and on Home Video Games*, Nick Browne (ed.), *American Television: New Directions in History and Theory*, Routledge, 2013, pp. 255-256.

11   김도남(2003),《상호텍스트성과 텍스트의 이해 교육》, 박이정, 97쪽.

텍스트들과 연관되어 있음'을 가리키는 개념이다.[12]

롤랑 바르트(Roland Barthes)는 "작가는 독창적이고 유례없는 창조자가 아니라 이전 규약 위에서 쓰는 존재이고 광범위한 이전 텍스트에서 글을 끌어내는 '기록자'"라고 말했다. 텍스트의 통일성을 텍스트 자체가 아니라 독자가 지향하는 목표로 본 것이다.[13]

수잔 홀투이스(Susanne Holthuis)는 "상호텍스트성을 텍스트 내부 관계가 아니라 지속적인 수용과정에서 '비로소' 생겨나는 관계로 인식"했고, "상호텍스트적 특징은 텍스트로부터 동기화될 수 있지만, 텍스트와 독자의 인식 정도, 수용지평 사이의 상호작용에서 완성"된다고 주장했는데, 이러한 견해는 이중 독서에서 독자의 능동성과 상호텍스트성을 환기시키는 텍스트의 형식적 기제가 동시에 중요하다는 것을 의미한다.[14]

한국에서는 상호텍스트성이 문학을 분석하거나 비평하는 방법론으로 많이 활용된다. 중·고등학교 교육 현장에서 소설이나 시처럼 문학을 가르칠 때 교사들이 상호텍스트성 이론을 교수법으로 활용하는 경우가 많고, 독서를 연구하는 연구자 역시 독서방법론으로 상호텍스트성을 자주 활용한다.

---

[12] 한국텍스트언어학회, 〈상호텍스트성〉, 《텍스트언어학의 이해》, 박이정, 2009, 193쪽.

[13] 롤랑 바르트(1997), 〈작품에서 텍스트로〉, 박인기 편역, 《작가란 무엇인가》, 지식산업사, 141-149쪽.

[14] Susanne Holthuis, Intertextualität: Aapekteeiner rezeptionsorientierten Konzeption, Tübingen, 1993, p. 31; 이광복, 앞의 글, 37쪽에서 재인용.

2) 트랜스미디어의 일관성, 연속성 그리고 확장성

'트랜스미디어'는 트랜스미디어 콘텐츠, 트랜스미디어 스토리텔링에 붙여 사용하는 경우가 많다. 이 용어는 한 장르에서 다루어진 소재나 내용을 다른 장르에서 연속성을 갖고 활용하는 문화콘텐츠의 주요 개념 중의 하나다. 유사한 표현으로 멀티플랫폼(multiplatform), 미디어 믹스(media mix), 미디어 프랜차이즈(media franchise), 크로스미디어(crossmedia), 스핀오프 등이 있다. 원천 자료가 존재하고 이를 여러 매체에서 재활용한다는 점에서 원소스멀티유즈(OSMU)에 해당한다고 볼 수 있으나 저마다 결은 다르다.

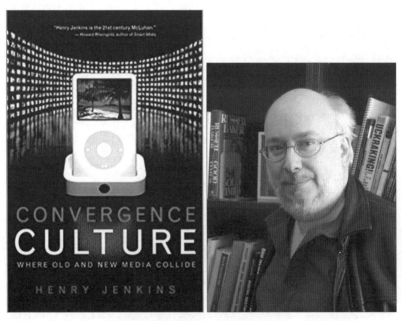

〈그림 3-4〉 헨리 젠킨스와 〈컨버전스 컬처〉

21세기가 컨버전스와 융합의 시대라서 그런지 몰라도 장르가 서로를 모방하고 서로 연계하는 미디어 범람 시대가 되면서 상호텍스트성은 '트랜스미디어 스토리텔링(transmedia storytelling)'으로 진화하고 있다. 헨리 젠킨스는 트랜스미디어를 "각각의 미디어는 각자 최선의 역할을 수행한다"라고 했고, 마크 롱은 "트랜스미디어는 모든 미디어마다 독특한 점이 있다"라고 했다. 두 사람 다 각각의 콘텐츠가 부족하다는 것이 아니라 각자 독특한 역할을 담당한다고 했다. 한혜원·남승희는 OSMU 스토리텔링을 "A라는 동일한 서사체를 각각의 미디어 특성에 맞게 표현방식이나 전달과정만 달리하는" 것으로, 트랜스미디어 스토리텔링은 "a1, a2와 같이 각 미디어별로 독립적으로 완성된 서사가 모여 다시 A라는 거대서사를 완성하는 것"으로 구분했다.[15]

OSMU의 영화, 게임, 도서의 경우 원천콘텐츠는 같더라도 영화, 게임, 도서는 각각의 매체에 맞게 매체 전환을 이루어 부가가치를 높이기 위해 최적화된 콘텐츠로 거듭나지만, 상호 연계성은 갖추지 않는다. 하지만 트랜스미디어 콘텐츠의 경우 원천콘텐츠는 같은 세계관을 공유하면서 영화와 게임, 도서로 이야기를 전개해나가면서 상호 이야기가 호환되며, 전개의 연계성을 갖는다. 오히려 매체의 전환을 거듭할수록 이야기는 진화하고 풍부해진다.

트랜스미디어 스토리텔링은 헨리 젠킨스가 제안한 개념으로, 하나가 아닌 여러 개의 미디어 플랫폼(media platforms)을 통해 '하나'로 이해

---

15 한혜원·남승희(2009), 〈트랜스미디어 콘텐츠의 스토리텔링 구조 연구: '로스트' 대체현실 게임을 중심으로〉,《인문콘텐츠》15호, 인문콘텐츠학회, 8쪽.

될 수 있는 이야기를 전달하고 이를 경험하는 것을 말한다.[16] 또한, 젠킨스는 트랜스미디어 콘텐츠를 다음과 같이 트랜스미디어 스토리텔링으로 설명했다.

트랜스미디어 스토리는 다양한 미디어 플랫폼을 통해 공개되며, 각각의 새로운 텍스트가 전체 스토리에 분명하고도 가치 있는 기여를 한다. 이상적인 형태의 트랜스미디어 스토리텔링에서 각각의 미디어는 각자 최선의 역할을 수행한다. 즉 하나의 스토리가 영화로 소개되고, 텔레비전, 소설 그리고 만화로 확장된다. 그 이야기의 세계는 게임 플레이를 통해 탐험될 수도 있고, 놀이공원의 명소로서 경험될 수도 있다. 각 프랜차이즈 진입은 자기 충족적이어야 한다. 영화를 보지 않고도 게임을 즐길 수 있어야 하며, 그 역도 마찬가지다. 어떤 상품이든지 전체 프랜차이즈로 가는 입구가 된다.[17]

---

16   이재현(2013),《디지털 시대의 읽기 쓰기》, 커뮤니케이션북스.

17   김희경(2015),《트랜스미디어 콘텐츠의 세계》, 커뮤니케이션북스.

3.
트랜스미디어의 특징

1) 반복과 확장을 통한 연속성과 적합성 유지

트랜스미디어의 가장 중요한 특징은 반복과 확장을 통한 연속성과 적합성을 유지하는 것이다. 트랜스미디어 콘텐츠 혹은 트랜스미디어 스토리텔링을 반복 · 확장하기 위해서는 세계 구축을 우선한다. 그 다음에 이어지는 과정은 구축된 스토리 세계를 단편화(fragmentation)하는 작업이다. 이는 통합체적인 스토리 세계를 매체별로 배분(distribution)하는 작업이다. 또한 서사의 격차(narrative gap)를 만드는 작업이며, 동시에 스토리에 가장 중요한 연속성을 유지하는 매우 중요한 작업이다.

이리한 과정이 진행되는 동안 트랜스미디어의 단편화 과정에서 동일성과 확장을 위한 약속 등을 이해해야 한다. 또한, 허구세계(fictional world)가 다른 허구세계와 관계 맺는 양상을 검토해야 한다.

스토리텔링 어크로스 월드에서는 매체 전환 과정에서 스토리 세계가 다음과 같이 변형된다고 본다. 그것은 ① 각색(adaptation), ② 연장(extension), ③ 확장(expansion)이다. 스토리 소재는 '각색' 과정에서 새로운 형태를 입게 되지만, 소재를 비롯하여 원래의 이야기 요소들은 가능한 한 유지된다.[18] '연장'은 각색과 다르게 원본에 충실할 필요는 없다. 원래 존재하는 소재에 새로운 내러티브 요소를 삽입하는 것도 가능하다. 그러나 완전히 다른 이야기를 만들어내지는 않는다. '확장'은 트랜스미디어 세계에서 가장 보편적인 변형 방식이다. 원래 존재하는 이야기에 대한 새로운 관점, 통찰 혹은 동반하거나 평행하는 내러티브를 소개함으로써 이야기 세계를 넓힌다. 관객은 단순한 시청자가 아니라 공동 제작자가 될 수 있으며, 스토리 세계의 발전을 위해 캐릭터를 분리해내거나 내러티브 요소 하나에 집중할 수 있다.[19]

트랜스미디어 스토리텔링의 가능세계 연결성을 강조한 사람은 마리 로르 라이언(Marie-Laure Ryan) 슈퍼히어로다. 라이언은 존재 가능한 세계를 독자들이 살고 있는 '실제 세계(AW, Actual World)', 작품의 내용이 존재하는 '텍스트 세계(TX, Textual World)', 화자가 거주하는 '내레이션 세계(NW, Narratorial World)'로 구분했다.[20]

라이언은 돌레젤(Doležel)의 이론을 토대로 하여 ① 확장(expansion), ② 수정(modification), ③ 치환(transposition), ④ 인용(quotation)의 네 가지 방식이 가능하다고 주장한다. '확장'은 원작 스토리의 세계를 연장(extend)하는 것이다. 치환의 예는 플렌츠도르프(Ulrich Plenzdorf, 1934~2007)의《젊

---

18 이재현(2013),《디지털 시대의 읽기 쓰기》, 커뮤니케이션북스.

19 임동욱(2015),〈트랜스미디어 콘텐츠의 연속성과 일관성 강화 전략〉, 인문콘텐츠학회 추계 학술대회 논문집, 인문콘텐츠학회, 51-52쪽.

20 박치완·신광철 외(2016), 위의 논문, 282쪽.

은 W의 새로운 슬픔(The New Sufferings of Young W)》(1973)이다. 이는 1960년 대 독일민주공화국(구동독)에 괴테의《젊은 베르테르의 슬픔(The Sorrows of Young Werther)》(1774) 플롯을 이식한 소설이다. ⓐ 더 많은 존재물들(existents)을 추가하거나, ⓑ 조연 캐릭터들을 스토리의 주인공으로 전환하거나, ⓒ 캐릭터들이 새로운 스토리세계 지역을 방문하거나, ⓓ 전편(prequel), 속편(sequel)을 통해 원작 스토리의 시간을 늘리는 방식이 그것이다. '수정'은 원작의 스토리세계를 본질적으로 재구성함으로써 구조를 재설계하고, 스토리를 재발명한다. '치환'은 원작 세계의 설정 및 메인 스토리를 유지하지만, 그것을 다른 시간적 또는 공간적 배경에 위치시키는 방식이다.[21] '인용'은 전체 서사나 맥락과 상관없이 원작 서사의 특정 스토리 요소를 단순 이용하는 것이다. 인용은 대개 불협화음이나 부조화를 목표로 하는 경우가 많다. 이 책에서는 다우드와 라이언의 논의를 통합하고 수정하여 적용하고자 한다. 일단 라이언의 확장, 수정, 치환, 인용의 네 가지 방식에 다우드의 연장 개념을 더할 필요가 있다. 다우드의 '연장'은 라이언의 '확장' 개념과 다르며, 스토리의 변형이 크지 않다는 점에서 구분할 필요가 있다. 다우드의 '각색' 개념은 '반복(repetition)'과 '압축(condensation)'으로 세분화되어야 한다. 반복은 창구효과를 목표로 스토리 변화 없이 매체를 전환하는 경우를 가리킨다. 스토리가 같다 하더라도 매체가 달라지면서 표현양식이 바뀌므로 독자나 관객의 향유 방식에도 영향을 끼치기 마련이나. 압축은 매체 전환을 통해 스토리가 생략되고 통합되는 과정을 가리킨다. 생략과 통합 과정에

---

21 Ryan, Marie-Laure, *Transmedial Storytelling & Transfictionality*, Poetics Today, Vol.34. No.3, 2013, pp. 361-388 참조.

서 필연적으로 스토리의 재구성이 일어나며, 이는 반복이나 연장과는 또 다른 각색의 미학을 보여준다.[22]

2) 융합지향형 트랜스미디어 콘텐츠

트랜스미디어 스토리텔링은 그 탄생 배경이 융합에 있다. 앞서 살펴본 것처럼 헨리 젠킨스는 융합(Convergence)을 네 가지로 나누었고, 그 중에 트랜스미디어 스토리텔링과 직접적으로 연관되어 있는 것이 바로 문화적 컨버전스(Cultural Convergence)라고 했다. 문화적 컨버전스는 미디어 기술, 미디어 산업, 소비자, 생산자 등이 서로 연계되면서 새로운 창의성이 만들어지는 것을 말하는데, 이를 통해 여러 플랫폼에 걸쳐 전개되는 트랜스미디어 스토리텔링 현상이 이때 나타난다고 했다.

또한 트랜스미디어 스토리텔링은 그 자체로 융합이다. 미디어는 기술이며 스토리텔링에는 감성이 담겨 있다. 인문학과 공학, 인문학과 사회학은 지난 100년간 의도적으로 서로를 멀리했지만 융합에 초점이 맞춰지고 있다. 트랜스미디어 스토리텔링도 그러한 현상 중 하나다. '트랜스미디어'라는 말에는 중심이 없다. 트랜스미디어 스토리텔링이 말하는 융합은 흰색과 검은색을 더하여 회색을 만들고자 함이 아니다. 오히려 흰색과 검은색이 다양하게 공존하는 장 안에서 누군가는 흰색

---

22 서성은(2015), 〈매체 전환 스토리텔링 연구〉, 이화여대 대학원 디지털미디어학부 영상미디어 전공 박사학위논문, 73-114쪽.

을, 누군가는 검은색을, 또 누군가는 그 둘 사이의 회색을 발견하도록 유도하는 것이 궁극적 목표다. 트랜스미디어 스토리텔링은 이들을 하나로 동화시키는 것이 아니라, 미디어별 전략과 장르별 관습을 고수하는 가운데 이들을 전방위적으로 활용하는 통합적 장을 지향한다. 이처럼 형식적으로 다양한 미디어가 경계를 넘나드는 과정에서 사용자는 내용적으로도 자연스럽게 현실과 허구, 실재와 가상, 기술과 예술에 대한 경계를 넘나들게 된다.[23]

우리는 트랜스미디어 스토리텔링의 융합적 본질을 토대로 해서 생산과 소비, 기술과 문화, 정보와 감정, 놀이와 학습 등 이항 대립적 요소들의 간극을 적절히 아우르며 인간의 이야기 경험을 확장할 수 있다.

---

23 류철근 외 12인(2015),《트랜스미디어 스토리텔링》, 이화여자대학교출판부, 21–22쪽.

IV

마블과
DC의
슈퍼히어로

1.
만화와 애니메이션

1) 만화의 탄생과 발전 과정

'제9의 예술'이라고 불리는 만화는 19세기에 탄생해 20세기에 최고의 전성기를 누리고 21세기로 넘어와 디지털만화로 진화하면서 문화예술 분야의 한 획을 그었다. 만화는 형상과 텍스트의 조화로 이루어진 문화예술로 주류 문화의 저 너머에 있는 비주류 문화였다. 만화는 문예적 혹은 철학적 아방가르드의 첨병이었으나, 이제는 주류 문화를 논할 수 있는 반열로 발전했다. 만화 〈쥐(Maus)〉로 퓰리처상을 수상한 아트 슈피겔만(Art Spiegelman, 1948~)은 "만화는 연극보다 유연하고 영화보다 심오하다"라고 말했다. 만화는 그런 존재다.

한국, 일본, 중국에서 공통으로 사용하는 만화는 한자로 '漫畵'라고 쓴다. 한국은 출판과 만화가 산업에서 분리되었고, 만화와 웹툰도 각기 분류한다. 일본은 만화를 '망가'라고 부르며, 출판과 만화와 애니메이션이 분리된 산업이지만 매우 유기적인 협력 산업이다. 중국은 '만화'라는 용어보다는 만화 · 애니메이션 · 캐릭터 등을 포괄적으로 일컫는 '동만산업(动漫产业)'이라는 별도의 용어를 사용한다.

만화는 영어로 '코믹스(comics)'와 '카툰(cartoon)'을 사용한다. 코믹스는 주로 미국에서 한 칸 혹은 네 칸의 시사만화에서 시작되었다. 카툰은 이탈리아어 '카르토네(cartone)', 프랑스어의 '카르통(carton)'에서 어원을 찾을 수 있는데, 프랑스어로 만화는 '방드 데시네(bande dessine: 연속된 그림의 띠)' 또는 약자로 '베데(BD)'라고 부른다. 카툰은 유럽의 풍자만화인 '캐리커처(caricature)'에서 시작되었고 일반적으로 해학, 익살, 풍자를 기본 요소로 한다. 1860년대부터 카툰 만화가 시작되었고, 1894년 영국 런던에서 최초로 카툰 전시회가 열렸다.

만화의 정의를 사전에서 찾으면 만화란 "대상의 성격을 과장 또는 생략하여 익살스럽고 간명하게 인생이나 사회를 풍자하거나 비판하는 줄거리가 있는 여러 컷의 그림"이라고 나온다. 만화는 '과장하다'라는 뜻의 이탈리아어 'caricare'에서 나온 인물화 캐리커처를 시작으로 다수의 장면이 연결되어 하나의 스토리가 만들어지는 카툰과 코믹스 혹은 코믹 스트립(comic strip)으로 발전하게 된다. 코믹 스트립이라는 말은 주로 미국에서 만화를 가리킬 때 사용하는데, 대표적인 예로 미국 정부나 정치를 풍자한 만화인 〈둔스버리(Doonesbury)〉(1980)가 있다. 물론 캐리커처도 만화의 한 형태이지만, 일러스트레이션 또한 미술의 한 지류이자 만화로 진화하기 바로 이전의 형태다. 만화가 그림을 그리는 형태이기 때문에 여러 미술 · 회화 분야의 영향을 받았고, 근대 이후 본격적으로 발전했다.[1] 윌 아이스너(Will Eisner, 1917~2005)는 만화를 '연속 예술'이라고 정의했으나 논쟁의 여지가 있고,《만화의 이해(Understanding Comics)》의 저자 스콧 맥클라우드(Scott MacCloud)는 만화란 "수용자에게 정보를 제공하거나 미학적인 반응을 일으키기 위해 의도된 순서로 병렬된 그림 및 기타 형상들"이라고 정의했다.[2]

만화의 기원을 거슬러 올라가면 프랑스의 라스코동굴(Grotte de Lascaux)이나 이집트의 상형그림을 거론할 수 있으나, 너무 멀리 기원을 거슬러 올라가는 것은 오히려 반감이 있다. 1731년 영국의 화가이자 판화가였던 윌리엄 호가스(William Hogarth, 1697~1764)의 〈창녀의 인생유전(A Harlot's Progress)〉, 1833년 만화의 선구자로 불리는 로돌프 토페르(Rodolphe Töpffer, 1799~1846)의 〈자보씨 이야기(Histoire de Monsieur Jabot)〉, 1841년 영국의 〈펀치, 더 런던 샤리바리〉, 1896년 미국의 리처드 펠

〈그림 4-1〉
로돌프 토페르의
〈자보씨 이야기〉

---

1   성완경(2001),《세계만화》, 생각의나무, 15쪽.
2   김세리(2007), 〈로돌프 토페르: 최초의 만화가〉,《프랑스학연구》제39권, 프랑스학회, 295-296쪽.

튼 아웃콜트(Richard F. Outcault)의 〈옐로 키드(Yellow Kid)〉, 1897년 루돌프 덕스(Rudolph Dirks)의 〈카첸야머가의 아이들(The Katzenjammer Kids)〉 등이 만화의 원류에 속한다.[3]

물론 미국과 프랑스에서는 만화의 기원을 두고 다툼이 있다. 미국은 1896년 〈뉴욕월드(New York World)〉에 연재되었던 아웃콜트의 만화 〈옐로 키드〉가 최초라고 주장한다. 〈뉴욕월드〉의 경영자였던 조지프 퓰리처는 만화 섹션을 만들어 아웃콜트에게 1895년부터 〈뉴욕월드〉에 빈민가 이야기를 담은 〈호간의 뒷골목(Down Hogan's Alley)〉을 연재하게 했는데, 이 작품에 등장하는 캐릭터 '옐로 키드'가 인기를 끌었다. 미국 측은 〈옐로 키드〉처럼 그림에 말풍선이 있어야 만화라고 주장했다.[4]

토페르는 이미 1826년 〈경치 좋은 여행(Voyage pittoresque)〉에서 말풍선을 사용했지만, 상용화하지 않았을 뿐이다. 최초의 만화로 간주되는 〈자보씨 이야기〉는 토페르가 1827년부터 작업했으나, 1837년이 되어서야 빛을 보게 된 〈비유부아씨의 연인들(Les Amours de Monsieur Vieux Bois)〉과 달리 1831년 완성되어 1833년 대중 앞에 공개되었다.[5] 1837년의 신문기사에서 토페르는 〈자보씨 이야기〉에 대해 다음과 같이 말했다.

이 작은 책은 여러 가지 성격을 지니고 있다. 외곽선을 살려 그려진 연속된 그림으로 구성되어 있고, 각각의 그림들은 한 줄 또는 두 줄의 글과 함께 구성되어 있다. 글이 없다면 그림은 불확실한 의미

---

3   성완경(2001), 위의 책, 32-34쪽.

4   권경민(2013),《만화학개론》, 북코리아, 2013(네이버 지식백과), 2020년 1월 2일 검색.

5   김세리(2007), 위의 논문, 298쪽.

만 전달하게 될 것이고, 그림이 없다면 글은 아무런 의미도 없을 것이다. 이 두 가지가 함께했을 때 소설과는 완전히 다른 것처럼 보이는 개성 있는 글이 된다. 이 가로가 긴 작은 책의 저자는 스스로 누구인지 밝히지 않는다. 화가라고 하기에는 그림이 빈약하지만 글은 제법 쓰는 수준이고, 문인이라고 하기에는 글 솜씨가 부족하지만 그림에는 재능이 있는 편이다. 진지한 사람이라고 하기에는 매우 우스꽝스러운 생각을 많이 하는 편이고, 우스꽝스러운 사람이라고 하기에는 나름대로 진지한 생각도 부족하지 않은 편이다.[6]

20세기로 넘어와서 1930년 전까지 만화를 개척한 작가들은 무수히 많다. 그들의 실험정신과 새로운 시도가 현대 만화를 탄생시켰다. 미국의 만화는 1902년 아웃콜트의 연재물 〈버스터 브라운〉, 1905년 윈저 매케이(Winsor McCay, 1866~1934)의 〈잠의 나라의 리틀 네모(Little Nemo in Slumberland)〉, 조지 헤리먼(George Herriman, 1880~1944)의 〈크레이지 캣(Krazy Kat)〉 등 초기 현대 만화들이 인기였고, 1913년 조지 맥마너스(George McManus, 1884~1954)의 〈아버지 기르기(Bringing Up Father)〉, 1929년 핼 포스터(Hal Foster, 1892~1982)의 〈타잔(Tarzan)〉, 엘지 크라이슬러 시거(Elzie Crisler Segar, 1894~1938)의 〈포파이(Popeye the Sailor)〉 등 현재도 인기 있는 캐릭터 만화들이 등장하기 시작했다. 1930년 칙 영(Chic Young, 1901~1974)의 〈블론디(Blondie)〉, 1931년 체스터 굴드(Chester Gould, 1900~1985)의 〈딕 트레이시(Dick Tracy)〉, 1934년 알렉스 레이먼드(Alexander G. Raymand, 1909~1956)의

---

6 〈판화 문학, 로돌프 토페르(Rodolphe Töpffer)〉, 코믹파크(http://comixpark.com), 2020년 1월 2일 검색.

<그림 4-2> 미국 최초의 만화잡지 〈퍼니스〉

〈플래시 고든(Flash Gordon)〉까지 전설적인 만화들이 탄생한다.

　1929년 미국 최초의 만화잡지 〈퍼니스(The Funnies)〉가 출간되어 만화를 연재했다. 1934년에는 월간 만화잡지 〈유명 만화 선집(Famous Funnies)〉을 출간해 크게 성공했다. 또한, 1935년 전미정간물출판사는 '디텍티브 코믹스'로 회사 이름을 바꾸게 되는데, 이 출판사가 지금의 DC 코믹스다. 1938년 조 슈스터와 제리 시걸의 〈슈퍼맨〉, 1939년 밥 케인의 〈배트맨〉이 탄생한다.[7] 미국의 만화 역사는 마블과 DC를 중심으로 추후 다시 정리된다. 그리고 유럽의 만화 역사를 정리했는데, 아래 표와 같다.

7　성완경(2001), 위의 책, 35-41쪽.

좁은 의미에서 만화산업이란 "출판 만화의 창작, 가공, 유통, 소비 과정 전반에 관련된 산업"을 의미한다. 그렇지만 좀 더 넓은 의미에서

〈표 4-1〉 유럽 만화의 역사

시기	구분	대표작
1929~1944년 유럽 현대만화의 태동	1929~1939년 프랑스 만화출판계의 진화	〈주르날 드 미키〉 창간(1934) 뒤피출판사의 〈스피루〉 창간(1938)
	1929~1938년 벨기에 만화의 탄생	에르제(Hergé)의 〈땡땡(Tintin)〉(1929)
	1929~1944년 유럽 만화의 확산	영국의 돈 프리마와 잭 몽크의 〈벅 라이언〉(1937) 이탈리아의 리노 알베르타렐리의 〈파우스트 박사〉(1939)
1944~1958년 고전주의와 혁신	1945~1957년 사실주의와 풍자	루치아노 보타노의 〈페피토〉(1951) 렉 스미스의 〈앤디 캡〉(1957) 〈매드〉 창간(1952)
	1946~1958년 마르시넬파	모리스의 〈뤼키 뤼크〉(1947) 페요의 〈스머프〉(1958)
	1944~1948년 프랑스/벨기에 만화잡지의 혁신	프랑스의 〈땡땡〉 창간(1946)
1959~1968년 제9의 예술을 향한 도정	1959~1967년 최초의 전복	키노의 〈마팔다〉(1964) 휴고 프라트의 〈염해의 발라드〉(1967)
	1959~1968년 〈필로트〉의 시대	프랑스의 만화잡지 〈필로트(Pilote)〉 창간(1959) 〈아르테리〉 연재(1959)
1969~1979년 새로운 경험들	1969~1979년 저자만화의 출현	빌랄과 크리스탱의 〈오늘의 전실〉(1976) 뫼비우스의 〈아르작〉(1975)
	1969~1979년 언더그라운드와 현대성	로버트 크럼의 〈프리츠 더 캣〉(1959) 〈에코 데 사반〉 창간(1972) 카스테르망출판사의 〈아 쉬브르〉 창간(1978)

출처: 성완경(2001), 《세계만화》, 생각의나무 재구성.

만화산업은 "만화콘텐츠를 상품화하여 소비자에게 전달하여 수익을 창출하기까지의 전 과정과 더 높은 부가가치를 창출하는 유·무형의 재화 및 서비스까지 포함하는 개념"을 뜻한다. 출판만화를 기본으로 뉴미디어, 인터넷, 모바일, 게임, 캐릭터 등 다양한 상품으로 제작·유통하는 연계산업을 포함한다. 원래 만화콘텐츠는 출판물의 한 장르였지만, 그 성격이 독특하여 국내 콘텐츠산업 정책에서는 일반적인 출판산업과 분리하여 규정하고 있다.

만화는 이미지 언어를 활용해 이야기 혹은 정보를 전달하는 매체다. 디지털 이미지, 만화 인물, 만화 이야기 등이 대중만화 서사의 중요한 포인트로 떠오르면서 만화가 일상적인 소통의 도구로 확산되고 있다. 만화는 이미지 언어의 특성상 문자 언어보다 감성에 호소하며 무한한 표현의 확장성을 가지고 있다. 또한 어린이들도 쉽게 이해하고 청소년, 성인층까지 확산되는 매우 유효한 가족형 엔터테인먼트다. 그와 동시에 개인적인 작업이 가능해 여타 문화산업에 비해 신진 작가들의 진입장벽이 높지 않다. 또한 소규모 자본으로 제작이 가능하여 다양한 콘텐츠를 공급할 수 있고, 영상이나 게임콘텐츠 등으로 확산되어가기가 용이하다. 세계적으로 높은 경쟁력을 지닌 일본의 애니메이션과 게임은 만화 원작이 있기에 가능하며, 최근 할리우드의 히트작은 대부분 만화의 원작을 활용하고 있다. 즉, 만화산업은 그 자체로도 가능성이 있는 시장이며, 다양한 엔터테인먼트의 원작산업으로도 가치가 있고 만화를 통한 교양교육으로도 확산될 수 있는 산업적으로 매우 뛰어난 가치를 지닌다.

우리나라의 만화산업은 크게 4개로 구분하는데, 만화출판업, 온라인만화제작유통업, 만화책유통업, 만화도소매업으로 나뉜다. 2015년 기준 만화출판업은 4,474억 원 정도의 규모로 가장 크며, 전체 만화시장은 약 9,194억 원이다.[8] 만화출판업은 2017년 5,200억 원으로 증가했고, 2018년 전체 만화산업 매출액은 1조 1,500억 원에 달하며, 수출액은 4천억 원에 달한다.[9] 한국의 만화산업은 하락세를 나타내는데, 이는 전 세계적인 추세다. 만화인쇄시장은 하락하는 반면 온라인 만화는 급속하게 성장하면서 만화산업 전체의 하락세를 늦추는 효과를 보이고 있다. 또한, 미국은 마블과 DC 코믹스 등 슈퍼히어로물의 선전으로 이 분야 코믹스와 그래픽 노블이 성황을 이루고 있다. 그래픽 노블은 1980년대부터 널리 유행하기 시작했는데, 미국 만화계의 거두인 윌 아이스너는 "코믹스가 멜로디라면 그래픽 노블은 심포니다"라며 그래픽 노블을 극찬한 바 있다. 세계 만화산업은 2022년 80억 달러 규모로 전망하고 있다.

세계 만화시장은 일본이 변함없이 세계 1위이고 그 뒤로 미국, 독일, 프랑스, 영국, 한국 등이 시장을 주도하고 있다. 한국의 경우 학습만화 시장에서 두각을 나타내며, 웹툰의 종주국이기도 하다. 최근 중국이 급성장하고 있는데 중국은 만화시장을 애니메이션, 캐릭터 시장과 통합적으로 바라보는 경향이 있어 '동만산업'이라고 부르고, 중국 기업의 IP 확보 노력과 중국 정부의 IP 창작에 대한 영향으로 웹소설과 더불어 큰 호응을 얻고 있다.[10]

---

8 〈2016 만화산업백서〉, 한국콘텐츠진흥원, 2017, 135쪽.

9 〈2018 콘텐츠산업 통계(2018년 하반기 콘텐츠산업 동향분석)〉, 한국콘텐츠진흥원, 2018.

10 〈2016 만화산업백서〉, 한국콘텐츠진흥원, 2017, 229-230쪽.

2) 일본 애니메이션

애니메이션은 움직이지 않는 물체를 움직이는 것처럼 보이게 만드는 촬영기법 또는 그렇게 만들어진 영화를 뜻한다. 이에 대해 국제애니메이션필름협회(International Animated Film Association, ASIFA)는 "화상의 1콤마(comma)씩의 수단에 의해 창조된 모든 것으로, 이것은 조작된 동작을 창조하기 위한 모든 종류의 테크닉에 관련된 실사 영상 방식과는 다른, 다양한 기술의 조작에 의해 움직이는 이미지를 창조하는 것"이 애니메이션이라고 좀 더 구체적으로 정의하고 있다. 화상의 1콤마라는 것은 그림 한 장에 한 프레임씩 촬영한다는 것을 뜻한다. 애니메이션이라는 영어 단어는 그림에 움직임을 더하여 생기나 활기를 불어넣는 것이라고 표현할 수도 있다.

세계 애니메이션시장은 크게 영화, 방송, 홈 비디오, 디지털 배급의 네 가지 분야로 구성되어 있다. 애니메이션시장은 2008년부터 2010년까지 3년간 지속적으로 성장했고, 특히 2010년에는 11.4%의 큰 폭으로 성장했다. 이는 3D 애니메이션 영화들의 박스오피스 흥행 성공으로 인한 영화 분야의 성장과 이에 따른 홈 비디오시장의 선전에 의한 것으로 분석된다. 한편 2012년부터는 성장세로 돌아선 가운데 이후 5년간 애니메이션시장의 연평균 성장률은 4.2%, 2016년 애니메이션시장 규모는 170억 달러에 달했다. 분야별로는 2011년 기준 홈 비디오시장이 48억 1,500만 달러로 가장 큰 시장을 형성하고 있으나 2007년에 비해 12.4%나 하락했으며, 향후에도 하락 추세가 지속될 전망이어서 애니메이션 분야 중 홈 비디오시장은 유일하게 마이너스 성장이 예상된다. 방송용 애니메이션시장은 41억 9,800만 달러로 두 번째로 큰 시장을 형성하고 있으며, 영화시장이 39억 2,700만 달러로 그 뒤를 잇고 있다. 특히 세계 극장용 애니메이션 산업은 2019년 57억 5,800만 달러에 달한다.[11]

방송시장과 영화시장은 향후 5년간 지속적으로 성장하여 방송시장은 2012년, 영화시장은 2013년에 홈 비디오시장을 추월했으며, 이로써 방송시장이 애니메이션시장에서 가장 큰 시장을 형성하게 되었다. 반면, 홈 비디오시장은 지속적으로 하락하여 2016년에는 디지털 배급시장의 두 배가 조금 넘는 규모로 축소되었다. 디지털 배급은 최근 4년 동안 시장 규모가 두 배가량 증가했으며, 가장 빠른 성장세를 기록하고 있는 분야로서 향후 전망에서도 꾸준한 성장이 예상된다.

권역별 애니메이션산업 동향에서는 북미가 59억 1,600만 달러로 세계 애니메이션시장의 42.8%를 차지하는 가장 큰 시장이고, 다음으로는 유럽이 37억 2,200만 달러로 26.9%, 아시아가 32억 7,900만 달러 규모로 23.7%, 남미가 7억 9,400만 달러 규모로 5.7%의 시장점유율을 보인다. 미국이 가장 많은 비중을 차지하고 있기는 하지만 아시아 지역은 2012~2016년 사이 연평균 성장률 7.2%로 세계 애니메이션시장에서 가장 빠르게 성장하고 있으며, 2013년부터는 유럽시장 규모를 추월했다.

2018년 북미 애니메이션산업 규모는 88억 4,400만 달러로 세계 애니메이션시장의 39.6%를 차지해 세계 최대 규모다. 미국 애니메이

---

11 〈세계 극장용 애니메이션 산업 규모 및 전망〉, 한국콘텐츠진흥원, 2019, 307쪽.

션시장은 2012년 이후 성장과 하락을 반복하고 있지만, 연평균 성장률
은 1.7%로 꾸준히 성장할 것으로 예상된다. 미국 애니메이션시장은 홈
비디오의 판매 및 대여가 전체 시장의 37%로 가장 큰 시장점유율을 차
지하는 홈 비디오 중심 시장의 특징을 보이다가 점차 디지털 배급으로
전환되면서 홈 비디오시장은 감소하고, 방송용 애니메이션 및 디지털
배급시장이 점차 증가하고 있는 추세다. 극장용 애니메이션시장은 최
근까지 3D 애니메이션이 흥행에 성공하면서 매출이 급격히 증가했으
나 품질 관리가 제대로 되지 못해 관객 수가 감소했고, 이로 인해 극장
용 애니메이션시장은 하락세를 보이고 있다.

일본 애니메이션산업 규모는 일본동화협회가 발매하는 2018년도
판 '애니메이션 산업 리포트'에 따르면, 총 2조 1,527억 엔을 기록했다.
이는 2017년에 비해 8.1%나 증가한 기록이라서 더 고무적이다. 일본
애니메이션산업은 2015년부터 꾸준히 성장하고 있는데, 이러한 성장
세는 해외에서 일본 애니메이션 구매가 큰 폭으로 증가했기 때문이다.
아마존이나 넷플릭스 같은 큰손이 일본 애니메이션을 많이 구입하고
있다. 하지만 일본 국내 애니메이션시장은 만화와 마찬가지로 감소하

〈표 4-2〉 일본 애니메이션 산업의 규모

(단위: 억 엔)

시장	2013	2014	2015	2016	2017
국내 시장	11,886	13,034	12,382	12,247	11,579
해외 시장	2,823	3,265	5,833	7,676	9,948
합계	14,709	16,299	18,215	19,923	21,527

출처: 〈アニメ産業レポート 2018〉, 日本動画協会, 2018.

고 있다. 따라서 내수 시장은 후퇴하고 외수 시장에 크게 의존하고 있는 형국이다.

위의 표는 일본 애니메이션 산업의 규모다. 일본 국내 시장은 2014년을 정점으로 2015년부터 하락세를 보이고 있다. 해외 시장은 2013년부터 꾸준히 성장해 반대의 모습을 보이고 있다. 일본동화협회에 의하면, 2018년 일본 애니메이션 전체 시장 규모는 2017년보다 190억 엔 늘어난 2조 1,814억 엔(23조 3,643억 원)으로, 6년 연속 사상 최고치를 경신했다. 일본 국내 시장 규모가 2014년 1조 3,908억 엔을 정점으로 감소하고 있기 때문에 해외 시장 확대가 일본 애니메이션 산업 성장을 이끄는데, 중국 시장 성장과 게임 애플리케이션 같은 고수익 모델 등을 원인으로 꼽았다.[12]

일본 애니메이션의 국내 시장 위축에도 불구하고 2016년 센세이션한 사건이 발생하는데, 그것은 바로 신카이 마코토(新海誠) 감독의 〈너의 이름은.〉(2017)의 흥행이었다. 〈너의 이름은.〉은 일본에서만 1,500만 명이 본 최고 흥행작이다. 부산국제영화제에 참가한 신카이 마코토 감독은 인터뷰에서 "대지진에 희생된 사람들이 살아있었으면, 행복해졌으면 하는 기도나 소원, 바람을 가졌다. 그 경험을 통해 바람이나 기도의 결집을 영화에 담고 싶었다"라고 소회를 밝힌 바 있다. 신카이 마코토는 2019년 〈날씨의 아이(天気の子)〉를 발표해 좋은 평가를 받았고, 제13회 아시아 태평양 스크린 어워드(최우수 애니메이션상)를 수상했다. 신카이 마코토의 〈너의 이름은.〉에 대해 자세히 살펴보도록 한다.

---

12 "10조원 돌파' 일본 애니메이션, 국외시장 매출 절반 육박", 한겨레신문, 2019년 12월 16일자.

<그림 4-3> 신카이 마코토 감독의 <너의 이름은.>

　　신카이 마코토 감독의 첫 직장은 게임회사 팔콤(Palcom)이었다. 영상을 만드는 일반 직원이었는데, 5년 동안 게임의 오프닝과 엔딩 등 다양한 영상을 제작하거나 편집 일을 맡았다. 게임회사에서 닦은 발군의 실력과 상상력을 기반으로 애니메이션을 만들었는데, 그의 첫 데뷔작은 팔콤에서 근무하면서 만든 <그녀와 그녀의 고양이(彼女と彼女の猫)>(1999)다. 데뷔작이 성공하자 자신감을 얻은 그는 정식 상업 데뷔작을 준비하는데, 그것이 25분짜리 단편 <별의 목소리>다. 이 작품은 '신세기도쿄국제애니메이션페어21' 공모 부문 우수상 등 다수의 상을 수상했다. 그의 애니메이션들은 예전의 셀처럼 수동 작업이 아닌 디지털

작업으로 진행했고, 빛의 효과를 탁월하게 사용하여 '빛의 마술사'라는 별명을 가지고 있다. 복수의 광원을 이용하여 대상을 과장하기도 하고, 가장 아름다운 각도에서 볼 수 있게 하는 기술을 주로 사용하고 있다. 이렇게 화려한 색채와 광원, 그리고 피아노 연주곡 위주의 삽입곡을 활용하면서 그의 작품은 한층 몽환적인 분위기를 돋보이게 하고 있고, 이에 따라 일본에서는 고정된 팬층이 상당히 두터운 편이다.

신카이 마코토 감독이 국내에 이름을 알린 작품은 제목부터 독특한 〈너의 이름은.〉이다. 보통 이러한 문장구조 하에서는 마침표가 아니라 물음표로 끝맺는 것이 일반적이지만, 신카이 마코토는 의도적으로 문장 마지막에 마침표를 넣었다. 그 이유는 감독이 SBS 〈박선영의 씨네타운〉에 출연해 직접 설명했는데, 제목을 정할 때 마침표에 많은 뜻을 담았다고 한다. "너의 이름은 무엇이니?"라는 뜻이 될 수도 있고, "너의 이름은 잊어버렸다…"라는 뜻이 될 수도 있으며, "너의 이름은 이미 알아!"가 될 수도 있는 등 관객의 상상에 따라 자유롭게 해석될 수 있도록 만드는 장치라고 말했다. 또한, 다섯 음절의 제목은 일본 시의 일종인 와카[和歌. 야마토우타(大和歌). '일본의 노래'의 준말]의 영향을 많이 받았다고 한다. 이 영화의 내용을 가로지르는 '황혼'이라는 단어의 유래도 와카에서 유래된 것인데, 작품을 보면 처음에 학교 선생님이 황혼의 유래와 뜻을 알려준다. 이는 이 단어에 생소한 일반 사람들에게 이러한 뜻이 있다고 알려주는 장치이며, 작품 내내 관객이 이해하기 쉽게 도와주는 장면들이다.[13]

---

13 SBS 라디오핫클립: 〈박선영의 씨네타운〉, '너의 이름은.' 마침표의 의미는?, 2019년 1월 30일 검색.

〈너의 이름은.〉은 2011년 동일본대지진을 모티프로 하고 있고, 2014년 세월호 참사에도 영향을 받았다고 한다. 동일본대지진 이후 일본인에게는 큰 트라우마가 생겼는데, "내가 사는 이 동네가 내일 당장 없어질 수도 있고, 이 삶이 언제 끝날지 모른다"라는 무의식을 공유하게 된 것이다. 이러한 배경에 힘입어 작품 자체의 완성도 또한 그의 다른 작품들에 비해 월등히 높다고 평가된다. 영화 내내 마코토 특유의 수채화적인 색감과 복수 광원 조명을 이용하여 평범해 보일 장면들도 몽환적으로 보이게 하는 효과를 냈고, 재난의 원인이 되는 혜성을 표현할 때의 영상미는 극장 안에 있는 사람들을 압도하는 몽환적 분위기로 신카이 마코토가 추구하는 아름다움이 무엇인지 사람들에게 알려준다.

신카이 마코토 감독의 애니메이션 〈너의 이름은.〉은 2016년 8월에 개봉했고, 그에 앞서 6월에 동명의 소설이 가도카와문고(角川文庫)에서 출간된다. 그는 이미 이전의 애니메이션 작품들도 소설로 출간한 경험이 있는 작가이자 애니메이션 감독이다. 애니메이션의 흥행과 더불어 소설의 인기도 대단했다. 문제는 애니메이션과 소설 중 원작이 무엇이냐는 것이다. 애니메이션을 작업하는 도중 소설을 먼저 완성해 발표했을 뿐 사실 소설이 원작이라고 말하기도 모호한 상황이다. 분명한 것은 신카이 마코토 감독이 대중성과 작품성을 두루 갖춘 작가라는 점이다. 그의 소설 《초속 5센티미터(秒速 5センチメートル)》,《언어의 정원(言の葉の庭)》,《너의 이름은(君の名は).》이 있고,《별의 목소리(ほしのこえ)》는 신카이 마코토가 원작이고 작가는 오바 와쿠(大場惑)이며,《별을 쫓는 아이(星を追う子ども)》도 원작만 맡고 작품은 아키사카 아사히(あきさかあさひ)가 썼다. 그리고 2019년 후속작 〈날씨의 아이〉(2019)를 발표해 큰 인기를 끌었다.

〈너의 이름은.〉은 자고 일어나면 몸이 바뀌는 시골 마을에 사는 소녀 미쓰하(三葉)와 도쿄의 소년 다키(滝)라는 두 인물을 중심으로 이야기가 전개된다. 이야기는 소설과 애니메이션이 상호보완적인 관계로 영화에서 설명이 제대로 안 된 부분을 책으로 설명해주기도 하고, 텍스트상의 한계나 몽환적인 이미지는 애니메이션이 시각적으로 충족시켜준다.

3) 학습만화

백진환 · 한윤옥(2011)은 학습만화란 "교과서의 정보나 지식을 전달하는 내용으로 학습을 효과적으로 이끌어가는 데 도움을 주는 만화"라고 말한다. 예를 들면 만화 지리여행, 만화로 본 역사 이야기, 만화 인물전, 만화 천자문 같은 유형을 말한다. 만화가 예술적 창작이나 오락적 재미를 추구한다면, 학습만화는 지식 전달과 학습을 목적으로 한다는 점이 다르다.[14] 만화는 글과 그림이 공존하는 것으로 표현상 극도의 과장, 생략, 비유 등을 많이 사용하고, 현실에 대한 풍자가 내포되어 있으며, 자유로운 표현형식으로 그 속에 유머와 재미가 있어 독자에게 알기 쉽게 전달하는 창작물이다. 즉 만화란 "그림이나 글을 비롯한 상징화된 형상을 통해 수용자에게 연속된 연상작용을 일으키며, 미적인 반

---

[14]   최열(1995),《한국 만화의 역사》, 열화당; 백진환 · 한윤옥(2011), 〈학습만화 독서지도 및 효과에 대한 실행연구〉, 《한국비블리아학회지》 22(4), 한국비블리아학회, 215쪽 재인용.

응이나 정보를 전달하는 효과를 거두는 것, 혹은 정보를 전달하거나 미적인 반응을 일으킬 목적으로 그림과 글을 비롯한 상징화된 형상을 의도적으로 늘어놓거나 배치하여 수용자에게 연속된 연상작용을 일으키는 문화예술"이다. 학습에 대한 정의는 그 목표와 내용, 방법, 교육관이나 학자, 시대에 따라 조금씩 다르게 주장되어왔지만, 일반적으로 학습이란 "인간발달에 있어 재구조화 과정"이라 할 수 있고, "연습이나 경험의 결과 일어나는 행동의 지속적인 변화"를 의미한다.[15]

딱딱한 내용을 재미있게 풀어놓아 흥미를 가지고 읽을 수 있어 전문적인 지식까지 거부감 없이 받아들일 수 있도록 한 것이 '만화' 매체이며, 만화의 이러한 교육적인 가치에 중점을 두어 학습에 만화를 접목시킨 것이 바로 학습만화다. 즉, 일반만화가 이야기 위주로 재미나 감동에 초점을 맞춘 반면 학습만화는 지식과 정보의 학습이라는 측면을 중시하며 재미있고 효과적으로 학습하기 위한 표현양식으로 만화를 차용한 것이다. 글과 그림을 복합적으로 제시함으로써 학생들에게 관심과 흥미를 불러일으키고 학습 동기를 부여하여 지식과 정보를 효과적으로 학습할 수 있게 한다. 결론적으로 학습만화란 "지식과 정보를 쉽고 재미있게 학습하기 위해 글과 그림이 복합적으로 작용하는 만화"다.[16] 이러한 측면에서 학습만화는 최고의 에듀테인먼트다.

한국의 학습만화 역사는 1970년대로 거슬러 올라간다. 1970년대 전후로 미국 과학교육을 개혁하면서 이론 중심에서 생활 중심으로 학

---

15 하지영(2011), 〈학습만화 읽기 활동이 학업성취도와 읽기 능력에 미치는 효과 연구〉, 한국교원대학교 교육대학원 석사학위논문, 16-17쪽.

16 하지영(2011), 위의 논문, 17-18쪽.

문의 중심축이 변했다. 1974년 소년한국일보 출판국에서 《과학학습만화 전집(전12권)》 등의 과학총서와 금성출판사에서 학습만화 전집을 발간했다. 하지만 이 당시 학습만화는 일본의 영향을 많이 받거나 표절한 콘텐츠가 대부분이었다. 1977년의 신문기사에 따르면 "○○출판사의 컬러세계문학전집은 30권에 8만 원씩 하는 대형 전집인데, 일본 쇼가쿠칸(小学館) 책의 내용·삽화·장정을 80% 이상 베껴내고 있는 실정이다"라며 표절에 대한 문제를 제기했다.[17] 1981년의 기사에서는 역시 일본만화를 그대로 복사한 해적판과 중복출판에 대한 문제점을 지적하고 있다.[18] 또한, 블로그를 통해서는 일본의 만화 《냐로메의 재미있는 입문 시리즈》를 표절한 서로 다른 두 출판사의 표절판을 확인할 수 있었다.[19] 1980년대의 초판은 구하지 못하고 1990년대에 동일한 만화가 다른 이름과 다른 표지로 중판된 것이다.[20] 이러한 학습만화는 학생 모두를 미래의 과학기술자로 만드는 데 목표를 둔 것처럼 구성했으나 학부모는 물론 어린이 독자에게도 외면을 받았다. 1980년대와 1990년대 기승을 부렸던 표절과 불법복제 문제는 1987년 세계저작권협약(Universal Copyright Convention)을 체결하고, 1996년 베른조약(Berne Convention)에 가입하면서 크게 줄어들었다.

---

17 김준식, "어린이 도서 이대로 좋은가 | 외국 책 표절한 값비싼 전집류 판쳐", 중앙일보, 1997. 05. 04, 종합 4면

18 강상헌, "3개社 아동과학만화시리즈 海賊版是非로 물의", 동아일보, 1981. 02. 05, 종합 11면

19 유청, "우리나라 천재 바카본 학습만화 표절 클래스", 2015. 10. 31, blog.naver.com/dbxhv-ldk22/220525390668

20 xongsang, "추억의 바카본 과학만화_웃으며 배우는 깔깔 우주과학만화, 수학만화", 2015. 04. 16, http://blog.naver.com/xongsang/220332836612

그렇다면 우리나라 학습만화의 성장기는 언제일까? 그 역사를 살펴보면, 1981년으로 거슬러 올라간다. 1981년 어린이 신문을 통해 연재를 시작한 이원복의 《먼나라 이웃나라》가 시초다. 《먼나라 이웃나라》는 1981년 어린이 신문 연재를 시작으로 1987년 고려원미디어에서 처음 단행본으로 선보였다. 당시에는 신문 연재만화의 원고를 그대로 실었기 때문에 각 권의 제목과 내용이 일치하지 않았으며, 인물의 대사도 모두 손글씨였다. 서유럽, 동아시아, 미국을 주제로 하여 세계 각국의 역사와 문화를 소개했다. 1992년에 개정판이 출간되면서 원고 분량을 각 권의 제목에 맞게 새로 편집했으며, 컴퓨터 글씨로 바뀌었다. 후에 《먼나라 이웃나라》의 출판권은 김영사로 넘어갔으며, 동시에 이름도 《새 먼나라 이웃나라》로 바뀌었다. 김영사 판은 후속편을 계속 제작하면서 학습만화시장이 주목받기 시작한 2000년대에 들어와서는 컬러 인쇄판을 출간했다. 2013년에 출간한 15번째 시리즈인 에스파냐 편으로 완간했다. 흔히 부모가 먼저 읽고 자녀에게 권하는 만화로 불리면서 나이와 상관없이 모두에게 유익한 지식을 전달하는 학습만화로 자리매김했으나, 다소 보수적인 이념으로 치우친 점은 옥의 티라고 할 수 있다.

2000년대에 접어들면서 학습만화시장이 팽창하기 시작했고, 그 출발점에는 2000년 가나출판사에서 출간한 《만화로 보는 그리스 로마 신화》가 있다. 서양 문화의 뿌리인 그리스 로마 신화를 만화로 읽을 수 있도록 재구성한 책이다. 기존에 나온 영웅들과 새로운 인물들의 모험 이야기로 구성했기 때문에 처음 읽는 독자들도 재미있게 읽을 수 있고, 실타래처럼 얽힌 신과 영웅들의 가계도를 정리하여 시리즈를 읽는 독자에게 신과 영웅들의 족보를 찾아보는 재미와 시리즈의 내용을 폭넓게 이해할 수 있도록 도와준다. 《만화로 보는 그리스 로마 신화》는 처음 출간된 당시에는 주목을 받지 못했지만, 아이들 사이에서 입소문이 퍼지기 시작하면서 출간 4년 만에 누적 판매량 1천만 부를 넘기는 저력을 과시했다.

그 뒤를 이어서 미래엔의 실용 브랜드 아이세움에서 출간한 《살아남기 시리즈》는 국내는 물론 해외에서 더 큰 성공을 거두었다. 2001년부터 '살아남기', '보물찾기', '내일은 실험왕' 등 학습만화 시리즈 저작권을 중국, 타이완, 태국, 베트남, 미국, 프랑스, 일본 등 14개국에 수출했는데 해외 누적 판매 부수가 3,500만 부에 이른다. 특히 '살아남기' 시리즈는 일본과 중국에서 각각 700만 부 이상 판매되었고, 중국에서 가장 많이 판매된 학습만화 중 하나로 기록되었다. 또한, '보물찾기'도 중국에서만 700만 부 이상 팔렸다. 최근 5년간 저작권 수익만 125억 원에 달한다.

2003년 21세기북스의 실용 브랜드인 아울북에서 출간한 《마법천자문》 시리즈 역시 최고의 학습만화로 평가받는다. 《마법천자문》은 초등학생들을 대상으로 한문 교육을 위해 개발된 책으로, 2003년에 발간된 《불어라! 바람풍》을 시작으로 2008년 1천만 부를 돌파했고, 현재 누적 판매 부수 2천만 부를 기록했다. 《마법천자문》의 OSMU는 해외로 수출까지 하는 에듀테인먼트의 성공 사례로 꼽힌다. 2010년 마법천자문문화산업전문회사를 설립해 별도 법인 투자 시스템으로 운영하고 있다.

《마법천자문》의 성공요인으로는 먼저 탄탄한 스토리라인에 있다.

《마법천자문》은 서유기를 모태로 한 스토리텔링을 전개한다. 앞서 지어진 고전이라는 탄탄한 스토리라인에 덧붙여 어린이들의 환심을 살 수 있도록 주인공들은 마법을 사용한다. 또한, 다른 학습만화들처럼 교수자가 나와서 어린 친구들이나 독자에게 설명해주는 흔한 이야기 구조를 탈피한다. 그 대신에 《마법천자문》에서는 이야기에 학습내용을 넣는 방식을 택하고 있다.[21]

학습만화시장이 점점 오락성을 강화하는 흐름 속에서 오히려 정보 전달력을 강화한 《Why》 시리즈가 나오게 된다. 예림당의 《Why》 시리즈는 국내 출판 역사상 전무후무한 기록을 쓰며, 가장 많이 팔린 학습만화로 평가된다. 《Why》 시리즈는 권별 주제에 맞춰 콩트 형식으로 구성되어 있다. 즉, 교수자가 나와서 학생들에게 지식을 전달하는 구성이다. 이런 평범한 구성의 콩트 형식이지만, 《Why》 시리즈가 선보이는 신선한 주제들은 이 시리즈물의 성공에 제 몫을 했다. 예를 들면, 다른 학습만화와 차별화되게 '똥', '장수풍뎅이와 사슴벌레', '컴퓨터 바이러스' 같은 기발한 소재를 발굴해냈다는 점이다. 국내에서 가장 성공한 《Why》 시리즈는 1천만 부까지 6년이 걸린 반면, 2천만 부와 3천만 부는 각각 1년 반 만에 돌파했다.

주니어랜덤에서 출간한 《판타지 수학대전》, 김영사에서 출간한 《가로세로 세계사》 등 다양한 장르의 학습만화가 베스트셀러에 속하면서 인기를 끌고 있다. 《가로세로 세계사》는 이원복 만화가의 또 다른 학습만화로 《먼나라 이웃나라》의 후속편으로 볼 수 있다. 이 책에서는

---

21 백은지(2011), 〈성공한 학습만화 사례 분석〉, 한국만화애니메이션학회 학술대회자료집, 한국만화애니메이션학회, 8-9쪽.

주로《먼나라 이웃나라》에서 다루지 못한 국가 및 지역을 집중적으로 소개하고 있으며,《먼나라 이웃나라》가 강대국의 세계사에 치우쳐 있었던 것에 비해《가로세로 세계사》는 아시아와 아프리카 등 세계사에서 잃어버린 역사와 문화를 다룬다. 게다가, 처음에는 제도권에 진입하지 못한 만화가들이 학습만화시장에서 주로 활동했는데 이두호, 이현세 등의 대가들도 진입하는 시장이 되면서 최근에는《박시백의 조선왕조실록》이나《미학 오디세이》등 성인층을 겨냥한 학습만화도 꾸준히 출판되며 인기를 끌고 있다.

이러한 학습만화의 성장 뒤에는 문제점도 도사리고 있다. 첫째, 학습만화의 경우 거대자본과 시스템을 기반으로 하기 때문에 몇몇 대형 출판사에 집중되어 있다. 50권 시리즈의 경우 20억 원가량의 제작비용이 소요되고, 기획 · 제작 이후 출혈적인 마케팅 비용도 천문학적으로 투입된다. 이러한 특수성 때문에 몇몇 대형 출판사 중심의 과점 구조를 갖고 있는 점이 특징이자 한계다.

둘째, 지나친 상업주의로 내몰리고 있다. 학습만화는 재미와 학습이 공존해야 하는데, 판매와 어린 학생들의 관심을 집중하기 위해 학습보다 재미에 치중하게 된다. 예를 들면, 공포만화 시리즈인《헉! 귀신이다》(가나출판사, 2002)나《싸움에서 무조건 이기는 방법》(티엔티커뮤니케이션, 2004) 등은 어린이들이 좋아하는 고전적인 소재이기는 하지만 부모가 선뜻 구매를 허락하는 소재는 아니다.

셋째, 표절이나 유사작들이 난무한다. 초등학생용 한국사 베스트셀러 학습만화《용선생의 시끌벅적 한국사》(사회평론)가《한국사편지》(책과함께)를 100여 군데 표절했다는 법원의 최종 판단을 받았다. 총 5권짜리《한국사편지》는 2002년 웅진주니어가《사진과 그림으로 보는 한국사 편지》라는 제목으로 출간했다가 2009년 개정판부터 출판사를 책과 함께로 옮기면서 제목도《한국사편지》로 바꿨으며, 지금까지 300만 부 이상이 팔렸다.《용선생의 시끌벅적 한국사》는 2012년 발매되기 시작해 약 100만 부가 팔렸다. 이외에도《마법천자문》과 유사하거나 아류에 속하는 학습만화도 10여 종에 달하고, 그리스 로마 신화, 북유럽·아시아 신화 등도 콘셉트를 그대로 빌려 만화로 변형해 출간하는 경우 등 비양심적인 사례도 있다.

마지막으로 치우친 이념이나 사상을 주입하는 경우가 있다. 학습만화의 주 대상은 어린이층이다. 초등학생이 핵심 타깃이고, 유치원에 다니는 5~7세까지 학습만화를 즐겨 읽는다. 문제는 과학이나 수학 등을 매개로 한 학습만화보다 역사나 철학, 신화를 다룰 경우 작가의 정치관이나 이념, 종교, 인종 등이 투영된다는 점이다. 역사교과서 문제에서 드러났듯이 좌우든 강자와 약자의 문제든 지나친 편향성은 가치관이 형성되는 어린 학생에게 중요한 문제이기 때문에 균형 잡힌 기술과 안목이 필요하다.

4) 그래픽 노블

그래픽 노블(Graphic Novel)은 '그림의', '도표의'라는 뜻의 'graphic'과 '새로운 뜻' 혹은 '소설'이라는 뜻의 'novel'의 합성어다. 그래픽 노블은 미국 작가 윌 아이스너의 〈신과의 계약(A contract with God)〉(1978)부터 대중적인 용어가 되었다. 물론 당대에 윌 아이스너만 그래픽 노블을 그린 것은 아니다. 자크 타르디(Jacques Tardi, 1946~)나 뫼비우스(Moebius, 1938~), 엔키 빌랄(Enki Bilal, 1951~) 같은 걸출한 작가들이 이미 왕성한 작품 활동을 했으며, 기념비적인 작품을 남긴 상태였다. 자크 타르디가 대중적으로 성공한 그래픽 노블 작품은 〈아델 블랑섹의 기이한 모험(Les Aventures extraordinaires d'Adèle Blanc-Sec)〉이다. 이 작품은 1976년부터 연재한 작품으로, 파리를 배경으로 한 미스터리하고 패러디풍의 여성 형사물이다. 매우 사실적이면서 환상으로 가득 찬 이 작품은 몽환적인 기법과 파격적인 이야기 전개가 일품이다. 2010년 뤽 베송(Luc Besson, 1959~) 감독이 영화화했으나 크게 성공하지는 못했다. 엔키 빌랄의 〈니코폴〉 3부작은 SF와 정치가 결합한 판타지 작품이다. 이 작품은 근미래의 파리를 중심으로 전개되는데, 외계인이 등장하고 이집트 신화에 나올법한 이미지가 결합된 독특한 화풍의 작품이다. 엔키 빌랄은 뫼비우스와 함께 SF만화의 대가로 손꼽힌다. 뫼비우스의 본명은 장 지로(Jean Giraud)로 SF의 최고봉이다. 그는 웨스턴 만화 〈블루벨리〉를 〈필로트〉에 연재하기 시작했으며 〈하라키리〉, 〈메탈 위를랑〉 등 실험적인 SF 작품을 많이 남겼다.

프랑스 SF만화의 정수 중 하나는 피에르 크리스탱(Pierre Christin, 1938~)이 글을 쓰고, 장클로드 메지에르(Jean-Claude Mezieres, 1938~)가 그림

<그림 4-4> 〈발레리안과 로렐라인〉(1967)과 영화 〈발레리안〉(2017)

을 그린 〈발레리안과 로렐라인(Valérian & Laureline)〉(1967)이다. 이 작품은 스페이스 오페라 SF 장르로, 1967년 프랑스 주간지 〈필로트〉에 처음 실려 2010년까지 총 26편이 출판되었다. 28세기 우주를 배경으로 특수요원 소령 발레리안과 그의 파트너 로렐라인의 활약을 그린 만화다. 이 만화는 영화 〈스타워즈〉와 〈아바타〉 등 SF와 판타지 장르에 많은 영향을 주었다고 평가받고 있다. 또한 프랑스 · 벨기에 만화 중 가장 많이 팔린 베스트셀러 5위 안에 들어가는 매우 인기 있는 만화다. 한국어판을 포함하여 세계 각국에서 번역되었다. 1984년 '앙굴렘국제만화페스티벌'에서도 수상했으며, 2007년에는 애니메이션, 2017년에는 영화로도 개봉했다.

〈뉴욕타임스〉에 따르면, 뤽 베송 감독은 어렸을 때부터 〈발레리안과 로렐라인〉을 몇 번씩 읽은 마니아이고 드디어 40년 만에 그의 꿈이던 영화화를 실천했다고 한다. 하지만 결과는 참담하다. 〈발레리안: 천 개 행성의 도시(Valerian and the City of a Thousand Planets)〉(2017)는 2012년 영화 제작 발표 시사회를 하고, 중국 지메이영화산업(Fundamental Films)이 5천만 달러를 공동 투자해 총제작비 2억 900만 달러를 들여 제작한 블록버스터 영화다. 프랑스 최고의 SF만화가 원작이었고, 프랑스 최고의 감독이 프랑스 영화사상 최대 제작비를 투자해 만든 영화였으나, 〈스타워즈〉나 〈스타트렉〉 같은 영화의 벽을 넘지 못했다. 원작 만화가 워낙 유명하고 흥행한 것에 비해 영화는 흥행에 실패했다. 최종 수익이 제작비 수준에도 못 미칠 정도로 영화로서는 아예 폭망했다. 프랑스에서 처음 개봉했을 때는 첫 주 1위를 달성했으나 그 후 점점 순위가 내려갔고, 세계 각국에서 개봉했으나 모두 흥행에 실패했다. 실패에 대한 책임으로 제작사 대표와 경영진이 총사퇴했고, 주인공 등 배우들의 개런티도 모두 깎이는 등 개봉 전 기대와는 달리 매우 좋지 않은 성적을 거두게 되었다. 언론이 밝힌 영화 실패의 원인이 꽤 다양한데, 먼저 뤽 베송 감독의 영화화에 대한 과욕이 부른 참사라는 평이 가장 크다. 또한, 이 영화가 개봉하기 전 〈아바타〉나 〈스타워즈〉 시리즈 등 〈발레리안〉의 원작 만화에서 영감을 받은 영화들이 앞서 이미 성공을 거두었는데, 이들 영화를 뛰어넘지 못한 것이다. 〈발레리안〉 영화 자체도 원작 만화 스토리에 충실하다 보니 이전 SF영화와 크게 돋보이는 점이 없었다는 사실이다. 이제 관객은 더 이상 화려한 CG효과에 결핍되어 있지 않다. 관객은 이전과 다른 새로운 SF영화를 요구한다. 영화 스토리는 원작에 충실한 것에 비해 영화 트레일러는 스토리에 집중하지 못했다는 비판도 제기된다.

뤽 베송의 〈그랑블루(Le Grand Bleu)〉(1988)나 〈레옹(Léon: The Professional)〉
(1994), 〈니키타(Nikita)〉(1990)는 탁월한 영화였다. 프랑루르의 파랑의 순
수함, 레옹과 마틸다의 순수한 우정, 〈제5원소〉의 리루 역시 이러한 순
수한 힘의 상징과 같다. 세상을 구할 수도 있고 파괴할 수 있는 힘을 가
진 순수한 사랑의 힘이 있다. 또한 〈루시(Lucy)〉(2014)에서 인간 뇌에 대
한 가상과 상상력은 창의력이 돋보인다. 한국 팬의 입장에서는 최민식
의 등장도 반가웠다. 하지만 〈발레리안〉은 좀 다르다.

〈발레리안〉이 실패한 이유는 첫째, 내러티브가 약하다. 배우 캐스
팅은 좋았으나, 시종일관 치근덕거리는 남주인공과 시니컬한 여주인
공의 이야기는 전체 이야기의 흐름을 깨고 있다. 맥락도 진정성도 없는
사랑 고백은 우주 최고 요원이라는 설정에 큰 오점을 남기게 한다. 이
런 경솔함은 방대한 세계관을 갖고 있는 원작의 스케일을 뒷받침해주
기는커녕 오히려 역행하면서 내러티브를 약화시킨다. 영화 속 화려한
미술효과와 2,734개에 달하는 특수효과가 그나마 부족한 내러티브를
보완해주고 있다.

둘째, 상상력과 창의력이 부족하다. 이미 〈아바타〉나 〈스타워즈〉,
〈스타트렉〉에서 본 외계종족, 괴물, 밀레니엄 팔콘과 비슷한 우주선,
광속우주비행과 우주 전투 장면 등은 이미 수많은 스페이스 오페라 장
르 영화에서 봐왔다. 하지만 억울한 측면도 있다. 오히려 이들 영화가
원작 만화의 영향을 받아 먼저 영화화된 측면이 있고, 〈발레리안〉이
늦게 영화화되면서 이들 작품의 뒤를 쫓는 형국이 되어버렸다. 2000년
대 초반에만 제작되었다면 지금보다 성공하지 않았을까? 아니면 오히
려 좀 더 늦게 영화화해 가상현실 기술을 접목한 영화로 만들었다면 어

땠을까? 뤽 베송 감독은 한 인터뷰에서 "판타지 이야기를 통해 성인들에게 사회가 앗아간 꿈의 힘을 일깨워주고 싶었다"라고 말했다. 하지만 적어도 이 영화를 통해 상상력과 꿈을 찾기에는 뒷심이 부족해 보인다.

셋째, 원작 만화를 뛰어넘지 못했다. 영화 〈발레리안〉에 앞서 제작된 영화 〈존 카터(John Carter)〉(2010)는 에드거 라이스 버로스(Edgar Rice Burroughs, 1875~1950)의 고전 SF소설 시리즈 《바숨 연대기》의 첫 작품 《화성의 공주(A Princess of Mars)》를 원작으로 하고 있다. 디즈니에서 야심차게 제작했으나 이 영화 역시 흥행하지 못했다. 원작이 있는 것은 아니지만, 워쇼스키 자매가 제작 · 각본 · 감독까지 맡은 영화 〈주피터 어센딩(Jupiter Ascending)〉(2015) 역시 망했다. 2017년 개봉한 〈가디언즈 오브 갤럭시 2〉(2017)나 〈아쿠아맨(Aquaman)〉(2018)과 대조를 이룬다. 원작 스토리의 탄탄함과 뛰어난 감독, 천문학적인 제작비와 기술 등 모든 조건을 갖추고 있지만, 흥행에 참패하고 평단과 관객의 외면을 받고 만다. 비주얼에 치중하다 보니 캐릭터와 스토리가 약해지고, 수준 낮은 신선함과 독특함이 영화의 완성도를 떨어지게 만든다. 예를 들면, 차원을 넘나드는 가상공간 속의 빅마켓 시퀀스는 좋았다. 물론 이 빅마켓도 〈헬보이〉의 트롤 마켓과 유사하다. 다 어디에서인가 본 그림이다.

넷째, 개봉 당시 경쟁작이 너무 많았다. 마블의 〈스파이더맨: 홈커밍(Spider-Man: Homecoming)〉(2017)이 개봉했고, 〈혹성탈출(War for the Planet of the Apes)〉(2017), 크리스토퍼 놀란 감독의 〈덩케르크(Dunkirk)〉(2017) 등이 개봉하면서 흥행과 평단의 이슈를 모두 빨아들이고 있었다. 특히 같은 날 개봉한 크리스토퍼 놀란의 〈덩케르크〉는 〈발레리안〉의 두 배가 넘는 흥행을 거둔다. 완벽한 패배인 셈이다. 이외에도 실패 요인은 많다. 예고편은 이야기의 핵심을 콕 집어 말하는 게 아니라 비주얼에 치중하고 만다. 중국의 투자를 의식한 탓인지 맥락과 상관없이 중국 우주정거장이 나오고, 뜬금없는 오성홍기 등장과 배우의 부적절한 캐스팅 등은 눈살을 찌푸리게 만든다. 국가주의에 빠진 과도한 노출은 이미 〈트랜스포머〉를 통해 실패 요인임이 잘 드러난 사실이다. 중국 투자자는 이런 강박관념에서 벗어날 필요가 있었다. 〈트랜스포머〉를 비롯해 〈퍼시픽 림: 업라이징〉(2018), 〈메가로돈〉(2018), 〈그레이트 월〉(2016) 등 이미 많은 할리우드 영화를 망쳐놓고 있었기 때문이다.

그래픽 노블 중 작품성으로 가장 높은 평가를 받는 작품은 1992년 만화로는 최초로 퓰리처상을 수상한 아트 슈피겔만의 〈쥐(Maus)〉다. 제2차 세계대전 당시 홀로코스트를 주제로 한 그래픽 노블의 고전으로, 작가가 이 책을 펴내는 데 자그마치 10년이 넘는 시간이 걸렸다. 〈쥐〉 1권은 8년간의 작업 끝에 1986년 단행본으로 발간되었고, 2권은 그로부터 6년 후인 1991년에 발간되었다. 이 만화는 매우 특이한 형태로 진행된다. 작가는 홀로코스트 생존자인 아버지 '블라덱 슈피겔만'의 이야기를 담아낸다. 하지만 이는 유태인 아버지가 어떻게 박해를 받았고, 어떻게 생존했는지에 대해 장황하게 풀어놓는 데 그치는 단순한 이야기가 아니다. 아버지의 경험을 처음부터 끝까지 늘어놓기만 했다면 그저 하나의 타임라인과 다를 바 없는 단순한 스토리 구조였겠지만, 작가는 과거의 이야기와 현재의 이야기를 교차시키고 중첩시키며 훨씬 더 입체적인 내용을 만들어낸다. 또한 그 과정에서 무서울 정도로 객관성과 사실성을 잘 유지했다.

〈쥐〉는 뛰어난 서사성과 구조 외에도 뚜렷한 특징들을 여럿 더 가지고 있다. 가장 크게 두드러지는 표현 양식은 표지에서도 볼 수 있듯이 유태인을 쥐로, 독일인을 고양이로 표현했다는 점이다. 그 밖에도 폴란드인은 돼지, 미국인은 개, 러시아인은 곰 등 사람을 동물로 표현한 전달 방식에서 멋진 성과를 이루어냈다. 유태인과 독일인의 관계를 고양이와 쥐의 모습으로 설정한 것이 작가의 탁월한 결정이라는 것에 대해서는 의심의 여지가 없다. 또한, 판화 같은 거칠고 굵은 선의 흑백 그림체는 그 당시 어두운 시대상을 잘 반영하는 동시에 무자비하고 끔찍한 역사의 순간들을 표현함에 있어서 그 효과를 극대화했다.[22]

이에 반해 국내 그래픽 노블 시장은 태동기에 불과하다. 열혈 광팬들이 존재하지만, 그들은 대개 원서를 구입하는 등 나름 자신들의 유통 시스템과 동호회를 구축하고 있다. 하지만 2000년대 중반 이후 시장이 확장되면서 국내 몇몇 대형 출판사들이 자회사로 그래픽 노블 전문회사를 설립했다. 대표적으로 '시공사', '세미콜론', '미메시스'가 있다. '시공사'는 2008년 5월 앨런 무어의 〈왓치맨〉을 시작으로 꾸준히 미국 만화를 선보여왔다. 시공사는 주로 마블, DC 코믹스 같은 미국의 슈퍼히어로 시리즈를 대거 출간하고 있다. 가장 상업적인 성향이 강한 그래픽 노블 출판사라고 할 수 있다. '세미콜론'의 경우 민음사의 계열사인 사이언스북스에서 만들어진 출판 브랜드다. 모든 슈퍼히어로물을 전문으로 다루지는 않으나 〈배트맨〉 시리즈를 거의 전담해서 출판하다시피 하고, 〈배트맨〉 시리즈 이외의 대표적인 그래픽 노블 출간작으로는 〈설국열차〉(2013)와 〈푸른 알약〉(2014)이 있다. '미메시스'는 열린책

---

22 성완경(2001), 위의 책, 232-241쪽.

들의 자회사로 2005년 설립된 예술 전문 출판사다. 미메시스가 출간하는 그래픽 노블 중에는 세계적으로 유명한 만화상을 수상한 작품들이 많다. 그중 예술과 문학성에 집중해 그래픽 노블을 가장 많이 출간하는 출판사이며, 대표적인 출간작은 크레이그 톰슨의 〈담요〉(2012)가 있다. 2003년 미국에서 출간된 뒤 만화 분야에서 상을 휩쓸고 다닌 작품이다. 또한 유럽에서 주목받는 프랑스 신예 만화가 바스티앙 비베스(Bastien Vives, 1984~)의 〈염소의 맛〉(2013), 쥘리 마로의 〈파란색은 따뜻하다〉(2013) 등을 출간했다. 또한, 1인 출판으로 시작한 '피오니북스'에서는 2014년 6월 '월간 그래픽 노블'이라는 잡지를 창간했다. 피오니북스는 2015년 그래픽 노블을 위한 전용 도서관을 위해 후원 모금을 진행하는 등 다양한 움직임을 보였지만, 아직 그래픽 노블에 대한 국내의 관심이 크지 않아 펀딩은 무산되었다. 정통 그래픽 노블이 국내 만화시장에서 차지하는 비중은 7%에 불과하다고 한다.

2.
슈퍼히어로

바야흐로 슈퍼히어로의 시대다. 스탠 리는 옥스퍼드대학교출판부에 기고한 'Stan Lee on what is a superhero'에서 슈퍼히어로에 대한 자신의 생각을 밝혔다.

> 착한 사람이 악한 사람과 싸우는 이야기는 경찰이야기, 탐정이야기처럼 인간의 이야기가 되지만, 만약 착한 사람이 슈퍼히어로 파워를 갖고 악한 사람과 싸운다면 슈퍼히어로가 된다.[23]

월트디즈니사(Walt Disney Company)가 마블 코믹스(Marvel Comics)를 자회사로 합병(M&A)하면서 마블 코믹스가 저작권을 관리해온 500여 명의 슈퍼히어로를 접수했다. 이미 타임워너(Time Warner)의 영화배급사인 위

---

[23] https://blog.oup.com/2013/11/stan-lee-on-what-is-a-superhero/, 2017년 6월 1일 검색.

너브라더스(Warner Brothers)는 DC 코믹스(DC Comics Company)의 500여 슈퍼히어로를 자사 캐릭터로 편입시켜 〈슈퍼맨〉과 〈배트맨〉 등의 히트 상품을 잇달아 내놓고 있다. 단일 슈퍼히어로에 대한 팬덤 현상은 연합 캐릭터 군단으로 구성된 DC 코믹스의 〈저스티스 리그(Justice League)〉와 마블 코믹스의 〈어벤져스(Avengers)〉처럼 융합된 캐릭터 스토리텔링으로 확대되어 슈퍼히어로의 무궁무진한 잠재력을 보여주고 있다.[24]

이처럼 할리우드가 슈퍼히어로에 주목하는 이유는 이미 마니아 층을 중심으로 소비행태가 고착되어 있으며, 일정 부분의 팬덤 현상이 수많은 독자의 검증을 받은 만화에서 출발해 영화로 메가톤급 파괴력을 지니기 때문이다. 〈슈퍼맨〉과 〈배트맨〉 시리즈가 영화로 새로 만들어지면 할리우드 경제가 부활한다는 속설이 있을 정도로 슈퍼히어로 캐릭터는 코믹스(comics)를 비롯해 영화, TV시리즈, 애니메이션, 피규어, 완구, 문구, 소설, 뮤지컬, 일러스트, 디자인, 패션 등 부가산업으로의 확장력과 영향력이 다른 어떤 문화상품보다 막강하다.

슈퍼히어로물은 당대 최고의 문화상품이다. 어떤 시기적 적당성과 필요성을 갖고 슈퍼히어로가 개발되고 상품화되었으며, 대중의 요구와 공감대는 어떻게 형성되었는지 살펴봐야 한다. 만화 원작에서 관련 콘텐츠로의 연계가 어떠한 경로로 구조화되었는지에 대해 면밀히 분석해야 한다. 슈퍼히어로에 대한 기획과 설정 또한 시대별로 탄력적으로 진화하고 있다. 초능력을 가진 슈퍼히어로로 설정해 모든 문제를 실시간으로 해결해주던 시대로부터 자신의 존재 의미와 정체성에 대

---

24 이규원(2015), 《마블 백과사전》, 시공사, 33쪽.

한 고민, 선과 악의 결과론적 의미에 대한 성찰, 그리고 사회적 구조에 내재한 순환되는 범죄의 메커니즘에 이르기까지 슈퍼히어로의 고민은 새로운 주체를 향해 끝나지 않는 모험을 감행한다.[25]

　슈퍼히어로가 필요한 시기는 항상 사회적으로나 경제적으로 극심한 양극화가 발생하는 시대를 견제한다. 또한 그러한 시간성은 사회구조적 비리와 병폐, 공권력의 한계, 그리고 자본주의의 심화된 문제점이 폭발하는 시점에서 찾을 수 있다. 결국 슈퍼히어로는 사회가 만들어내며, 사회구성원인 개인들이 영웅을 원한다는 당위성에서 독자와 관객의 동질감은 극대화된다. 슈퍼히어로에 대한 연구는 현 시대의 다양한 고민을 하나의 주제의식으로 수렴시키는 과정이라고 할 수 있다. 그리고 그러한 시대적 문제점을 모두 해결해낼 수 있는 능력을 부여받은 순간부터 스스로의 정체성조차 극복하지 못하는 슈퍼히어로를 통해 사회적 한계를 공감해가는 혼돈의 과정이기도 하다.

　'슈퍼히어로'라는 말은 1917년 미국의 공군 조종사였던 보트 앨런(Bott Alan)이 쓴 책《An airman's outings》에 'super-heroes'라는 단어가 처음 등장한다. 물론 이때 앨런이 사용한 슈퍼히어로즈는 현재 우리가 말하는 슈퍼히어로와 의미가 다르다. 당시는 제1차 세계대전 시기였고, 전쟁 영웅들을 지칭하는 의미였다. 하지만 미국의 슈퍼히어로가 제2차 세계대전을 전후하여 많이 양산된 것을 보면 전쟁은 영웅을 필요로 하고 만들어지기도 한다. 특히 미국은 역사가 짧은 만큼 유구한 역사를 통한 수많은 영웅을 겪어본 경험이 없다. 동양이나 유럽 어디에서

25　김락희(2017), 〈미국 슈퍼히어로 코믹스 작화의 특징 연구〉, 세종대학교 석사학위논문, 36쪽.

도 미국식 슈퍼히어로를 창작하지 않는다. 왜냐하면 이미 역사와 신화 속에 수많은 위인과 영웅이 존재하기 때문이다. 수많은 신화, 설화, 서사 속에 유럽과 동양의 영웅들은 이미 삶 속에 녹아 있다.

정복의 왕이었던 동양의 칭기즈칸, 서양의 알렉산더, 최고의 명장이었던 한신과 한니발처럼 동서양에는 셀 수 없을 정도로 많은 영웅이 있다. 중국의 고전 《수호전》에만 108 영웅이 나오고, 《삼국연의》에는 얼마나 뛰어난 지략을 가진 영웅들이 자웅을 겨루는지 잘 알고 있다. 그리스 호메로스의 《일리아스》, 《오디세이아》, 영국의 《베어울프》, 독일의 《니벨룽겐의 노래》, 프랑스의 《롤랑의 노래》 등 영웅서사시는 차고 넘친다.

하지만 미국에는 건국신화가 없다. 건국과 관련된 여러 영웅 신화와 이야기를 갖고 있는 다른 많은 나라들과 달리 미국은 비교적 짧은 건국 역사를 가졌기 때문에 뿌리 깊은 신화 대신 대중매체와 콘텐츠를 통해 신화적 이야기들을 생산해낸 것이다. 상대적으로 풍부하지 않은 신화와 역사로 인해 약한 통합력과 민족성을 강화시킬 수 있었던 것이 미국의 영웅주의적 색채를 띠는 만화였고, 신화의 '대용물'로 자리매김했다. 그래서 미국은 초인, 즉 슈퍼히어로가 필요했다. 세계 질서의 축이 유럽에서 미국으로 전환되고 있었고, 내적으로 범죄 조직과 마약, 술 등 혼란이 계속되자 강력한 초인적 영웅이 필요했다. 특히 제1차 세계대전(1914~1918)이 끝나고 1928년 대공황이 발생하면서 전쟁과 치유, 경제적 혼란은 가중되었고, 연이은 제2차 세계대전(1939~1945)의 발생과 냉전으로 전 세계는 평화와 희망을 꿈꾸게 되었으며, 이러한 필요가 슈퍼히어로를 창작하기에 이르렀다. 이 시기는 격동의 시기로, 근대에서 현대로 넘어가는 변혁의 시기였다.

슈퍼히어로가 있으면 악의 화신인 빌런이 필요하게 된다. 빌런이 강하고 악할수록 슈퍼히어로의 영웅적 행보와 업적은 더욱 배가되고 돋보인다. 빌런은 시대가 변하고 발전하면서 변화하게 된다. 나치에서 공산주의자로 바뀌었고, 이후 테러리스트로 바뀐다. 세계 질서에서 더 이상 강한 적을 찾을 수 없자 외계종족, 신 등 인종과 종교, 우주를 뛰어 넘어 미국식 세계 질서를 위협하는 적은 모두 빌런으로 포장하고 미국식 슈퍼히어로가 응징하는 구조로 새로운 장르가 탄생하게 된 것이다. 이러한 측면에서 미국식 슈퍼히어로를 소비하고 소구하지만, 일면 비판적 사고도 필요하다.

다음으로 슈퍼히어로의 등장 배경과 시대별 특징을 살펴본다. 우선 슈퍼히어로 등장 배경은 미국 엔터테인먼트산업의 구조적 진화를 보여주는 원천콘텐츠로서 출판 · 애니메이션 · 영화 · 게임 · 피규어 · 뮤지컬 등 다양한 변형과 융합의 판타지를 보여주는 종합선물세트의 핵심을 이루고 있다. 매년 6월 말에 개최되는 미국 샌디에이고의 코믹콘 페스티벌(Comicon Festival)은 세계 최대의 콘텐츠 견본시장이며, 다양한 장르적 융합과 신종 장르를 선보이는 아이디어 장터다. 이 페스티벌의 중심에 슈퍼히어로가 있으며, 매년 새로운 융합 콘텐츠가 영화와 게임 등으로 변형되어 할리우드의 생명력을 영속적으로 유지한다.

슈퍼히어로의 시대별 특징은 마이클 E. 유슬란(Michael E. Uslan)*이 제안한 시대구분의 명칭에 따르면, 골든 에이지(1938~1950), 실버 에이지(1940년대 후반부

*마이클 E. 유슬란
(Michael E. Uslan)
1951년생으로 인디애나대학교 출신. 〈다크 나이트〉 3부작 영화 제작자이며, 영화강사다. 2013년 제38회 세계영상위원회 총회 때 한국을 방문한 적이 있다.

터 1960년대), 브론즈 에이지(1970년대부터 1980년대 중반), 모던 에이지(1980년대 중반부터 1990년대) 등으로 주로 구분한다.[26] 이외에도 많은 학자들이 미국 코믹스나 슈퍼히어로를 시대별·장르별로 구분하고 있다.

골든 에이지(Golden Age)는 슈퍼맨, 배트맨, 원더우먼 같은 DC의 캐릭터가 주도한다. 할리우드 슈퍼히어로의 시작은 1928년 대공황 시기 미국 출판산업의 한 부분이던 코믹스 시장의 아이디어 혁신으로부터 출발했다. DC 코믹스는 대공황 시절 독자가 요구하는 영웅주의의 실체를 만들었다. 1938년 슈퍼맨을 시작으로 캡틴 아메리카, 원더우먼 등 다양한 영웅들이 탄생한다. 미국이 제2차 세계대전에 본격적으로 참전하게 되면서 미국의 힘을 보여주기 위한 반나치 슈퍼히어로가 기획되었고, 모병제인 미국에서 젊은이들을 규합할 영웅이 탄생하게 된다. 이렇듯 1930년대와 1940년대에 끊임없이 등장한 슈퍼히어로의 전성기를 '골든 에이지'라고 한다. 이 시기에는 DC 코믹스의 캐릭터를 중심으로 새로운 슈퍼히어로와 그들의 연합팀까지 기획되며, 영화와 TV

〈그림 4-5〉
배트맨, 원더우먼, 슈퍼맨

---

26 김락희(2017), 위의 논문, 21쪽.

시리즈 등으로 재생산되기 시작한다.[27]

제2차 세계대전 이후 슈퍼히어로 장르는 쇠락한다. 전쟁이 끝난 후 영웅의 필요성이 떨어진 것이다. 1953년 소년 비행 문제를 조사하기 위해 미국 상원의회에서 소위원회가 열렸다. 청소년 시기의 만화가 대중문화에 악영향을 미치고 청소년 비행의 원인으로 낙인이 찍힌다. 마치 지금의 게임처럼 불온한 이미지에 주홍글씨를 찍은 것이다. 특히 일부 학자들은 이러한 주장에 학문적 권위를 덧씌웠는데, 결정적으로 정신과 의사 프레드릭 베르탐의 《순수한 유혹(Seduction of The Innocent)》이 베스트셀러가 되면서 문제가 도드라진다. 이 책에는 슈퍼맨이 비미국적이고 파시스트이며, 원더우먼은 레즈비언, 배트맨과 로빈은 게이라며 동성애 멍에를 덧씌운다. 이러한 악영향으로 미국은 전미만화윤리규정위원회를 만들게 된다. 이것이 바로 '코믹스 코드(The Comics Code Authority, JLA)'다. 일부 만화는 출판 종료나 강제 종료를 당하는 등 미국 코믹스의 암흑기에 접어들게 된다.

결국 슈퍼히어로 장르는 쇠락하는데, 이를 뒤집고 재기를 꿈꾸는 시기가 바로 실버 에이지 시대다. 일반적으로 1956~1969년까지인데, 1956년 〈쇼케이스〉 4회에 '플래시'가 등장하면서 새로운 시대를 열었다. 1960년에는 새롭게 '저스티스 리그 오브 아메리카(Justice League of America)'를 결성한다. 1961년 9월, 골든 에이지 시대의 플래시와 실버 에이지 시대의 플래시가 시간여행을 통해 만나면서 멀티버스(다중우주)가 생긴다. 이때부터 지구 1, 지구 2, 지구 3 같은 멀티 세계관이 만들어진

---

27   김락희(2017), 위의 논문, 21-24쪽.

다. 1966년 〈배트맨〉 TV시리즈가 첫선을 보이지만, 우스꽝스럽고 완성도가 떨어진 작품이었다. 이때 이소룡이 로빈으로 잠깐 등장한다.

그리고 이때 마블 코믹스를 중심으로 극심한 경쟁 위주의 산업사회가 가져온 사회구조적 문제점을 해결하는 새로운 슈퍼히어로가 대거 등장한다. 대표적인 슈퍼히어로는 스파이더맨과 플래시 등이다. 후기자본주의와 포스트모던한 사회현상 속에서 일반인들도 우연성과 함께 슈퍼히어로가 될 수 있다는 상상력은 독자들의 폭발적인 공감대를 이끌어냈다. 이러한 제2차 슈퍼히어로의 전성기를 '실버 에이지'라고 한다. 냉전 이데올로기의 충돌, 테러리즘의 확대, 기술문명의 폐해, 환경 파괴 문제 등을 배경으로 예상되는 문제를 슈퍼히어로와 연계시켜 독자들의 반향을 불러일으킨 시기로, 폭발적인 성장 경제의 잉여시장은 이러한 상상력에 소비시장을 연계시켰다.[28]

1970년대에 들어오면서 미국 사회는 다시 한번 변혁을 맞이한다. 이때 브론즈 에이지(1970~1985)가 시작되는데, 1970년 1월 〈디텍티브 코믹스〉 395회부터 배트맨이 어두워진 캐릭터로 자리 잡으면서 사회 전반의 문제이자 미국의 문제였던 도시화, 빈민, 환경, 마약과 알코올중독, 베트남전쟁 반대, 인종 차별 등을 주제로 삼았다.

1980년대부터 1990년대는 다크 에이지(1984~1998) 시대다. 1986년 〈신시티〉와 〈300〉의 원작자인 프랭크 밀러가 〈배트맨: 다크 나이트 리턴즈〉를 발간하는데, 이 작품이 놀란 감독의 〈다크 나이트〉 시리즈의 모태다. 1985년 DC 코믹스는 기존의 세계관을 리부팅하면서 여러 지

---

28 이규원(2015), 위의 책, 122쪽.

구와 복잡한 세계관을 정리하고 하나의 지구만 남긴다. 물론 이러한 과정에서 수많은 슈퍼히어로가 사라지게 된다. 그리고 1993년 슈퍼맨은 둠스데이와 전투에서 죽는다. 이 장면이 2017년 〈저스티스 리그〉에 영향을 주었다. 1994년 〈제로 아워〉를 통해 또다시 세계관을 리부팅한다.

확장된 할리우드의 자본력과 규모의 경제는 슈퍼히어로를 원작으로 한 영화산업을 거대 비즈니스로 진화시켰다. 이는 1990년대 이후 더욱 정교한 작가주의와 결합하면서 '그래픽 노블'이라는 슈퍼히어로의 제3차 전성기를 만들어낸다. 이 시기가 최근까지 확대 재생산되고 있는 '모던 에이지'다. 모던 에이지에 이르러서는 기존 슈퍼히어로와는 차별화된 개념의 영웅들이 등장하게 되고, 선과 악의 구별이 불명확해지며, 나아가 적과 나의 구별 또한 모호해진다. 또한, 고전적인 골든 에이지와 실버 에이지 시기의 슈퍼히어로들을 재해석해 모던 에이지의 캐릭터들처럼 변형하거나 전환하기도 한다.

2000년대부터 지금까지를 모던 에이지(1999~현재) 시대라고 부른다. 이 시기에는 리부팅이 빈번하게 일어나 세계관에 혼돈이 일어난다. 2004년 〈아이덴티티 크라이시스〉에서 영웅 간의 불신이 생기고, 2005년에는 〈인피닛 크라이시스〉가 등장한다. 이 시기에는 무한 지구의 위기를 통해 지구가 52개로 증가하는 등 대혼란의 시기이며, 이를 2008년 7월 〈파이널 크라이시스〉에서 정리하게 된다. 드디어 2011년 〈플래시 포인트〉와 〈뉴 52〉를 통해 DCU 세계관의 전면적인 리부팅을 단행한다. 슈퍼맨, 원더우먼, 배트맨의 역사와 과거 등이 재정립되고 현대적으로 재해석했다. 다소 부족했던 부분은 2016년 5월 〈DC 유니버스: 리버스〉를 통해 설정을 보완하기 시작했다. 그리고 코믹스의 타

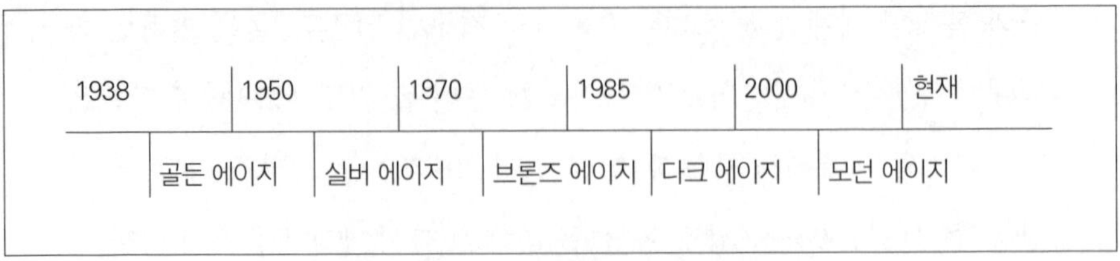

1938	1950	1970	1985	2000	현재
	골든 에이지	실버 에이지	브론즈 에이지	다크 에이지	모던 에이지

〈그림 4-6〉 미국 애니메이션의 발전 과정

이틀도 1회부터 다시 시작했다. 물론 코믹스와 드라마, 영화가 같은 설정과 같은 세계관을 보이기도 한다.

DC 코믹스는 이러한 시대적 진화 과정에서 영화사 워너브라더스의 자회사가 되었으며, 마블 코믹스는 마블엔터테인먼트를 거쳐 월트디즈니사로 편입되었다. 할리우드 슈퍼히어로는 기획·제작과 유통·배급이라는 가치사슬의 시장구조를 정형화시킨 구체적인 사례이며, 이는 곧 미국 콘텐츠의 탄생과 진화, 그리고 소비시장 개발과 확대라는 역동성을 대변한다.

슈퍼히어로 캐릭터는 초능력으로 사건과 문제를 해결하고 악당을 처단하는 역할만을 스펙터클하게 보여주는 액션 장르의 주인공이 아니다. 아마도 그러한 장르적 장치에 국한되었다면 오늘날 1천여 명이나 되는 캐릭터들의 부단한 진화와 스핀오프 작품들이 대중의 환호와 공감대를 얻지 못했을 것이다. 슈퍼히어로 캐릭터에는 분명히 독자와 관객을 중독시키는 메시지가 있다. 그러한 메시지를 지속적으로 재생산해온 것이 미국 코믹스의 시스템이다.[29]

29　김락희(2017), 위의 논문, 24-27쪽.

DC 코믹스와 마블 코믹스로 대표되는 할리우드 메이저 만화출판 사들은 모든 슈퍼히어로 캐릭터의 저작권을 출판사가 통합관리하면 서 시리즈 제작 때마다 새로운 시나리오 작가와 실험성, 일러스트레이 터 혹은 만화작가의 독창성을 반영한다. 무수하게 제안된 작가들의 시 나리오와 캐릭터 원고들을 검토해 뽑은 시나리오와 만화작가들은 기존 슈퍼히어로 캐릭터의 담론을 더욱 풍성하고 흥미롭게 만든다.

3.
마블 코믹스와 마블 시네마틱 유니버스

1) 마블 코믹스

마블 코믹스(Marvel Comics)의 정식 명칭은 마블 월드와이드 주식회사(Marvel Worldwide, Inc.)로, DC 코믹스와 더불어 미국의 코믹스시장을 양분하는 출판 및 미디어이자 엔터테인먼트 기업이다. 1939년 타임리 출판사(Timely Publications)로 설립되어 1951년 아틀라스 코믹스(Atlas Comics)를 거쳐 1961년 스탠 리, 잭 커비, 스티브 딧코가 제작한 〈판타스틱 포〉에서 '마블'이라는 이름을 처음 사용했다. 마블 코믹스는 DC 코믹스와 함께 북미에서 가장 큰 만화책 출판사로 성장했다. 2009년 9월 1일 모기업인 마블 엔터테인먼트(Marvel Entertainment)는 월트디즈니사(Walt Disney Company)가 40억 달러에 인수했다.[30]

---

30 김락희(2017), 위의 논문, 33쪽.

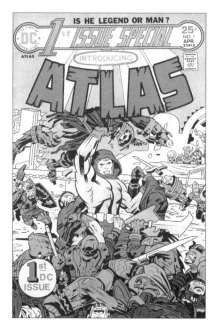

<그림 4-7> 아틀라스 코믹스

마블은 자회사의 유명한 캐릭터인 캡틴 아메리카, 스파이더맨, 엑스맨, 판타스틱 4, 헐크, 토르, 아이언맨 등을 보유하고 있으며, 이들이 함께 공존하는 세계관을 '마블 유니버스(Marvel Universe)' 혹은 '마블 시네마틱 유니버스'라고 부른다.

마블 시네마틱 유니버스(Marvel Cinematic Universe, 이하 MCU)는 마블 코믹스 세계관의 다중우주와 평행세계를 영화화한 것을 의미하며, 마블 코믹스의 히어로와 빌런(악당)이 공존하는 하나의 세계를 다수의 마블 영화가 공유하는 프랜차이즈를 말한다. 정확히는 2008년 〈아이언맨〉 1편 이후로 '마블 스튜디오'에서 제작한 모든 영화 및 단편 만화와 드라마들을 일컫는다. 2008년부터 2018년까지 10년 동안 20편의 영화가 제작되었다. 다만, 소니에서 제작하는 〈스파이더맨〉과 21세기폭스에

<표 4-3> 마블 코믹스의 영화화된 콘텐츠

1998~2007	• 블레이드 3연작: 1998년 〈블레이드(Blade)〉, 2002년 〈블레이드 2(Blade II)〉, 2004년 〈블레이드 3(Blade: Trinity)〉 • 엑스맨 3연작: 2000년 〈엑스맨(X-Men)〉, 2003년 〈엑스맨 2〉, 2006년 〈엑스맨: 최후의 전쟁(X-Men: The Last Stand)〉 • 스파이더맨 3연작: 2000년 〈스파이더맨(SpiderMan)〉, 2004년 〈스파이더맨 2(SpiderMan 2)〉, 2007년 〈스파이더맨 3(SpiderMan 3)〉 • 2005년 〈판타스틱 4(Fantastic Four)〉, 2007년 〈판타스틱 4: 실버 서퍼의 위협(Fantastic Four: Rise of the Silver Surfer)〉 • 그 외 2003년 〈데어데빌(Daredevil)〉, 〈헐크(Hulk)〉, 2004년 〈퍼니셔(The Punisher)〉, 2005년 〈엘렉트라(Elektra)〉, 2007년 〈고스트 라이더(Ghost Rider)〉
2009~2014 (20세기폭스, 컬럼비아 픽처스)	2009년 〈엑스맨 탄생: 울버린(X-Men Origins: Wolverine)〉 2011년 〈엑스맨: 퍼스트 클래스(X-Men: First Class)〉 2013년 〈더 울버린(The Wolverine)〉
페이즈 1 2008~2012 (마블)	2008년 〈아이언맨(Iron Man)〉, 　　　　〈인크레더블 헐크(The Incredible Hulk)〉 2010년 〈아이언맨 2(Iron Man 2)〉 2011년 〈토르: 천둥의 신(Thor)〉, 　　　　〈캡틴 아메리카: 퍼스트 어벤져(Captain America: The First Avenger)〉 2012년 〈어벤져스(The Avengers)〉 * 매 DVD마다 Marvel One Shots 삽입됨
페이즈 2 2013~2015 (마블)	2013년 〈아이언맨 3(Iron Man 3)〉, 　　　　〈토르: 다크 월드(Thor: The Dark World)〉 2014년 〈캡틴 아메리카: 윈터 솔저(Captain America: The Winter Soldier)〉, 　　　　〈가디언즈 오브 더 갤럭시(Guardians of the Galaxy)〉 * 매 DVD마다 Marvel One Shots 삽입됨. 2013 드라마 에이전트 오브 쉴드. 시즌 1(Agents of S.H.I.E.L.D.), 2014년 시즌 2

페이즈 3 2016~2019 (마블)	2016년 〈캡틴 아메리카: 시빌 워(Captain America: Civil War)〉, 〈닥터 스트레인지(Doctor Strange)〉, 〈가디언즈 오브 갤럭시 2(Guardians of the Galaxy Vol. 2)〉 2017년 〈스파이더맨: 홈커밍(Spider-Man: Homecoming)〉, 〈토르: 라그나로크(Thor: Ragnarok)〉 2018년 〈블랙 팬서(Black Panther)〉, 〈어벤져스: 인피니티 워(Avengers: Infinity War)〉, 〈앤트맨 앤 와스프(Ant-Man and the Wasp)〉 2019년 〈캡틴 마블(Captain Marvel)〉, 〈어벤져스: 엔드 게임(Avengers: End Game)〉, 〈스파이더맨: 파 프롬 홈(Spider-Man: Far From Home)〉
페이즈 4 2020~2022 (마블)	2020년 〈블랙 위도우(Black Widow)〉, 〈팔콘 앤 윈터 솔져(The Falcon and the Winter Soldier)〉, 〈이터널즈(Eternals)〉, 〈완다비전(WandaVision)〉 2021년 〈샹치 앤 레전드 오브 텐 링즈(Shang-Chi and the Legend of the Ten Rings0), 〈닥터 스트레인지 인 멀티버스 오브 매드니스(Doctor Strange in the Multiverse of Madness)〉, 〈로키(Loki)〉, 〈왓 이프...?(What If...?)〉, 〈스파이더맨 3(Spider-Man 3)〉, 〈호크아이(Hawkeye)〉, 〈토르: 러브 앤 썬더(Thor: Love and Thunder)〉

출처: 이영수(2014), 〈멀티버스에 기반한 마블 코믹스의 트랜스미디어 스토리텔링 연구〉, 《애니메이션연구》 Vol.10
No.4, 한국애니메이션학회, 재구성.

서 제작되는 〈엑스맨〉과 〈판타스틱 4〉 등은 마블 영화이지만, 저작권
을 매각해 여기에는 포함되지 않았다.

2018년 6월, 디즈니사는 713억 달러(약 79조 6,620억 원)에 21세기폭
스사를 인수해 흩어져 있던 슈퍼히어로를 모두 규합하게 되었다. 디
즈니는 2006년 픽사를 74억 달러에 인수했고, 2009년 마블(40억 달러),
2012년 루카스필름(40억 6천만 달러)을 인수했으며, 2018년에는 21세기폭
스사마저 인수했다.

마블 코믹스는 유니버스(평행우주)와 멀티버스(다중우주) 세계관을 도
입하고 있는데, 마블 코믹스의 메인 세계관은 Earth-616, 그리고 MCU

〈그림 4-8〉
〈스파이더맨: 뉴 유니버스〉

영화 속의 세계관은 Earth-199999다. 이런 식으로 수많은 번호의 유니버스가 존재하고, 그들 각각이 독립적인 세계를 형성하고 있으며, 동시에 같은 세계관을 공유하고 있다. 따라서 마블 코믹스와 영화 속의 캐릭터는 필연적으로 다를 수밖에 없다.[31] 2018년 12월에 개봉한 소니사의 〈스파이더맨: 뉴 유니버스 1〉에 이러한 다중우주 세계관이 잘 드러난다.

현재 MCU는 2022년까지 영화 등 콘텐츠 계획이 전부 잡혀 있으며, 이를 페이즈(Phase)로 구분하고 있다. 〈어벤져스 어셈블드(Avengers Assembled)〉로 불리는 페이즈 1은 〈아이언맨〉(2008)에서 시작해 〈어벤져스〉(2012)로 마무리되었고, 페이즈 2는 〈아이언맨 3〉(2013)을 시작으로 〈어벤져스: 에이지 오브 울트론〉(2015)과 〈앤트맨〉(2015)까지의 얼티밋 마블(Ultimate Marvel) 시리즈를 원작으로 하는 트랜스미디어 콘텐츠다.[32] 현재 페이즈 3은 〈캡틴 아메리카: 시빌 워〉(2016)를 시작으로 〈닥터 스

---

31 이영수(2014), 〈멀티버스에 기반한 마블 코믹스의 트랜스미디어 스토리텔링 연구〉, 《애니메이션연구》 Vol.10 No.4, 135쪽.

32 이영수(2014), 위의 논문, 193쪽.

트레인지〉(2016), 〈토르 3〉(2017), 〈가디언즈 오브 갤럭시 2〉(2017), 〈블랙 팬서〉(2018) 등이 개봉했으며, 〈어벤져스: 인피니티 워〉(2018), 〈앤트맨과 와스프〉(2018), 〈데드풀 2〉(2018)를 개봉해 좋은 성적을 올렸고, 2019년 〈캡틴마블〉과 〈어벤져스: 엔드 게임〉까지다. 일반적으로 〈어벤져스: 엔드 게임〉이 페이즈 3의 마지막 영화로 알려져 있지만, 실제로는 〈스파이더맨: 파 프롬 홈〉(2019)이 마지막 영화다.

DC 코믹스가 스토리 중심이고 마블 코믹스는 캐릭터 중심이라는 것이 대체적인 평가다. 이는 DC가 캐릭터의 특성을 무시하거나 마블이 스토리를 무시한다는 것이 아니라 작가들이 어느 부분에 중점을 두느냐의 차이다. 마블의 경우 캐릭터 하나를 만들면 그 인물의 강점과 약점, 성격적 결함 등을 자세히 묘사하는 데 비해 DC는 캐릭터 하나를 만들면 그들이 이겨내야 하는 역경에 중점을 더해 스토리를 구성한다.

이 점은 마블 코믹스의 영화화 작품에서 긍정적으로 작용했다. 원작을 잘 모르는 관객에게는 우러러봐야 할 존재인 슈퍼맨이나 배트맨보다는 공감할 수 있는 마블의 히어로들이 더 친근하고 매력적으로 느껴질 수 있었다. 플레이보이이자 억만장자에 유머러스한 토니 스타크는 같은 억만장자이지만 온 세상의 고뇌를 혼자 떠안은 듯 어둡고 무거운 브루스 웨인과 결이 다르다. 또한, 신이면서도 겸손을 배우기 위해 지구로 내려와 지구인들과 우정을 나누는 토르, 전쟁 영웅이지만 낯선 현대사회에 남게 된 캡틴 아메리카 등 그리스 로마 신화에 등장하는 신들처럼 무한한 힘을 갖고 있지만 인간과 너무나 닮아 있다. 이는 DC 코믹스 히어로 중 가장 성공한 히어로인 배트맨이나 슈퍼맨은 다소 어둡지만 인간적인 면이 있는 히어로라는 점에 공통분모가 있다.

마블 코믹스가 DC 코믹스보다 두드러지는 것은 캐릭터들의 고뇌다. 웬만한 메이저 캐릭터들은 하나같이 심각한 콤플렉스가 있으며, 어떤 경우에는 이 고뇌를 견디다 못해 히어로의 역할을 포기한다. 앤트맨이 가장 대표적이다. 앤트맨은 어벤져스와 시빌 워 전투에 참가해 독일 공항과 비행기 등 수천억 원의 손해를 끼치고 해상 감옥에 수감된다. 캡틴 아메리카의 도움으로 탈옥하지만 딸 캐시와의 관계를 고려해 스스로 자수해서 광명을 찾는다. 앤트맨은 소코비아협정에 서명하는 대신 슈퍼히어로에서 은퇴하고 대신 가택연금 2년을 선고받게 된다. 이처럼 인간적 고뇌 역시 마블의 특징이자 강점이라고 할 수 있으며, 영웅들에게 약점을 부여하고 빌런들을 영웅적으로 만들며, 동시에 캐릭터들의 드라마를 깊게 만든다.[33]

마블 코믹스의 히어로들은 슈퍼히어로이지만, 단순한 남성의 파워 판타지뿐 아니라 파워 판타지의 악몽적인 면도 잘 표현하고 있다. 헐크만 해도 변신하면 정말 강력한 힘을 발휘하지만, 이성을 잃은 괴물로 묘사되고 괴성을 지르는 것 이외에는 의사 표현도 하지 못한다. 〈토르: 라그나로크〉(2017)에서는 어린아이 수준의 말을 하는 등 진화하는 모습을 보여주고 정체성에 대한 고민의 흔적을 보이기는 한다. 또한, 초창기의 아이언맨은 멋진 철갑슈트를 입고 있지만, 아크원자로(아크리액터)가 없으면 심장마비로 죽는다. 천둥의 신 토르는 묠니르가 없으면 힘을 발휘하지 못하며, 스스로 망치의 신인지 천둥의 신인지 정체성을 고민한다. 마블의 슈퍼히어로에게는 좌우명이 하나 있는데, "큰 힘에는 큰

---

33 이영수(2014), 위의 논문, 136쪽.

책임이 따른다(With great power comes great responsibility)"이다. 1962년 8월에 출간된 〈어메이징 판타지〉 15호에서 피터 파커의 삼촌이 처음 한 말로, 슈퍼히어로의 고단한 삶과 의무를 잘 보여주는 말이다.

2) 캡틴 아메리카와 아이언맨

1941년에 탄생한 〈캡틴 아메리카〉의 배경은 제2차 세계대전이 한창 진행 중인 1943년이다. 주인공 스티브 로저스는 빈약한 체력과 왜소한 몸을 지닌 별 볼 일 없는 젊은 청년이지만 높은 정의감과 도덕성

〈그림 4-9〉 만화 〈캡틴 아메리카〉(1941)와 영화 〈캡틴 아메리카〉(2011)

을 지니고 있었고 무엇보다 든든한 친구 제임스 반즈, 즉 버키가 있다. 아브라함 에스카인 박사가 진행하는 '슈퍼 솔져 프로젝트'에 지원한 스티브 로저스는 다른 강력한 경쟁자를 제치고 특수 혈청을 맞고 모든 능력을 인간의 한계까지 끌어올린 초인이 된다. 이 특수 혈청은 신체만 강화하는 것이 아니라 내면의 힘도 강화하기 때문에 악한 사람은 더 악해지고 선한 사람은 더 선해지는 특징이 있다. 스티브 로저스는 선한 슈퍼히어로로 거듭나지만, 악한 하이드라(Hydra)의 수장인 레드스컬은 악의 대명사가 된다. 레드스컬은 전체주의를 상징하고 캡틴 아메리카는 자유주의를 상징하면서 선과 악을 대비한다. 스티브 로저스는 하워드 스타트에게 선물받은 비브라늄 방패를 소지하고, 제2차 세계대전에 참전해 영웅적인 성과를 거두어 나치와 하이드라의 음모를 분쇄하지만, 사고로 북극에 추락해 냉동인간이 된다. 캡틴 아메리카가 된 스티브 로저스가 70년 후 냉동에서 깨어나면서 본격적인 이야기가 전개된다.

1941년에 탄생한 캡틴 아메리카는 제2차 세계대전이 끝나면서 인기가 사그라진다. 마블의 캐릭터는 한동안 큰 힘을 쓰지 못하다가 1961년 〈판타스틱 4〉가 등장하면서 다시 인기를 끌게 되었다. 마블도 〈판타스틱 4〉가 출간되면서 처음 사용한 이름이다. 이후 헐크(Hulk), 토르(Thor), 스파이더맨(Spiderman), 아이언맨(Ironman), 앤트맨(Ant-man), 자이언트맨(Giantman), 와스프(Wasp), 데어데빌(Daredevil), 엑스맨(X-men) 등이 등장하면서 마블은 DC와 더불어 미국 만화시장의 양대 산맥으로 자리매김한다.

하지만 마블에 이렇다 할 캐릭터가 없을 때 캡틴 아메리카는 지금의 마블이 탄생할 수 있는 초석을 만들었다. 1941년 캡틴 아메리카가 처음 등장할 때는 히틀러에게 한 방 먹이는 통쾌한 장면으로 시작했다. 당시는 전쟁 중이었고, 애국심 고취가 바로 인기로 연결되던 시기였다. 전쟁이 끝난 후에는 새로운 빌런이 필요했다. 전쟁은 끝났고, 절대악이던 나치는 무너졌으며, 히틀러는 죽었다. 마블은 국내 범죄조직으로 눈을 돌렸다. 1940~1950년에는 마피아 같은 범죄조직을 빌런으로 삼았고, 이후에는 공산주의자, 세계정복에 미친 과학자나 테러리스트, 심지어 외계인으로까지 확장된다. 이러한 현상은 비단 마블 슈퍼히어로에만 등장하는 양상이 아니었고 DC 코믹스도 새롭고 강력한 빌런을 찾기 위해 분주했다. 물론 007시리즈 같은 스파이 첩보물에도 같은 현상에서 벌어졌고, 20세기 중·후반을 관통하는 콘텐츠에는 새로운 영웅이 필요하듯 강력한 빌런이 필요했다.

캡틴 아메리카는 영웅심을 먹고사는 슈퍼히어로다. 그가 입은 슈트에는 희색과 빨간색을 활용했는데, 이는 미국의 성조기를 상징하며 자유와 독립을 의미하고, 그의 트레이드마크인 비브라늄 방패도 같은 디자인을 사용하고 있다. 성조기를 연상시키는 슈트는 1970년대 TV드라마의 원더우먼도 그러했으며, 캡틴 마블도 각성 후 성조기를 연상케 하는 슈트로 디자인과 색상을 바꾼다. 사실 캡틴 마블의 슈트 변화는 어이없는 설정이며, 이러한 콘셉트는 지나친 미국주의라는 비판을 받는다.

시대가 바뀌자 캡틴 아메리카는 더 이상 애국심이 아닌 새로운 시대정신을 요구받기 시작했다. 자연스럽게 인기는 떨어졌다. 애국심을 뛰어넘는 진화한 미국의 이상향을 상징하는 선인이 필요했다. 소련이

건재할 때는 냉전 시대의 영향으로 공산당을 때려잡는 모습을 보였지만, 이때도 정부가 뭔가 잘못된 길을 간다 싶으면 반대하기도 했고, 이에 캡틴 아메리카의 자리를 버리기도 했다. 그렇기 때문에 캡틴 아메리카의 주된 고뇌는 "내가 이러한 이상형이 될 자격이 있는가?"라는 자문과 "미국이 이대로 흘러가는 걸 지켜봐야 하는가?"라는 영웅적 고뇌에 있다.[34]

또한, 스티브 로저스는 캡틴 아메리카가 되기 전에 이미 절대 포기하지 않는 끈기와 불의에 굴복하지 않는 강인한 정신력을 갖추고 있었다. 비록 신체는 빈약하고 허약했으나 정신만은 숭고하고 강인했다. 그는 군 입대에서 5번이나 떨어지지만 포기하지 않는다. 아무리 고귀한 도덕성을 갖춘 그이지만 고뇌하고 갈등한다. 70년 만에 남극의 얼음 속에서 나온 그에게는 세상 모든 것이 낯설다.

캡틴 아메리카와 아이언맨은 소코비아협정을 통해 슈퍼히어로를 구속하려고 할 때 대립한다. 캡틴 아메리카는 자유를 위해 투쟁을 선택한다. 모든 자유에는 책임이 따른다. 그렇다고 무거운 책임을 덜기 위해 자유를 포기할 수는 없다. 토니 스타크가 "이래서 우리가 나쁜 놈들이랑 뭐가 달라?"라고 항변하자 스티브 로저스는 "누군가 희생이 뒤따른다 해서 우리가 포기해선 안 돼"라고 되받아친다. "우리가 책임을 지지 않으면 그건 포기한 거나 마찬가지야"라고 자신의 의지를 피력한다. 그가 강한 이유는 힘 때문이 아니라 그의 존재가 순수한 자유 그 자체이기 때문이다.

---

34 이규원(2015), 위의 책, 125쪽.

이처럼 캡틴 아메리카의 진지한 스토리들은 "미국의 행동은 정말 정당한가?"에 대한 질문을 던지는 경우가 많다. 미국을 진정 사랑하는 캡틴 아메리카이기에 미국의 추악한 면을 보고 괴로워하게 된다.[35] 〈캡틴 아메리카: 윈터 솔져〉에서 하이드라의 잔재들이 실드에 잠입해 정의를 수호해야 할 조직이 악으로 물들자 캡틴 아메리카는 조직의 논리가 아니라 정의를 실현하기 위해 홀로 싸워 실드를 무너뜨린다.

마블 시네마틱 유니버스에서 만든 캡틴 아메리카의 첫 번째 영화는 〈캡틴 아메리카: 퍼스트 어벤져(Captain America: The First Avenger)〉(2011)다. 이후 〈캡틴 아메리카: 윈터 솔져(Captain America: The Winter Soldier)〉(2014), 〈캡틴 아메리카: 시빌 워(Captain America: Civil War)〉(2016)를 제작했으며, 〈어벤져스(The Avengers)〉(2012), 〈어벤져스: 에이지 오브 울트론(The Avengers: Age of Ultron)〉(2015), 〈어벤져스: 인피니티 워(Avengers: Infinity War)〉(2018), 〈어벤져스: 엔드 게임(Avengers: End Game)〉까지 7편의 영화에 캡틴 아메리카가 등장한다.

캡틴 아메리카가 처음으로 실사화한 작품은 딕 픽셀이 주연을 맡은 15부작 시리얼 무비로 제작되었다. 하지만 원작과 달리 스티브 로저스(Steve Rogers)가 아니라 지방검사 그랜트 가드너(Grant Gardner)가 캡틴 아메리카로 활약하는 것으로 바꿔버렸다. 1979년 CBS에서 TV영화로 만들었는데, 시청률이 좋아 2편도 만들 정도였다. 이후 1990년 앨버트 파이언(Albert Pyun) 감독이 맡아 영화를 제작했으나 큰 호응을 얻지 못했다. 1990년 작 〈캡틴 아메리카〉는 저예산 영화로 제작되어 초라하기 그지

---

35   이규원(2015), 위의 책, 124쪽.

없는 코스튬에 특수효과마저 너무나 조악해 형편없게 만들어졌다. 더군다나 극장에는 걸리지도 못하고 비디오로 직행하고 만다. 이때 빌런으로 레드스컬이 처음 등장한다.

마블의 어벤져스 영화화 계획에 따라 캡틴 아메리카 역시 2000년대 후반부터 마블 슈퍼히어로 영화에 카메오로 등장하기 시작했다. 〈인크레더블 헐크(The Incredible Hulk)〉(2008)의 판매용 DVD에만 있는 초반 영상에서 아주 짧게 얼음 속에 얼어 있는 모습이 보이며, 영화 〈아이언맨(Iron Man)〉에서 그의 방패를 연상시키는 원형 방패가 등장해 차후 등장을 예고했다. 〈아이언맨 1〉에서는 토니가 'Mk.3 아머'를 입고 활약하고 돌아오면서 갑옷을 벗는 장면이 있는데, 이때 캡틴 아메리카를 상징하는 방패가 탁자 위에 놓여 있었다.[36]

2011년 7월, 〈캡틴 아메리카: 퍼스트 어벤져(Captain America: The First Avenger)〉(2011)가 개봉한다. 주인공 스티브 로저스 역은 〈판타스틱 4〉에서 휴먼 토치 역을 맡았던 크리스 에반스(Chris Evans)가 맡았으며, 후속작인 〈어벤져스〉를 염두에 두고 제2차 세계대전 당시 캡틴 아메리카의 탄생을 다룬 이야기로 제작되었다.[37] 크리스 에반스는 마블과 6편을 계약했기 때문에 더 이상 마블 영화에서 볼 수 없지만, 루소 형제가 〈어벤져스〉를 두 편으로 나눠 제작하면서 〈어벤져스: 엔드 게임〉까지 출연하게 되었다.

〈캡틴 아메리카: 퍼스트 어벤져〉(2011)는 국내에서 개봉할 당시 캡틴 아메리카를 빼고 〈퍼스트 어벤져〉라는 이름으로 개봉했다. 한국 팬

---

36 네이버 지식백과 "캡틴 아메리카", 2019년 3월 1일 검색.

37 김락희(2017), 위의 논문, 38쪽.

들은 캡틴 아메리카를 모르기 때문에 굳이 그 이름을 앞에 내세울 이유가 없었다. 국내 흥행은 50만 명이 조금 넘을 정도로 큰 인기를 끌지 못했다. 북미 흥행은 다른 슈퍼히어로 영화에 비하면 평균 이하로 개봉 3주가 지나서야 제작비 1억 4,560만 달러를 회수했다. 최종 수익은 1억 7,765만 달러였다. 해외 수익은 1억 9천만 달러 수준으로 겨우 제작비를 뽑은 기대 이하의 흥행이었다. 해외에서 가장 큰 수익을 거둔 나라는 브라질로 2,068만 달러, 그다음이 멕시코로 2,022만 달러, 영국이 1,460만 달러, 프랑스가 1천만 달러를 겨우 넘기는 저조한 흥행이었다.[38]

캡틴 아메리카는 〈어벤져스〉(2012)에서 팀을 이끄는 리더 역할로 등장하면서 이미지가 각인된다. 영화 〈어벤져스〉는 아이언맨, 헐크, 토르, 캡틴 아메리카, 블랙 위도우, 호크아이, 닉 퓨리 국장 등 마블의 간판급 슈퍼히어로들이 총집결한 작품이다. 국내에서도 700만 명이 넘는 관객을 모으면서 큰 인기를 끌었다.

캡틴 아메리카는 루소 형제가 메가톤을 잡으면서 명작의 반열에 오른다. 2014년 〈캡틴 아메리카: 윈터 솔져〉와 특히 2016년 개봉한 〈캡틴 아메리카: 시빌 워〉는 슈퍼히어로 장르도 명작으로 칭송받을 수 있음을 보여준 가장 대표적인 작품이다. 스토리의 탄탄함, 작품의 완성도, 캐릭터의 특성을 십분 활용하면서 특성을 잘 표현해 어느 것 하나 빠진 것 없이 훌륭하게 표현했다. 국내에서 〈캡틴 아메리카: 윈터 솔져〉는 400만 명, 〈캡틴 아메리카: 시빌 워〉는 800만 명이 넘는 관객이

---

38 이규원(2015), 위의 책, 222쪽.

관람할 정도로 큰 인기를 끌면서 캡틴 아메리카의 이미지를 확실하게 구축했다.

〈캡틴 아메리카: 시빌 워〉는 캡틴 아메리카와 아이언맨을 중심으로 어벤져스팀이 분열해 싸우는 이야기다. 캡틴 아메리카는 힘에 대한 책임과 도덕성으로 무장한 반면, 아이언맨은 자유분방하고 부모의 재력에 취해 힘을 낭비하고 제멋대로라고 여긴다. 캡틴 아메리카는 닉 퓨리 국장의 권유로 실드의 일원으로 어벤져스에 참여했으나, 실드가 하이드라의 잔당에 의해 잠식당한 것을 알면서 자신이 속한 조직이 변질될 수 있음을 깨닫고 하이드라를 몰아내고 실드를 해체한다. 캡틴 아메리카는 군대라는 조직의 일원으로 시스템을 존중하는 확고한 신념을 가진 존재지만, 조직이 부패했을 때는 조직이 아닌 개인, 즉 인간을 중심으로 판단해야 함을 깨닫는다.

반면 아이언맨은 입장이 다르다. 아이언맨은 자유분방함 속에서 나름 질서와 시스템을 존재하고 이를 구축하는 스타일이다. 아이언맨은 자신의 신분을 숨기지 않고 기자회견에서 공개한다. 이 부분에서 아이언맨은 DC의 배트맨과 근본적으로 다르다. 아이언맨의 입장에서 캡틴 아메리카는 고리타분하고 지나친 원칙주의자일 뿐 그 이상도 이하도 아니었다. 아이언맨은 〈어벤져스〉에서 뉴욕이 파괴되고 〈어벤져스: 에이지 오브 울트론〉에서 소코비아라는 작은 나라가 완전히 파괴되는 것을 보면서 개인의 힘보다는 조직에 의한 시스템을 강조하기 시작한다. 아이러니하게도 캡틴 아메리카와 아이언맨은 각자의 성향과 달리 반대로 움직이기 시작한다.

이렇게 다른 두 슈퍼히어로는 새로운 국면을 맞이한다. 슈퍼히어로가 자신의 힘을 주체하지 못하고 과용하는 것을 막기 위해 어벤져스를 유엔 산하에 두는 소코비아협정(Sokovia Accords)을 제안한다. 어벤져스가 테러리스트나 외계 적과 싸우면서 죄 없는 민간인의 희생이 증가하자 어벤져스 통제법이 필요하게 된 것이다. 이에 어벤져스팀은 캡틴 아메리카를 중심으로 윈터 솔져, 스칼렛 위치, 팔콘, 호크아이, 앤트맨으로 구성되었고, 반대쪽은 아이언맨을 중심으로 블랙 위도우, 비전, 워 머신, 블랙 팬서, 스파이더맨으로 구성된다. 캡틴 아메리카 쪽은 소코비아협정에 반대하고 아이언맨 측은 찬성한다. 어벤져스에 나오는 모든 캐릭터가 총출동해 격돌하지만 캐릭터의 특성과 서사, 액션 등이 절묘하게 조화를 이뤄낸 블록버스터의 교본이라 불릴 〈캡틴 아메리카: 시빌 워〉는 끝난다.

〈어벤져스: 인피니트 워〉(2018)는 우주적 존재 타노스를 상대로 지구를 지키는 스토리다. 전 우주에 흩어져 있는 인피니트 스톤을 모두 모은 타노스는 손의 스냅 한 번으로 전 우주의 생물 절반을 먼지로 만들어버린다. 이러한 충격적인 결말을 막기 위해 어벤져스가 다시 뭉치지만 역부족이다. 스포일러이지만, 캡틴 아메리카는 생존한다.

아이언맨은 1963년 스탠 리가 창조한 캐릭터로 〈테일즈 오브 서스펜스(Tales of Suspense)〉 39회에서 처음 나온다. 아이언맨은 하워드 휴스를 모델로 만든 슈퍼히어로인데, 철저한 자본주의가이며 억만장자이자 군수기업을 경영하는 토니 스타크의 이야기를 그리고 있다. 2008년 〈아이언맨 1〉이 나올 당시 마블은 영화를 처음 만드는 상황이었고, 아이언맨 자체가 인기 캐릭터가 아니어서 각본을 쓸 전문가도 많지 않았으며, 각본가들이 마블과 일하려 들지 않을 정도였다. 〈아이언맨〉의 주인공은 톰 크루즈 등 많은 유명 배우들 손에 들어갔으나 거절당하고, 결국 로버트 다우니 주니어(로다주)가 주인공으로 낙점되었다.

로다주는 아이언맨 역할을 맡으면서 최고의 슈퍼히어로 캐릭터를 만들어낸다. 유머러스하면서 자유분방함을 잘 표현했고, 그러면서도 성장하는 한 인간의 고뇌와 슈퍼히어로로 성장하는 모습을 잘 보여준다. 토니 스타크는 자신이 아이언맨임을 발표하고 전 세계의 슈퍼스타가 된다. 비서에게 CEO 자리를 물려주고 연구에 매진하지만, 사실은 심장을 대체한 아크리액터(Arc Reactor)로 인해 서서히 죽어가고 있었다. 아이언맨은 강철 인간으로 무한한 힘을 가진 슈퍼히어로라고 여기지만, 이렇듯 약점을 설정해 삶과 죽음을 고민하고 긴장을 이어가는 장치로 쓰인다. 이것이 마블 캐릭터가 갖고 있는 힘 중의 하나다.

1962년 〈판타스틱 4〉와 〈스파이더맨〉의 연이은 히트를 기록하면서 마블 코믹스의 편집자이자 작가였던 스탠 리(Stan Lee)는 래리 라이버(Larry Leiber), 잭 커비(Jack Kirby), 돈 헥크(Don Heck)의 협력을 얻어 새로운 캐릭터 창조에 돌입했다. 스탠 리가 생각한 새로운 캐릭터는 DC 코믹스의 배트맨처럼 특별한 초능력을 가진 것은 아니지만, 자신의 막대한 재력을 통해 부족한 능력을 보강하고 모험을 즐기는 부자 캐릭터였다. 그러나 어둡고 음침한 다크 히어로인 배트맨과 달리 활기차고 밝은 히어로를 만들어내고자 했다.[39]

운명적 결함을 갖고 슈퍼히어로로 태어난 기존의 영웅들과 달리 아이언맨은 스스로 슈퍼히어로가 될 운명을 개척한다. 이는 결함이 아

---

39 이규원(2015), 위의 책, 224쪽.

니라 새로운 가능성이다. 따라서 슈트를 입은 그의 내면은 배트맨이나 스파이더맨처럼 복잡하고 우울하지 않다. 또한, 캣우먼이나 헐크처럼 환경오염으로 인한 유전공학적 결함을 탄생담으로 내세우지도 않는다. 생물학적 상상력보다 기계공학적 상상력이 우세하다. 하이테크 기계공학으로 탄생한 슈퍼히어로의 출현은 영웅물의 새로운 트렌드를 가늠케 한다.

당시 할리우드 메이저 영화 제작사들은 마블 코믹스 원작 캐릭터들을 영화화해 엄청난 수익을 거두고 있었다. 하지만 정작 마블에는 상대적으로 적은 수입만 돌아갔다. 마블에서 인기 있는 〈판타스틱 4〉, 〈엑스맨〉, 〈데드풀〉 등은 21세기폭스사에, 〈스파이더맨〉은 소니사에 영화 판권이 있었고, 메이저 영화 제작사와 영화 판권 계약에 불만을 품은 마블은 영화 각본부터 개봉에 이르는 모든 수익을 가져가겠다는 야심을 품었다. 그 첫 작품이 〈아이언맨〉이었다.[40] 영화 〈아이언맨〉의 내용도 원작이 처음 등장한 1963년 이후 많은 세월이 흐른 만큼 첫 탄생을 베트남이 아닌 아프가니스탄으로 선택했고, 오랜 세월을 거쳐 형성된 지금의 아이언맨 슈트 디자인을 단 세 번만으로 건너뛰었다. 특히, 영화 엔딩 크레딧 이후 닉 퓨리(Nick Fury, 사무엘 잭슨 분)가 등장해 정부 측 슈퍼히어로 조직인 실드의 존재를 이야기하면서 어벤져스 드림 프로젝트의 대장정을 시작했다.

파라마운트에 배급만 맡긴 채 제작에 직접 참여한 마블엔터테인먼트의 첫 작품 〈아이언맨〉은 미국에서 2008년 5월 2일 개봉해 개

---

[40]   이규원(2015), 위의 책, 254쪽.

봉 첫 주 4,105개 극장에서 주말 3일 동안 무려 9,862만 달러(전야제 수입 350만 달러를 포함할 경우는 총 1억 212만 달러)의 어마어마한 수입을 올리며 개봉 주말 박스오피스 1위를 차지했는데, 이는 북미 주말 흥행 사상 10위에 해당하는 성적이었다. 그뿐만 아니라 2017년 기준 미국 역대 최고 영화를 보면 〈아이언맨 3〉가 10위를 차지하고 있다. 〈아이언맨〉은 영화에서 인기몰이를 한 이후 지속적으로 단행본 시리즈를 출간하기 시작

〈표 4-4〉 〈캡틴 아메리카〉, 〈아이언맨〉, 〈어벤져스〉의 감독과 국내 관객 수

캡틴 아메리카		
작품	감독	누적 관객 수
퍼스트 어벤져	조 존스톤	514,579
윈터 솔저	루소 형제	3,963,964
시빌 워	루소 형제	8,678,117
아이언맨		
작품	감독	누적 관객 수
1편	존 파브로	4,300,365
2편	존 파브로	4,425,235
3편	셰인 블랙	9,001,679
어벤져스		
작품	감독	누적 관객 수
어벤져스(2012)	조스 웨던	7,075,607
에이지 오브 울트론(2015)	조스 웨던	10,494,840
인피니티 워(2018)	루소 형제	11,212,710
엔드 게임(2019)	루소 형제	13,934,604

기준: 2020년 2월, 다음(daum)

했으며 다양한 캐릭터 상품을 발매했다.

2008년 〈아이언맨〉의 성공 후 2010년 〈아이언맨 2〉도 400만 명이 넘는 큰 인기를 끌었고, 2013년 〈아이언맨 3〉는 국내에서만 900만 명이 넘는 관객이 몰릴 정도로 대박이 터졌다. 로다주의 출연료도 〈아이언맨〉에서는 5억 원에 불과했으나 〈아이언맨 2〉에서 115억 원으로 급상승했고, 〈아이언맨 3〉에서는 577억 원을 받았다. 단독 영화뿐만 아니라 〈어벤져스: 에이지 오브 울프론〉에서는 951억 원의 러닝개런티도 받게 되었으며, 〈어벤져스: 인피니트 워〉에서는 1,200억 원에 달하는 출연료를 받아 역대 최고의 출연료를 기록했다. 이후 로다주의 출연료가 너무 비싸 더 이상 마블 영화에서 볼 수 없을 것이라는 말이 나올 정도였다. 하지만 로다주의 〈아이언맨〉이 마블에 1조 8천억 원이라는 천문학적인 수익을 가져다준 만큼 자본주의 세계인 할리우드에서는 당연한 몸값인지도 모른다.

아이언맨은 〈스파이더맨: 홈커밍〉(2017)에도 등장한다. 토비 맥과이어가 주연을 맡은 〈스파이더맨 1, 2, 3〉은 2002년, 2004년, 2007년 3편의 시리즈로 발표해 큰 인기를 끌었고, 당시 400만 명이 넘는 관객 수를 기록했다. 영화의 스토리나 연기, 완성도가 높아 좋은 평가를 받았으며 소니의 마블 영화 시대를 열었다. 이후 앤드루 가필드가 주연을 맡은 〈어메이징 스파이더맨 1〉(2012)과 〈어메이징 스파이더맨 2〉(2014) 역시 국내에서 400만 명 정도의 흥행 성적을 거두었다. 2017년 마블 시네마틱 유니버스와 연동되는 특별한 의미가 있는 〈스파이더맨: 홈커밍〉은 다시 리부트해 피터 파커의 고등학교 시절을 다루었고, 톰 홀랜드의 연기는 매우 뛰어났다. 이 작품에서 아이언맨이 출연해 마블과 소니의 미묘한 저작권 문제가 해결되었음을 확인해주었다. 사실 〈캡틴 아메리카: 시빌 워〉의 공항 전투 장면에서 스파이더맨이 깜짝 등장했을 때 마블 팬은 물론 스파이더맨 팬까지 열광했다. 〈어벤져스: 인피니트 워〉에서 매우 좋은 연기를 보여주었고, 특히 타노스의 손가락 튕김 이후 소멸하는 신에서 깊은 안타까움을 주었다. 위의 표는 〈캡틴 아메리카〉와 〈아이언맨〉, 〈어벤져스〉의 감독과 누적 관객 수다.

〈어벤져스: 엔드 게임〉과 〈스파이더맨: 파 프롬 홈(SpiderMan: Far From Home)〉은 2019년 5월에 개봉했는데, 〈스파이더맨: 파 프롬 홈〉은 〈어벤져스: 엔드 게임〉이 끝난 몇 분 후로 스토리가 이어진다고 한다. 감독도 전작의 존 왓츠가 맡았고, 〈어벤져스: 엔드 게임〉은 루소 형제가 맡았다.

3) 스파이더맨

미국인이 가장 사랑하는 슈퍼히어로로 중의 한 명이 스파이더맨이다. 이제까지 그 어떤 슈퍼히어로보다 서민적이고 인간적인 풍모를 갖추고 있고, 10대라는 점에 미국 청소년들이 감정이입을 했으며, 캐릭터에 '리얼리티', 즉 '그럴듯함'을 가장 잘 갖춘 작품이다. 평범하고 왜소한 영웅을 주인공으로 설정함으로써 '내가 만약 초능력이 생긴다면 어떻게 사용할까?'라는 상상을 가능하게 하여 현실성을 부여했다.

하지만 무엇보다 스파이더맨을 '미국답다'고 이야기하는 것에는

〈그림 4-10〉
〈스파이더맨:
파 프롬 홈〉(2019)

단순히 그의 영웅적인 모습 때문만은 아니다. 그것은 만화와 영화 속 주인공의 모습에서 미국이라는 나라가 동일시됨에 따라 우리의 무의식 속에 하나의 이미지로 남기 때문이다. 이는 스파이더맨에만 드러나는 문제는 아니다. 슈퍼맨이나 배트맨, 캡틴 아메리카 등 거의 모든 미국의 슈퍼히어로에 드러난다. 스파이더맨이라는 존재를 통해 자연스럽게 사람들의 무의식 속에 팍스 아메리카나의 이미지가 형성되어 미국 자체를 상징하는 영웅이 자신을 희생하고 인류를 구하는, 즉 '미국이 영웅이다'라는 우상화된 인식을 갖게끔 한다. 그리고 스파이더맨을 비롯한 이런 식의 미국의 영웅주의적 콘텐츠들은 우리와 어느새 친숙해져 있어 그 누구도 더 이상 낯설게 여기지 않고 있다. 또, 이러한 팍스 아메리카나의 이미지, 영웅주의 이데올로기가 우리에게 어색하게 느껴지지 않는 이유 중 하나는 우월주의적 요소들을 작품 곳곳에 녹여냈기 때문이다.

먼저, 스파이더맨의 복장을 살펴보면, 빨간색과 파란색이 조합된 색깔 구성과 거미줄을 형상화한 체크무늬는 미국의 성조기와 닮았다. 이는 캡틴 아메리카의 복장과 방패에 그대로 드러나며, 슈퍼맨도 다르지 않다. 게다가 영화 장면마다 성조기가 하나의 법칙처럼 등장한다. 〈스파이더맨〉 시리즈에 등장하는 모든 남자 배우들은 근육이 발달해 몸집이 크다거나, 특별히 잘생겼다거나 하지 않는다. 오히려 '특징 없는 것이 특징'인 배우들을 뽑는 데 주력했다는 것을 느낄 수 있을 만큼 평범한 외모를 가진 배우들이다. 스파이더맨 또한 무게감 있는 목소리와 어딘지 멋있는 대사만 내뱉는 클래식한 영웅들과는 달리 변성기도 채 가시지 않은 듯한 목소리에 가벼운 농담을 던지며, 때로는 실수도 저지르는 영웅의 모습을 보인다. 이러한 완벽하지 않은 스파이더맨의 모습은 보는 사람들로 하여금 더 깊은 감정이입을 하도록 만든다. 그리고 이 같은 감정이입은 영화의 이데올로기, 즉 우월주의적 이미지를 심는 데 가장 효과적이다.

스파이더맨은 1962년 마블 코믹스에서 출판한 〈어메이징 판타지(Amazing Fantasy)〉 15호에 처음 등장한 이후 만화, 애니메이션, TV드라마, 영화 등 다양한 매체로 제작된 대표적인 슈퍼히어로 캐릭터다. 마블은 처음에는 스파이더맨을 좋아하지 않았다고 한다. 찌질하고 영웅스럽지 못한 캐릭터가 1960년대 대중에게는 낯설었기 때문이다. 하지만 스탠 리가 설득해 만화에 실었고 바로 대박이 터졌다. 당시 게재 중이던 헐크를 내리고 스파이더맨을 실을 정도로 인기가 대단했다.

스파이더맨의 본명은 피터 벤저민 파커(Peter Benjamin Parker)다. 흔히 피터 파커로 알려져 있다. 평범한 고등학생이었던 피터 파커는 방사능에 감염된 거미에게 물려 슈퍼 파워를 얻게 된다. 처음 슈퍼 파워를 얻었을 때는 용돈을 벌거나 인기를 얻기 위해 사용하지만, 벤 삼촌의 죽음을 맞이하면서 각성해 인류를 위해 자신의 힘을 사용하기 시작한다.

스파이더맨이 사랑받는 이유 중에는 강력하고 매력적인 빌런이 많기 때문이다. 첫 번째 빌런은 그린 고블린이다. 그린 고블린은 피터 파커의 하나뿐인 친구 해리의 아버지이자 오스코프사의 사장이다. 그는 고블린 혈청을 개발했으나 정부의 지원이 끊기고 회사에서 쫓겨날 위기를 맞이하자 혈청을 자신이 직접 맞고 그린 고블린이 된다. 그린 고블린이 죽자 아들 해리가 2대 그린 고블린이 되고, 결국 스파이더맨을 살리고 자신은 죽게 된다. 그 밖의 빌런으로는 닥터 옥토퍼스가 유명하며, 샌드맨, 라이노, 카니지, 벌처, 킹핀 등 수많은 빌런이 있다. 〈스파이더맨 1, 2, 3〉에서 그린 고블린, 닥터 옥토퍼스, 샌드맨, 베놈 등이 등장한다. 〈베놈(Venom)〉(2018)은 스핀오프 영화로 2018년 개봉했다. 평단과 관객의 평은 좋지 않았지만 흥행에는 성공했고, 국내에서만 380만 명이 넘는 관객이 관람했으며, 2편 제작도 확정되었다. 소니에서 제작한 애니메이션 〈스파이더맨: 뉴 유니버스〉에는 그린 고블린, 프라울러, 여성 닥터 옥토퍼스, 킹핀 등이 등장한다. 닥터 옥토퍼스를 여성 과학자로 설정한 것과 프라울러가 삼촌이고 죽음을 통해 스파이더맨이 각성하는 장면은 나름 반전이었다. 애니메이션 〈스파이더맨: 뉴 유니버스〉는 작품성과 흥행성을 모두 갖춘 좋은 작품으로 평단과 관객의 큰 호평을 받았으나 기대에 미치지 못한 성적을 거두었고, 스핀오프 영화 〈베놈〉은 스토리 구성상 19세 이상의 관람객이어야 하지만 15세로 낮추고 액션도 절제하는 등 많은 약점을 안고 있음에도 기대 이상의 성적을 거두었다.

〈어메이징 스파이더맨〉은 흥행 성적이 좋지 않았다. 1편은 토비 맥과이어의 〈스파이더맨〉과 끊임없이 비교를 당했는데, 앤드루 가필드

자체가 스파이더맨과 어울리지 않는다는 평과 지루한 스토리 전개, 연인이었던 그웬 스테이시의 죽음 등은 기존 팬의 사랑을 받지 못하는 부정적 영향을 미쳤다. 2편은 1편보다 더 나쁜 평을 받았고, 실제로 관객 수도 1편보다 부진했다. 결국 3편 계획은 취소되었다.

반면에 톰 홀랜드의 〈스파이더맨: 홈커밍〉은 매우 큰 인기와 호평을 받았다. 톰 홀랜드는 〈지미 키멜쇼〉에서 연기를 위해 실제로 미국의 브롱크과학고등학교에서 수업을 듣는 등 고등학교 생활을 했다고 한다. 톰 홀랜드는 영국 출신으로 가장 미국적인 캐릭터 중의 하나인 피터 파커 역을 소화하기 위해 감독의 제안을 받아들여 미국 고등학교 생활을 체험한 것이다. 능청스럽게 연기를 잘한 톰 홀랜드는 모두를 속일 수 있었고, 감독의 제안은 말 그대로 신의 한 수였다. 이러한 노력은 새로운 스파이더맨의 탄생을 알리고 팬의 사랑을 다시 받을 수 있게 되었다.

마블은 스파이더맨의 저작권을 갖고 있는 소니와 별도의 저작권 계약을 통해 스파이더맨을 어벤져스에 합류할 수 있게 되었다. 마블과 소니의 계약은 이렇다. 우선 〈스파이더맨: 홈커밍〉을 시작으로 스파이더맨을 주제로 한 영화는 마블이 제작한다. 하지만 투자와 배급사는 여전히 소니가 갖고 수익도 100% 소니가 갖는다. 마블이 얻은 대가는 스파이더맨의 단독 영화는 물론 〈어벤져스〉 같은 영화에도 스파이더맨을 활용하는 것이다. 5편의 영화를 계약 조건으로 했는데, 〈캡틴 아메리카: 시빌 워〉와 〈어벤져스: 인피니트 워〉, 〈어벤져스: 엔드 게임〉, 그리고 〈스파이더맨: 홈커밍〉, 〈스파이더맨: 파 프롬 홈〉 편이다. 소니는 대신 톰 홀랜드가 출연하는 스파이더맨 캐릭터를 사용할 수 없다. 캐릭터의 중복과 과잉 소비를 막기 위함이었다. 그래서 2018년 애니메이션으로 〈스파이더맨: 뉴 유니버스〉를 제작한 것이다.

1993년 마블필름을 설립하고 1996년 마블스튜디오로 개명했으며, 책임자로 아비 아라드(Avi Arad)가 왔다. 그는 마블을 살리기 위해 마블의 여러 캐릭터를 매각하는 등 회생하기 위해 각고의 노력을 했다. 그때 스파이더맨도 소니에 매각했는데, 그 이유만으로 팬들의 온갖 비난을 받아야 했다. 하지만 지금의 마블이 있게 만든 인물 역시 아비 아라드다. 이후 등장한 케빈 파이기는 마블 타이틀을 달고 직접 영화를 만들기 시작했고, 그 첫 번째 영화가 〈아이언맨〉이다. 마블은 여전히 많은 슈퍼히어로의 판권을 갖고 있지 않다. 디즈니가 21세기폭스를 인수합병하면서 많은 캐릭터가 귀속되었지만, 소니에 있는 스파이더맨은 귀속하기 쉽지 않다. 〈어벤져스: 엔드 게임〉과 〈스파이더맨: 파 프롬 홈〉 이후 스파이더맨의 운명을 알 수 있다.

2002년에 제작된 〈스파이더맨〉은 이전의 스파이더맨을 리부트하여 새롭게 설정하고 이미지화했다. 오리지널의 피터 파커는 서민적인 모습에 다소 어벙한 모습을 담고 있으며, 과학적 지식도 평범한 일반 청년에 불과했다. 하지만 이러한 서민적인 캐릭터가 대중의 큰 호응을 얻어냈다. 오히려 앤드루 가필드가 연기한 〈어메이징 스파이더맨〉은 끊임없이 토비 맥과이어의 스파이더맨과 비교되면서 흥행에 실패하고 만다. 2000년대 스파이더맨은 가고 2010년 리부트된 가필드의 스파이더맨은 과학에 천재적인 지식과 소질을 갖추고 외모도 찌질했던 과거의 표피를 벗고 오히려 잘생긴 스파이더맨으로 탄생했다. 원래 4편으로 기획된 〈어메이징 스파이더맨〉은 2편의 부진으로 결국 2편에서 멈추고 만다.

톰 홀랜드가 연기한 스파이더맨은 이전의 토비 맥과이어와 앤드루 가필드가 연기한 스파이더맨과 근본적으로 다르다. 우선 제작을 소니가 아닌 마블이 했다. 즉, MCU 세계관에서 살아 움직이는 캐릭터가 되었고 말 그대로 소니에서 마블로 홈커밍했다. 그래서 1편에서 피터 파커의 멘토인 토니 스타크가 등장한다. 그리고 나이도 고등학교 2학년으로 원본 캐릭터와 가장 유사하며, 더 이상 가난한 설정이 아닌 미국 중산층을 대변한다. 과학에도 소질을 보이고 세계를 지키겠다는 거대한 영웅심보다는 멘토에게 잘 보이고 싶은 여느 10대와 다름없는 모습과 고민을 한다.

스파이더맨은 마블 코믹스에서 제작된 만화책이 원작으로, OSMU의 대표적인 사례다. 스파이더맨을 활용해 출판, TV 애니메이션, 영화, 캐릭터, 라이선싱, 디지털만화, 그래픽 노블, 게임, 캐릭터 상품, 도시 마케팅 등 다양한 영역에 활용되고 있다. 최초의 스파이더맨은 1962년 마블사의 만화잡지인 〈어메이징 판타지〉 15호에 11페이지짜리 단편 만화로 소개되었다. 기존 마블사의 슈퍼히어로와 다른 캐릭터를 가지고 있던 스파이더맨은 선풍적 인기를 끌었고 1963년 〈어메이징 스파이더맨〉이라는 타이틀로 만화책 시리즈가 정식으로 출판되기 시작했다. 이후 영화 플랫폼에 성공하면서 만화책, 그래픽 노블, 잡지까지 인기가 상승했다. 1963년 정식으로 출판한 《스파이더맨》 만화 시리즈는 현재까지 다양한 버전의 만화책으로 연재되고 있다. 1967년 ABC방송국이 최초로 〈스파이더맨〉의 TV 애니메이션을 방영했으며, 이후 FOX, MTV 등 여러 방송사에서도 〈스파이더맨〉 애니메이션을 제작했다. 1994년 FOX TV가 제작하고 방영한 〈스파이더맨〉은 총 5개 시즌 65개 에피소드로 구성된 역대 〈스파이더맨〉 애니메이션 중 최장수 시리즈를 기록했다. 1997년에는 CBS 방송사가 〈스파이더맨〉 실사 드라마를 제작하여 TV에서 방영했다.

2002년에는 소니픽쳐스가 2002년 영화 〈스파이더맨〉을 제작·상영했으며, 2007년 〈스파이더맨 3〉까지 3편의 시리즈를 만들었다. 〈스파이더맨 3〉는 당시 8억 9천만 달러의 수익을 올려 역대 박스오피스 28위를 차지할 정도로 큰 인기를 끌었다. 소니픽쳐스는 2012년 리부트 시리즈로 〈어메이징 스파이더맨〉을 제작·상영했으며, 2014년에는 〈어메이징 스파이더맨 2〉의 제작을 발표했다. 이후 디즈니에서 톰 홀랜드의 〈스파이더맨: 홈커밍〉(2017)을 제작했다.

아래 표는 영화 〈스파이더맨〉의 매출액을 보여주고 있다. 〈스파이

〈표 4-5〉 영화 〈스파이더맨〉의 매출액

(단위: 100만 달러)

제목	북미	해외	국내 관객 수
스파이더맨 1(2002)	404	418	–
스파이더맨 2(2004)	374	410	1,506,217
스파이더맨 3(2007)	337	554	4,592,309
어메이징 스파이더맨 1(2012)	262	757	4,853,273
어메이징 스파이더맨 2(2014)	202	708	4,168,350
스파이더맨 홈커밍(2017)	334	880	7,258,678
스파이더맨 뉴 유니버스(2018)	120	275	723,450
스파이더맨 파 프롬 홈(2019)	390	1,131	8,021,490

기준: 2020년 2월, 다음(daum)

더맨〉이 개봉된 2002년 당시 마블의 캐릭터 상품매출은 1억 5,500만 달러에 이르렀으며, 영화 〈스파이더맨 2〉는 전 세계적으로 글로컬 전략에 의한 글로벌 마케팅을 진행해 약 1만 2천 종 이상의 라이선싱 상품을 출시하고 2천만 달러 이상의 수익을 기록했다. 일본 유니버설스튜디오에 스파이더맨 어트랙션 라이선스를 제공하고 있으며, 미국 유니버설스튜디오에서도 스파이더맨 어트랙션을 운영하고, 테마파크 산업에도 진출했다. 2011년 6월 브로드웨이에서 뮤지컬 〈스파이더맨: 턴 오프 더 다크(SpiderMan: Turn Off The Dark)〉가 초연했으며, 당시 브로드웨이 연극 역사상 제작비용이 가장 많이 투입된 뮤지컬이었다. 스파이더맨은 〈베놈〉이라는 스핀오프 작품과 〈스파이더맨 뉴 유니버스〉 애니메이션 작품까지 그 영역을 계속 확장하고 있다. 〈베놈〉은 북미와 유럽 시장에서는 저조한 성적을 냈으나 중국에서 대박이 터지면서 2편 제작이 확정되었다. 국내에서도 388만 명이 관람할 정도로 인기였다. 〈스파이더맨 뉴 유니버스〉는 평론가와 관객의 호평에도 불구하고 극장판이 큰 인기를 끌지는 못했으며, 국내 관객 수는 77만 명에 불과했다. 2019년 〈스파이더맨 파 프롬 홈〉은 국내 관객 수만 800만 명을 넘길 정도로 스파이더맨은 가장 사랑받는 히어로물의 전설로 남았다.

4.
DC 코믹스에서 DC 확장 유니버스

1) DC 코믹스

DC 코믹스는 타임워너가 소유한 워너브라더스 엔터테인먼트의 출판사업부 중의 하나다. 마블과 더불어 미국 만화의 80%를 차지할 정도로 영향력이 크고, 만화 부문에서 적어도 DC가 마블보다 역사와 인기, 수익 측면에서 오랜 시기 동안 우위를 점했다. 마블이 디즈니에 인수되어 마블 시네마틱 유니버스가 인기를 끌면서 그 중심축이 DC에서 마블로 바뀐 측면이 있으나 여전히 DC의 영향력은 크다.

DC는 1934년에 설립되었으며, 처음에는 내셔널 얼라이드 퍼블리케이션스(National Allied Publications)로 설립되었다. 인기 시리즈인 〈디텍티브 코믹스(Detective Comics)〉가 인기를 끌면서 이니셜을 따 'DC'라고 부르기 시작했다. 1935년 2월, 내셔널 얼라이드 퍼블리케이션스는 〈뉴 펀: 빅 코믹 매거진(New Fun: The Big Comic Magazine)〉 1회를 출간하고, 두 번째 타

〈그림 4-11〉〈뉴 펀〉과 〈디텍티브 코믹스〉 표지

이틀은 〈뉴 코믹스〉 1회로 바뀐다. 이 타이틀은 또다시 어드벤처 코믹스로 바뀌는데, 이는 1983년 503 이슈까지 진행되면서 오랜 인기를 끌게 된다. 그중 네 번째 타이틀이 '디텍티브 코믹스(Detective Comics)'다.

DC는 슈퍼맨이 등장하면서 슈퍼히어로의 골든 에이지 시대를 열었다. 제리 시걸(Jerry Siegel)과 조 슈스터(Joe Shuster)에 의해 탄생한 〈슈퍼맨〉은 당시 이용료가 10센트에 불과했으나 수익은 30만 달러에 달할 정도로 엄청난 인기를 끌었다. 초기의 코믹스는 신문에 연재된 만화를 모아놓은 수준에 불과했지만, 점차 자신만의 콘텐츠를 들고 나오기 시작했는데, 그 시초가 DC다. 신문사에서 거절당한 만화작가들이 코믹스시장에서 새로운 기회를 얻게 되었다. DC 코믹스의 대표적인 캐릭터는 슈퍼맨, 배트맨, 원더우먼, 그린랜턴 등이 있다. 슈퍼맨은 크립톤 행성이라는 머나먼 별에서 온 외계인이지만 인간과 같은 외형을 가지고 있다. 평소에는 클라크라는 이름으로 데일리 플래닛사의 기자로 활동하지만, 사건이 터지면 슈퍼맨으로 날아오른다. 악당이 나타나면 회전문이나 공중전화 부스 속에서 옷을 갈아입는 장면으로 유명하다. 슈퍼맨이 대성공을 거두자 DC는 새로운 히어로가 필요하다고 생각했다. 그래서 밥 케인과 빌 핑거가 새로운 히어로 배트맨을 창작한다. 배트맨은 부유한 기업가이자 바람둥이 자선가인 브루스 웨인(Bruce Wayne)이 주인공으로, 가면 뒤에 정체를 숨긴다는 측면에서 슈퍼맨과 동일하다. 어린 시절에 부모가 살해당하는 장면을 목격한 웨인은 정신적으로 트라우마를 갖게 되지만, 오랜 수련을 통해 이를 극복한다.

원더우먼의 창작자인 윌리엄 마스턴 박사는 거짓말탐지기를 발명한 것으로 더 유명하다. 그는 페미니스트이자 심미학자로 미국을 대표할 강인한 여성 슈퍼히어로 캐릭터를 만들고자 했다. 빼어난 외모와 몸매에 투명 비행기, 황금 밧줄, 총알을 막아내는 세계 최강의 여전사로 설정했다. 원더우먼은 그리스 신화 속 여성으로만 이뤄진 아마존 부족 출신이다. 남자들의 야만스러운 세상과의 투쟁에 지친 아마존은 아프로디테 여신의 가호를 받아 외부로부터 격리된 평화로운 장소인 파라다이스섬으로 이주해 도시 국가 테미스키라를 건설한다. 아프로디테 여신은 아마존의 여왕 히폴리타가 흙으로 빚은 여자아이에게 생명을 불어넣어 인간으로 만드는데, 그 다이애나 공주가 바로 원더우먼이다. 하지만 영화에서는 원더우먼의 출생 비밀이 제우스의 딸로 나온다.

슈퍼맨은 1938년 강철 남자 슈퍼맨 〈액션 코믹스〉 1회에서 처음 등장한다. 1939년 〈디텍티브 코믹스〉 27회에서 배트맨이 처음 등장하며, 원더우먼은 1941년에 탄생한다. 1940년 겨울 〈올스타 코믹스〉 3회에서 DC 영웅들이 처음 모인다. 첫 모임의 이름은 저스티스 소사이어티 오브 아메리카(Justice Society of America, JSA)였다. 역사상 최초의 슈퍼히어로 팀이다. 그린랜턴, 플래시, 스펙터, 샌드맨, 닥터 페이트, 호크맨 등이 참여했고 이때 원더우먼은 없었다. 그리고 1941년 〈올스타 코믹스〉 8회에 여성 슈퍼히어로가 처음으로 등장하는데 그것이 바로 원더우먼이다. 처음에는 팀의 비서로 나오지만 추후 캐릭터가 보강되고 강화된다.

DC의 가장 영향력 있는 캐릭터 중의 하나는 그린랜턴이다. 하지만 영화 〈그린랜턴〉(2011)이 망작으로 평가받으면서 그린랜턴을 금기시하는 경향이 강해졌다. 그린랜턴의 세계관에서 우주는 총 3,600개 섹터로 구분되어 있고, 그 섹터들은 우주의 수호자 그린랜턴 군단에 의해 수호되고 있다. 그린랜턴들의 능력은 녹색의 빛을 내는 파워 링을 통해 얻게 된다. 반지를 낀 사람에게 중력의 제한 없이 비행하는 능력과 우주에서의 생존 능력을 준다. 또 반지는 초소형 컴퓨터처럼 주인의 명령에 반응하여 특정 데이터를 분석·산출하는 능력도 갖고 있다. 하지만 가장 강력한 반지의 능력은 상상을 실체화하는 능력이다. 이를테면 반지를 낀 상태에서 망치를 생각해내면 반지의 빛이 망치 형태를 갖추고, 기관총을 생각하면 기관총이 된다. 〈그린랜턴〉의 주인공 라이언 레이놀즈는 〈울버린〉에서도 굴욕적인 데드풀을 연기했지만, 단독 영화 〈데드풀〉 1, 2편이 모두 성공하면서 망작의 그림자에서 벗어난다. 데드풀은 1991년 〈뉴 뮤턴트〉 98편에 처음 등장했다.

이렇게 다양한 캐릭터가 창작되면서 하나의 캐릭터가 다른 캐릭터 만화에 등장하는 경우도 생겼다. 슈퍼맨이 배트맨을 도와준다든지 하는 상황이 연출되는 것이다. 이에 'DC 유니버스'라는 정식 이름을 가진 세계관이 등장하게 되었다.

DC 유니버스는 기본적으로 우리가 살고 있는 실제 세계의 세계관에 슈퍼히어로와 슈퍼빌런이 더해진 것이다. 또한, DC 유니버스의 이야기들은 주로 미국 내에서 벌어지기는 하지만 배트맨의 배경이 되는 고담시나 슈퍼맨의 배경이 되는 메트로폴리스 같은 가상도시가 자주 등장한다. 그 이유는 이 도시들이 슈퍼히어로물의 대도시들이 갖는 전형적인 모습을 모두 갖고 있기 때문이다. 고담시는 대도시의 어두운 뒷면이 잘 부각되어 있는 도시이며, 메트로폴리스는 그보다는 좀 더 밝은 면이 부각된 도시다. 또한, 슈퍼맨의 고향 행성인 크립톤의 크립톤인 같은 지능을 갖고 있는 외계인 종족도 등장하며, 행성 간에 활동하는 단체도 존재한다. 외계인 우주선은 수시로 지구를 드나든다. 또 현실세계에서는 이론에 불과하거나 현대과학에 의해 불가능하다고 밝혀진 기술들이 사용되며, 심지어 마법도 존재한다.

DC 코믹스는 1989년 잡지 전문회사 타임지의 모회사인 워너브라더스를 인수하면서(1960년대 후반 워너브라더스가 DC 인수) 출판은 타임지의 출판사업부가 운영하고, 엔터테인먼트 부문은 워너브라더스 엔터테인먼트가 맡게 된다. 2011년 9월을 기점으로 〈플래시 포인트〉의 여파에 따라 모든 DC 세계관의 리부트가 진행되었다. 2011년 8월 31일을 기점으로 DC 코믹스의 라인업을 전부 리부트했다. 일단 전체적인 역사는 큰 틀에서 변하지 않았지만, 좀 더 세세한 부분들이 현실적으로 변했

* NEW 52

DC 코믹스에서 〈플래시
포인트〉 이벤트 이후 2011년
8월을 기점으로 단행한,
세계관을 재정립한 리부트
혹은 리론치(Relaunch)를
말한다. 2011년 6월
〈그린랜턴〉이 개봉했으나
폭망하면서 첫 출발부터
세계관이 흔들려 일관성을
훼손한 측면이 있다.

다. 2016년에는 대규모 리론치 이벤트가 진행되었다. NEW 52*와 비슷하게 모든 시리즈들이 1회로 다시 리론치되지만, NEW 52 정도 스케일의 세계관 리부트는 아니며, NEW 52에서 있었던 일들을 없었던 것으로 돌리지는 않고 스토리의 연속성은 이어가고 있다. 슬로건부터 "이것은 리부트가 아니다. 우리는 지금까지 리부트를 한 적이 없다"라고 말했다. 대표적으로는 NEW 52의 슈퍼맨이 사망하고 플래시 포인트 이전의 슈퍼맨이 그의 자리를 대신하는 것 등이 있다.

2) 슈퍼맨

슈퍼맨은 1938년 〈액션 코믹스〉 1호(1938년 6월호)에 처음 등장한 미국 슈퍼히어로의 원조다. 가장 미국적인 슈퍼히어로이며 슈퍼맨 자체가 미국을 상징한다. 당시 서부활극이나 모험액션, 추리물 등이 인기를 끌던 시기에 하늘을 나는 슈퍼히어로는 매우 생경하고도 충격적인 캐릭터였다. 하지만 당시 대중은 슈퍼맨의 청색 쫄쫄이, 붉은 망토, 새빨간 팬티, 그리고 적색과 노란색을 가미한 'S'자 로고에 환호했다.

슈퍼맨의 창조자 제리 시걸(Jerry Siegel)과 조 슈스터(Joe Shuster)는 슈퍼맨을 싣기 위해 많은 노력을 했다. 제리 시걸이 단편을 쓰고 조 슈스터가 그림을 그려 〈팬 잡지〉에 '슈퍼맨의 지배(Reign of Superman)'라는 제

〈그림 4-12〉 만화 〈슈퍼맨〉(1938)과 〈슈퍼맨과 몰맨〉(1951)

목으로 실었으나 구매자를 찾지 못했다. 현실적이지 않고 낯설었기 때문에 처음에는 관심을 갖는 사람이 없었다. 하지만 둘은 1935년 2월 〈뉴 펀(New Fun)〉의 공모전에 참여하고 '디텍티브 코믹스'에서 같이 일하면서 기회를 노렸다. 결국 1938년 〈액션 코믹스〉가 창간되면서 새로운 콘텐츠를 요구했고, 실험적으로 실은 〈슈퍼맨〉은 초대박이 터졌다. 1940년 한 달 판매 부수는 125만 부에 달했고, 소설, 라디오방송, 애니메이션 등으로 제작되었다. 하지만 실제 저작권자에게 돌아간 금액은 소송에서 얻은 10만 달러에 불과했다. 이후 궁핍하게 살았던 두 창작자는 연금 형태로 2만 4천 달러를 받고 1992년, 1996년 각기 사망했다.

　　2018년은 슈퍼맨 탄생 80주년으로 제작사인 DC 코믹스가 〈액션 코믹스〉 1000호를 발간했다고 뉴욕타임스가 보도했고, 사전 주문만 50만 부가 팔렸다. 슈퍼맨은 슈퍼히어로 장르를 여는 촉매 역할을 한 대표적인 작품이다. 프리드리히 니체(Friedrich Nietzsche) 철학의 근본 개념 중의 하나가 초인이다. 초인(超人)은 독일어로 위버멘쉬(Übermensch)로, 그 어원은 '뛰어넘다'의 'uber'와 '인간'의 'mensch'의 합성어이며, 그 의미는 "탈아의 도덕을 뛰어넘어 비극적 상황 속에서도 자기 자신을 긍정하는 인간"을 말한다. 초인은 영어로 'Overman' 또는 'Superman'이라고 표현한다. 즉, 우리가 알고 있는 슈퍼맨은 니체의 초인에서 따온 말이다. 독일의 철학자까지 소환해서 거창하게 슈퍼맨에 의미를 부여하려는 것은 아니다. 슈퍼맨을 창조한 제리 시걸과 조 슈스터는 같은 고등학교 친구로 새로운 캐릭터와 스토리텔링이 필요했고, 그럴싸한 무엇인가를 만들기 위해 니체의 초인을 차용했다. 새로운 창조물은 아름다운 모방에서 탄생하는 법이다.

슈퍼맨은 미국에서 만화로 선풍적인 인기를 끌었다. 1940년대에는 〈슈퍼맨의 모험(The Adventures of Superman)〉 같은 라디오 쇼가 인기를 끌었고, 맥스 플레셔 스튜디오(Max Fleischer Studio)의 슈퍼맨 만화영화도 큰 인기를 끌었다. 드라마로 실사화된 것은 1948년 〈슈퍼맨〉이라는 타이틀로 15부작으로 제작되었다. 이 영화는 당시 시리얼 영화 역사상 최고로 많은 수익을 거두었다. 1951년 조지 리브스(George Reeves)와 필리스 코테스(Phyllis Coates)를 주연으로 하는 최초의 장편 슈퍼맨 영화 〈슈퍼맨과 몰맨(Superman and the Mole Men)〉이 만들어져 큰 호응을 얻는다. 1938년 만화로 시작해 라디오드라마, TV드라마, 영화로 제작되면서 미국에서 슈퍼맨의 인기는 최고였다. 하지만 슈퍼맨이 세계적인 영웅으로 발돋움

하게 된 계기는 1978년 제작된 크리스토퍼 리브의 〈슈퍼맨〉이다. 우리가 영상으로 기억하는 최초의 슈퍼맨이라고 해도 과언이 아닐 정도로 인기가 대단했고, 전 세계적인 열풍을 불러온다. 1978년, 1980년 2편까지 큰 인기를 끌었지만 아쉽게도 1983년 3편은 부진했으며 1987년 4편이 폭망하면서 〈슈퍼맨〉 시리즈는 더 이상 제작하지 못하게 되었다. 20여 년이 지난 2006년 브라이언 싱어 감독의 〈슈퍼맨 리턴즈〉가 제작되었지만, 기대만큼 큰 인기를 끌지 못했다. 결국 뉴 52 이후 리부트된 상황에서 새로운 〈슈퍼맨〉을 제작하게 된다.

2013년 개봉한 〈맨 오브 스틸(Man of Steel)〉에는 슈퍼맨의 탄생과 어린 시절의 성장 배경을 잘 그리고 있다. 슈퍼맨은 크립톤(Krypton) 행성에서 태어난 외계인이다. 크립톤 행성은 10만 년 동안 신의 경지에 이르는 과학기술을 창조해내지만, 지나친 과학화는 인구 증가, 사회 혼란과 자원고갈을 불러온다. 조드 장군은 크립톤 행성을 구한다는 명분으로 의회를 장악하고 쿠데타를 일으키지만 진압당하고 영구 추방당한다. 과학자였던 조엘은 크립톤 행성의 미래가 없음을 직감하고 유전자 정보가 있는 코덱스를 훔쳐 자연분만으로 아기를 낳게 된다. 조엘은 조드 장군과의 싸움에서 칼에 찔려 죽지만 아들은 지구로 보낸다. 슈퍼맨은 미국 캔자스주 스모빌에서 평범한 농부의 아들로 자란다. 그의 이름은 클라크 켄트이고 어려서부터 크고 작은 일을 겪었지만 바른 부모 밑에서 올곧게 자란다. 양부모인 켄트 부부는 그의 본성을 숨기고 평범한 인간의 삶을 살 수 있도록 도왔다. 슈퍼맨의 외전 격인 슈퍼걸도 등장한다. 슈퍼맨의 사촌으로 설정되어 있고 드라마로 제작되었다. 아래 표는 주요 영화 〈슈퍼맨〉의 북미 총매출과 극장 수 등을 보여주고 있다. 크리스토퍼 리브의 〈슈퍼맨〉 시리즈 중에서 4편의 성적이 매우 낮은 것을 알 수 있다. 〈맨 오브 스틸〉과 〈배트맨 대 슈퍼맨〉은 영화에 대한 평가와는 별도로 DC의 자존심은 지켜주었다. 하지만 2017년 DC가 야심차게 준비한 〈저스티스 리그〉가 예상보다 흥행하지 못하고, 평단의 혹평까지 받으면서 힘을 얻지 못했다.

사실 슈퍼맨 이야기는 배경이 지구에서 우주로 확장되었을 뿐 모세 이야기에서 차용한 스토리도 엿보인다. 〈맨 오브 스틸〉과 〈배트맨 대 슈퍼맨〉은 곳곳에서 기독교적인 영향을 많이 받았다는 것을 알 수 있다. 슈퍼맨은 악과 부조리가 많아 이 세상을 구원하고 악을 물리치는 구세주의 의미가 부여된 메시아니즘(Messianism)의 성향이 강하다. 〈배트맨 대 슈퍼맨〉에서 아버지인 조엘은 자신의 고향인 크립톤이나 자신의 종족을 지키는 것이 아니라 슈퍼맨에게 인간을 구원하라고 전한다. 슈퍼맨이 둠스데이와 우주에서 유영할 때 모습은 십자가에 매달리기 전

〈표 4-6〉 영화 〈슈퍼맨〉의 성적

영화명	개봉 연도	북미 총매출(달러)	극장 수
슈퍼맨	1978	134,218,018	817
슈퍼맨 2	1981	108,185,706	1,878
슈퍼맨 3	1983	59,950,623	1,763
슈퍼맨 4	1987	15,681,020	1,511
슈퍼맨 리턴즈	2006	200,018,192	4,065
맨 오브 스틸	2013	291,045,518	4,207
배트맨 대 슈퍼맨	2016	330,360,194	4,256
저스티스 리그	2017	229,024,295	4,051

예수의 모습과 같았고, 둠스데이와 마지막 혈전에서 창에 찔리는 장면은 예수의 옆구리를 찌른 롱기누스의 창을 연상케 한다. '롱기누스'는 예수를 찌른 고대 로마 병사의 이름에서 따온 말이다. 그리고 결정적으로 슈퍼맨은 〈배트맨 대 슈퍼맨〉에서 인간을 구원하고 자신을 희생해 죽음을 맞이하지만, 〈저스티스 리그〉에서 부활한다. 이는 예수만이 가능한 일을 슈퍼맨도 이룬 것이다.

뉴 52 이후 리부트된 슈퍼맨은 이전의 슈퍼맨과 다소 차이를 보인다. 〈맨 오브 스틸〉에서는 슈퍼맨의 탄생과 지구로 오게 된 배경, 어린 시절의 성장 과정과 양아버지의 죽음, 자신의 비밀을 숨기고 인간과 함께 동화되어가면서 정체성을 찾아가는 험난한 과정을 묵묵히 보여준다. 하지만 이전과 또 다른 모습은 죽음, 정확히는 살인에 둔감해진 슈퍼맨의 모습이다. 메트로폴리탄이 반파되고 빌딩이 무너지고 수많은 시민이 죽지만, 그에 대한 죄책감은 찾을 수 없다. 그렇다면 슈퍼맨은 악당과 무엇이 다르다는 것인가? 이는 〈배트맨 대 슈퍼맨〉으로 이어진다. 슈퍼맨은 절대선이기 때문에 모든 것을 용서하게 되는 것인가? 배트맨은 이런 슈퍼맨이 위험하다고 판단하고 제거하기 위해 싸움을 벌인다.

둘이 싸우는 동안 실제 빌런으로 등장한 렉스 루터는 존재감이 없다. 렉스 루터는 복잡미묘한 캐릭터이자 매우 지능적인 빌런임에도 중2병에 걸린 투정쟁이로 등장한다. 원작에서 루터는 열등감, 오만함, 시기심, 강박장애, 아버지로 인한 오이디푸스 콤플렉스 등으로 똘똘 뭉친 인간이지만 지능적이고 오만하고 자존감이 강한 다층적인 인물인데, 단편적인 인물로 캐릭터를 소모해버렸다. 물론 둠스데이도 매우 강력한 빌런이지만, 영화 후반에 한 번 써먹고 소비해버리고 만다. 슈퍼맨의 죽음을 이끄는 역할이 둠스데이의 숙명인 것처럼 보일 정도다.

〈저스티스 리그〉를 통해 슈퍼맨이 부활하고 악을 물리치지만, 슈퍼맨의 무한한 힘은 다른 슈퍼히어로의 힘과 균형이 맞지 않는다. 이 정도로 막강한 힘을 보유한 슈퍼맨이라면 굳이 저스티스 리그를 구성할 필요 없이 악을 물리치면 된다. 〈저스티스 리그〉는 DC 시네마틱 시네마의 대표 영화로 마블의 〈어벤져스〉에 해당하는 영화다. 운명적인 이 영화는 망하면 안 되는 영화인데도 평가가 좋지 않다. 로튼 토마토의 신선도는 40%대로 썩은 토마토 점수를 받았고, 관객점수도 75%에 불과하다. 마블의 〈어벤져스: 인피니트 워〉의 경우 신선도 83%에 관객점수는 91%를 받았다.

빌런도 문제다. 스테판 울프는 슈퍼맨이 등장하기 전까지 매우 강력했지만, 슈퍼맨이 등장하자 힘을 쓰지 못한다. 원더우먼의 고향인 아마존을 침공해 마더박스를 손쉽게 빼앗아오고, 아쿠아맨이 지배하는 아틀란티스에서는 허무할 정도로 쉽게 마더박스를 가져온다. 7개 종족으로 이루어진 첨단과학과 괴력을 가진 바다의 지배자들이 스테판 울프에게 상대가 되지 않는 것이다. 하지만 슈퍼맨에게는 존재감이 없다. 심지어 마지막 장면에서 자신의 부하인 파라데몬에게 죽임을 당하는 장면은 실소가 나올 정도로 어처구니가 없다.

서사와 캐릭터도 엉망이고 힘의 균형은 완전히 망가졌다. 〈저스티스 리그〉는 지구정복을 위해 마더박스를 찾는 악당을 막기 위해 슈퍼히어로들이 힘을 뭉쳐 싸우는 것이 전체 줄거리다. 마블에서 인피니트 스톤을 찾아 떠나는 타노스와 같다. 마더박스는 고대 외계종족 뉴 갓이 만든 슈퍼컴퓨터다. 강력한 힘과 생명 탄생과 부활이 가능한 힘의 원천인데, 3개가 모이면 세상을 멸망시킬 수 있는 힘을 갖고 있다. 뉴 갓은 하이퍼파더가 다스리는 뉴 제네시스와 다크사이드가 지배하는 아포칼립스로 나뉘어 있다. 이들은 이름에서 알 수 있듯이 신의 존재다. 아포칼립스의 과학자 히몬(Himon)이 엘리먼트(Element)로 만들었다고 한다. 즉 신의 존재가 만든 슈퍼컴퓨터인데 생명력을 부활시키거나 주변 환경을 조절하고, 무한의 힘을 갖고 있으며, 모든 정보를 갖고 있다. 사용자의 힘을 증강시키고 무한에 가까운 물질과 에너지를 조작한다. 중력을 조절하고 다른 차원으로 이동하거나 에너지를 보낼 수도 있다. 당연히 죽은 슈퍼맨도 예수처럼 살려낸다.

배트맨은 슈퍼맨의 무한한 힘이 인류에게 재앙이 된다고 판단해 제거하려 했으나 둠스데이와의 싸움에서 자신을 희생하고 인류를 구원하는 모습을 보고 생각을 바꾸게 된다. 배트맨은 가족과 연인을 사랑하고 자신의 직업을 영위하는 등 오히려 인간보다 더 인간적인 모습을 보인 슈퍼맨이 필요하다고 본다. 배트맨은 부유하지만 열 살 때 부모가 죽으면서 사춘기 때 받아야 할 가족의 사랑을 받지 못하고 성장한다. 반면에 슈퍼맨은 외계인이지만 양부모의 손에서 갓난아이 때부터 사랑을 받으며 성장한다. 〈저스티스 리그〉에서 배트맨이 준비할 비장의 무기는 사랑하는 여인이며, 그녀를 안고 찾아온 곳은 집이다. 물론 슈퍼맨은 가장 사랑하는 두 사람과 집에서 조우한다. 즉 집, 가족, 사랑이 충만한 삶이 슈퍼맨의 삶이고 힘의 원천이다. 〈배트맨 대 슈퍼맨〉에서 핵포탄에서도 살아남은 슈퍼맨은 태양에서 힘을 보충하지만 물리적인 힘이 아닌 내적인 힘은 가족의 사랑에서 얻는다는 것을 알 수 있다.

<표 4-7> 슈퍼맨과 캡틴 아메리카 비교

구분	슈퍼맨	캡틴 아메리카
신체	남, 191cm	남, 188cm
인종	크립톤인	지구인 백인
직업	기자	실드 요원
탄생	1938년	1941년
이름	클라크 켄트(Clark Kent)	스티브 로저스(Steve Rogers)
출판사	DC 코믹스	마블 코믹스
소속	저스티스 리그	어벤져스
거주지	캔자스주 스몰빌, 메트로폴리탄	뉴욕(브루클린)
능력 조력자	불굴의 정신력, 천재 수준의 초인적 지능, 초인적인 힘	슈퍼 솔저 혈청의 힘으로 나타나는 인간 능력 최대의 힘
빌런	렉스 루터, 조드 장군, 메탈로, 둠스데이, 브레이니악	레드 스컬, 제모 남작, 폰 스트러커 남작, 아르님 졸라

위의 표는 슈퍼맨과 캡틴 아메리카를 비교한 것으로 저스티스 리그의 핵심 인물은 슈퍼맨이고, DC 캐릭터로서의 상징성이 크다. 이와 비교할 때 마블에는 캡틴 아메리카가 그 자리에 있고, 높은 도덕성과 충직성을 기반으로 한 어벤져스의 리더는 캡틴 아메리카다. 국내에서는 MBC에서 저스티스 리그의 슈퍼히어로들이 뭉쳐 등장한 만화영화 〈슈퍼특공대(Super Friends)〉(1979)가 방영되었다. 당시 큰 인기를 끌었는데, 시즌 7까지 만들었으나 국내에는 일부만 방영되었다. 하지만 당시 초등생을 중심으로 슈퍼맨, 배트맨, 원더우먼 등의 인기는 최고였다. 만화영화 〈슈퍼특공대〉의 주제곡도 큰 인기였는데 아래와 같다.

슈퍼맨 용감한 힘의 왕자

배트맨&로빈 정의의 용사

원더우먼 하늘을 나른다

아쿠아맨 수중의 왕자

정의를 모르는 나쁜 무리들

싸워 무찌른다 슈퍼특공대!

3) 배트맨

　　DC를 대표하는 슈퍼히어로에는 슈퍼맨과 배트맨이 있다. 두 슈퍼
히어로를 양축으로 그린랜턴, 원더우먼, 아쿠아맨, 샤잠, 플래시맨 등
이 있고 빌런으로 펭귄, 조커, 휴고 스트레인지, 캣우먼, 스케어크로우,
클레이페이스 등이 있다. 원더우먼은 2017년 단독 영화에서 큰 인기와
흥행을 하면서 말 그대로 DC를 살렸다. 그 누구도 기대하지 않은 결과

〈그림 4-13〉 만화 〈배트맨〉과 애니메이션 〈배트맨〉

였다. 국내 관객 수만 200만 명이 넘었다. 물론 2018년 개봉한 〈아쿠아맨〉은 500만 명이 넘으면서 더 큰 인기를 끌었다. 기존 DC 슈퍼히어로 영화 중 최고의 흥행이었다. 기존 DC의 어두운 이미지를 거두고 화려한 컴퓨터그래픽과 액션 장면 등 제임스 완의 연출력이 돋보였고, 주인공 제이슨 모모아와 엠버 허드의 캐스팅은 신의 한 수였다. 〈아쿠아맨〉의 제작비가 1억 7천만 달러에 달하지만, 흥행 수익은 2019년 1월 기준 10억 9천만 달러를 벌어들일 정도로 큰 성공을 거두었다. 〈아쿠아맨〉의 CGI는 Industrial Light & Magic(ILM)*에서 모두 맡았다. ILM은 컴퓨터그래픽 부문에서 세계 최고의 기술력을 갖고 있는데, 〈스타워즈〉, 〈스타트렉〉, 〈퍼시픽 림〉, 〈트랜스포머〉, 〈쥬라기 월드〉, 〈어벤져스〉, 〈닥터 스트레인지〉, 〈아바타〉, 〈캐리비안의 해적〉, 〈해리포터〉 등을 제작한 회사다.

*ILM

ILM은 1975년 조지 루카스가 〈스타워즈〉를 만들기 위해 만든 특수효과 회사다. 조지 루카스는 당대 최고의 기술자였던 더글러스 트럼벌을 찾아갔지만, 그는 이미 스티븐 스틸버그와 작업 중이었다. 그는 대신 존 다익스트라를 소개해주었고, 그와 함께 조지 루카스는 VFX의 역사 이론 기술 제작의 전설이 된 ILM을 설립한다. 2019년 개봉한 〈알리타〉가 최신 시각효과 기술력의 집약체를 보여준다고 평을 받는데, 뉴질랜드 회사 '웨타 디지털'이 시각효과를 맡아 ILM의 명성에 도전장을 내밀고 있다.

　〈배트맨〉 시리즈 하면 이전 크리스토퍼 놀란의 〈배트맨〉과 팀 버튼의 〈배트맨〉이 먼저 떠오른다. 하지만 〈배트맨〉은 코믹스에서 시작되었다. 코믹스 판매량으로는 슈퍼맨보다 우위이고, DC 모든 캐릭터 중에서도 최고다. 레고의 〈배트맨 무비〉 오프닝에서 DC 로고가 나올 때 배트맨이 직접 "DC 코믹스는 배트맨이 먹여살리는 회사, ㅋㅋ 왜? 슈퍼맨 꼬우면 덤벼!!"라고 멘트를 했을 정도다. 배트맨의 창조자는 밥 케인과 빌 핑거다. 슈퍼맨에 자극을 받아 새로운 캐릭터가 필요했고, 외계의 초인적인 힘이 아닌 인간적인 매력과 파워를 갖춘 캐릭터를 고안했는데, 그것이 바로 배트맨이다. 1926년 〈The Bat〉라는 뮤지컬을 영화로 만들었는데, 그 영화에서 배트맨의 영감을 얻었다는 설도 있다. 보름달이 뜬 음산한 도시 분위기, 박쥐를 형상화한 로고와 의상 등은 원작과 영화의 영향을 받은 것으로 보인다. 배트맨이 슈퍼맨보다 늦은 1939년 탄생했지만, 영화나 드라마는 먼저 제작했고, 인기도 좋았다. 배트맨은 〈디텍티브 코믹스〉 27편에 처음 등장하고, 특징은 정의실현을 위해 희생을 바탕으로 언제나 악과 맞서는 인물로 묘사된다. 그가 쓴 박쥐 가면과 검은 슈트는 악당들에게 저승사자의 모습으로 묘사된다. 코믹스에서 묘사되는 배트맨 슈트는 특정한 설명이나 기능 없이 몸에 붙는 스타일로 인물의 근육을 과장되게 표현한다. 1960년대까지 배트맨 관련 영화와 드라마도 이러한 성향을 보인다.[41]

　　출판만화로 성공한 배트맨은 매체 전환을 통해 영화와 드라마로 꾸준히 제작되었다. 1943년 첫 영화를 만들었고, 15부작 시리얼 영화(serial film) 형태였다. 1949년에는 〈배트맨과 로빈〉, 1966년 애덤 웨스트의 〈배트맨〉, 팀 버튼은 1989년 〈배트맨〉을 제작하고 1992년 〈배트맨 리턴즈〉, 1995년 〈배트맨 포에버〉를 제작했다. 1997년 〈배트맨과 로빈〉을 제작하지만 이 영화는 최악의 배트맨으로 평가된다. 크리스토퍼 놀란 감독은 기존의 배트맨 시리즈를 리부트하고 2005년 〈배트맨 비긴즈(Batman Begins)〉, 2008년 〈다크 나이트(Dark Knight)〉, 2012년 〈다크 나이트 라이즈(Dark Knight Rises)〉를 제작하면서 슈퍼히어로 영화의 새로운 장을 열었다. 작품성과 흥행을 모두 이룬 최초의 감독이라는 평을

41　김민정(2014), 〈출판만화를 원작으로 한 영화의 캐릭터 변형 연구〉, 《애니메이션연구》 10, 한국애니메이션학회, 35쪽.

받으면서 배트맨은 명작의 반열에 올랐다. 〈배트맨 비긴즈〉에서 배트맨의 성장과 정체성 정립 과정을 내밀하게 보여주었고, 〈다크 나이트〉에서 배트맨의 내적 모순과 외적 갈등의 양상을 드러냈다. 〈다크 나이트 라이즈〉를 통해서는 사회정의의 회귀와 자기희생을 통한 희망의 연속성을 밝혀 새로운 배트맨 이미지를 구축했다.[42] 그리고 배트맨의 프리퀄 〈고담〉은 FOX에서 2014~2018년까지 시즌 5로 구성된 드라마다. 마지막으로 2017년에는 3D 극장용 애니메이션 〈레고 배트맨 무비(The Lego Batman Movie)〉가 개봉해 인기를 끌었다. 레고 무비 특유의 익살과 패러디가 돋보이는 영화이며, 완성도와 흥행 면에서 모두 성공했다. 배트맨 영화는 아니지만 스핀오프 영화인 〈조커(Joker)〉(2019)가 개봉했는데, 예상외로 평단과 관객의 큰 찬사를 받으며 흥행한다. 〈다크 나이트〉를 뛰어넘는 슈퍼히어로물의 최고 걸작이라는 찬사와 더불어 히스 레저가 연기한 조커를 뛰어넘는 호아킨 피닉스의 조커가 탄생했다. 실제로 슈퍼히어로 영화 최초로 황금사자상을 수상할 정도로 세계적인 영화제에서 인정받았다. 조커는 "내 인생이 비극인 줄 알았는데, 코미디였어(I thought my life was a tragedy, but now I realize it's a fucking comedy)"라는 명언과 함께 영화는 긴 여운을 남기는데, 국내에서만 500만 명이 넘는 관객을 모았다.

프랭크 밀러(Frank Miller, 1957~)의 뛰어난 그래픽 노블 〈배트맨: 다크 나이트 리턴즈(Batman The Dark Knight Returns)〉(1986), 〈배트맨: 이어 원(Batman: Year One)〉(1987)과 제프 로브(Jeph Loeb)와 팀 세일(Tim Sale, 1956~)의 3부작

---

42 문정호(2017), 〈영화 '배트맨': 가장 현실적인 허구의 도시, 고담시〉, 《국토》 432, 국토연구원, 76쪽.

〈표 4-8〉 배트맨 OSMU

장르	작품들
도서	〈Batman: The Killing Joke〉(1988), 〈Batman: Year one〉(1987), 〈Batman: Arkham Asylum〉(1989), 〈All-Star Batman & Robin The Boy Wonder〉(2005), 〈Batman: The Dark Knight Returns〉(1986), 〈Batman: The Long Halloween〉(1996), 〈Batman: Hush〉(2002), 〈Batman: Dark Victory〉(1999), 〈Batman: A Death in the Family〉(1989), 〈Batman: The Man Who Laughs〉(2005), 〈Batman: Black and White〉(1996)
드라마/영화	〈배트맨〉(1943), 〈배트맨과 로빈〉(1949), 드라마 〈배트맨〉(1966), 〈배트맨〉(1989), 〈배트맨 리턴즈〉(1992), 〈배트맨 포에버〉(1995), 〈배트맨과 로빈〉(1997), 〈배트맨 비긴즈〉(2005), 〈다크 나이트〉(2008), 〈다크 나이트 라이즈〉(2012), 스핀오프: 〈캣우먼〉(2004), 〈조커〉(2019)
애니메이션	〈배트맨 TV쇼〉(1966~1968), 〈배트맨 애니메이티드〉(1992~1993), 〈배트맨과 로빈의 모험〉(1994), 〈뉴 배트맨 어드벤처〉(1997~1999), 〈배트맨 비욘드〉(1999~2001), 〈더 배트맨〉(2004~2008), 〈애니메이션 오리지널 무비즈〉(2007~), 〈배트맨 브레이브 앤 볼드〉(2008~2011), 〈레고 배트맨 무비〉(2017)
기타	게임 〈배트맨: 아캄 어사일럼〉(2009), 게임 〈배트맨: 아캄 시티〉(2011), 대체현실게임(ARG) 〈Why So Serious?〉, 레고, 팬시 등 라이선스 상품

〈롱 할로윈〉, 〈다크 빅토리〉 그리고 〈캣우먼: 로마에서의 일주일〉은 크리스토퍼 놀란 감독의 배트맨 3부작 시리즈에 영향을 주었다. 프랭크 밀러의 작품은 국내에서도 《배트맨 디럭스 에디션》 3종 세트로 시공사에서 출간했고, 〈배트맨: 이어 원〉은 2011년 애니메이션으로 제작했다. 프랭크 밀러의 《배트맨: 다크 나이트 리턴즈》는 1986년 출판 당시 최고의 그래픽 노블로 인정받았고, 일부 플롯은 크리스토퍼 놀란 감독의 〈배트맨: 다크 나이트 라이즈〉에 사용되기도 했다. 그리고 〈배트맨 대 슈퍼맨〉에서 일부 플롯과 배트맨의 디자인, 슈퍼맨과 대결할 적에 입

었던 배트 슈트도 밀러의 작품을 참고한 것이다. 제프 로브와 팀 세일의 작품은 아이스너상(Eisner Award), 위저드상(Wizard Award) 등 세계적인 상을 수상했고, 국내에서는 세미콜론에서 출간했다.[43]

영화와 드라마 그리고 애니메이션, 게임 등 다양한 〈배트맨〉이 있지만, 배트맨을 둘러싼 빌런과 고담이라는 도시공간이 중요하다. 슈퍼맨의 도시가 메트로폴리탄이라면 배트맨의 도시 공간은 고담이다. 고담은 가상의 도시이지만, 실존하는 뉴욕의 어두운 면을 부각해 투영한 도시다. 하늘을 찌르는 듯한 마천루, 현대 자본주의를 상징하며, 브로드웨이, 소호의 최첨단 대중문화와 유행이 명멸하는 곳, 그리고 그 이면 골목마다 범죄와 타락의 거칠고 위험한 곳이 바로 뉴욕의 다른 얼굴인 고담이다.[44] 고담은 범죄가 만연한 현대의 문명도시를 상징적으로 압축하고 있으며, 이러한 고담을 지키기 위해 악한들과 싸운다는 점에서 실제로 배트맨은 현실 사회를 지키고 있는 매우 현실적인 슈퍼히어로다. 이러한 점이 슈퍼맨과 다른 독특한 매력을 가졌다. 즉, 배트맨 캐릭터와 스토리가 인간 문명사회에 발현된 다양한 모습들이 집대성되어 재반영된 문화적 결집체의 정수 중 하나다.[45]

배트맨의 공간이 고담이라면 그와 대적하는 빌런도 다양하다. 가장 대표적인 빌런이 조커다. 조커는 1940년 〈배트맨〉 1호에 처음 등장

43 양지욱(2016), 〈배트맨과 슈퍼맨의 대결 승자는?〉, 《문화와 융합》 38(2), 한국문화융합학회, 178쪽.

44 문정호(2017), 〈영화 '배트맨': 가장 현실적인 허구의 도시, 고담시〉, 《국토》 432, 국토연구원, 79쪽.

45 김성수(2017), 〈배트맨: 미국의 문화코드와 슈퍼히어로 캐릭터〉, 《글로벌문화콘텐츠》 30, 글로벌문화콘텐츠학회, 33-34쪽.

했다. 빅토르 위고(Victor Marie Hugo, 1802~1885) 원작의 《웃는 남자》 주인공을 모델로 삼았다고 알려져 있으며, 창작자인 제리 로빈슨(Jerry Robinson, 1922~2011)의 외모를 그대로 빼닮은 것으로도 유명하다.[46] 영화 원조 조커는 1989년 팀 버튼 감독의 〈배트맨〉에 등장한다. 잭 니콜슨의 연기는 매우 인상적이어서 그 누구도 잭 니콜슨의 조커를 뛰어넘지 못할 것이라고 여겼다. 조커는 초인이거나 전투력이 좋은 빌런이 아니다. 명석한 두뇌를 활용한 미치광이 천재 과학자 류의 빌런은 더더욱 아니다. 하지만 그 어떤 빌런보다 무시무시하고 강력하다. 잭 니콜슨 이후 〈수어사이드 스쿼드〉(2016)의 자레드 레토가 연기한 조커는 존재감이 없었다. 이 작품에 등장하는 조커는 로맨티시스트로 나와 빌런의 이미지는 찾아볼 수 없을 정도였다. 최근 강력한 조커는 뭐니 뭐니 해도 크리스토퍼 놀란의 〈다크 나이트〉(2008)에 출연한 히스 레저의 조커다. 하지만 그는 2008년 약물 과용으로 죽으면서 짧은 연기 생활을 마감했다. 히스 레저는 코믹스 원작 영화로 연기상을 받은 최초의 배우로 기록되었으며, 2008년 아카데미 남우조연상을 받았다. 2017년 〈아이 엠 히스 레저〉가 제작될 정도로 그를 추모하는 열풍은 지금도 여전하다. 히스 레저의 조커 연기가 매우 좋았지만, 그의 영화를 더는 볼 수 없다는 점이 아쉬운 점이다.

여성 빌런으로 캣우먼이 있다. 캣우먼은 조커와 마찬가지로 1940년 〈배트맨〉 1호에 등장한다. 불우한 유년기를 거쳐 부자나 범죄자의 돈을 훔치는 독특한 빌런이다. 제프 로브와 팀 세일의 3부작 중 한

---

[46] 네이버 지식백과: 배트맨의 악당들 — 고담시를 위협하는 진정한 미치광이들, 2019년 1월 30일 검색.

편이 〈캣우먼: 로마에서의 일주일〉일 정도로 캣우먼은 인기 있는 캐릭터이며, 2004년 단독 영화로 개봉했다. 하지만 이 영화는 폭망했다. 할리 베리가 연기했는데, 평생 먹을 욕을 이 작품 한 편을 찍고 다 먹을 정도로 악평을 받았다. 그해 최고의 영화가 아닌 최악의 영화와 최악의 연기자에게 주는 '골든래즈베리상(The Razzies · Golden Raspberry Awards)'까지 수상했다. 그리고 팀 버튼 감독의 〈배트맨 리턴즈〉(1992)에 등장하는 캣우먼은 미셸 파이퍼가 연기했고, 크리스토퍼 놀란 감독의 〈다크 나이트 라이즈〉(2012)에 등장하는 캣우먼은 앤 해서웨이가 연기했다. 특이한 점은 〈다크 나이트 라이즈〉에 캣우먼이 등장하는 것은 맞지만, 그렇다고 정식으로 캣우먼이라고 대놓고 등장하지는 않는다.

마지막으로 마블에는 배트맨과 유사한 캐릭터가 있다. 바로 아이언맨이다. 둘의 가장 큰 공통점은 세계 최고의 재벌이라는 점과 부모를 일찍 여읜 것이 큰 트라우마로 남았다는 점이다. 물리적 공간은 고담과 뉴욕으로 다르지만, 사실 고담은 현실세계의 뉴욕으로 같은 이미지인 셈이다. 브루스 웨인에게는 알프레드가 있고 토니 스타크에게는 자비스라는 조력자가 있다. 조력자가 인간과 AI라는 점이 다르지만, 이는 브루스 웨인과 토니 스타크의 큰 차이점이기도 하다. 토니 스타크의 천재적인 과학 재능이 잘 투영된 것이 바로 조력자 AI 자비스다. 〈저스티스 리그〉에서 브루스 웨인은 슈퍼맨이 없는 세상에서 세계를 구하기 위해 초능력자들을 찾아다닌다. 브루스 웨인은 비범한 초능력은 없지만, 리더십과 세계 구원이라는 공공의 책임감으로 무장해 슈퍼맨, 아쿠아맨, 원더우먼, 플래시맨, 사이보그 등 초능력자들을 규합해 저스티스 리그를 결성한다. 아래 표는 배트맨과 아이언맨을 비교한 것이다.

<표 4-9> 배트맨과 아이언맨의 비교

구분		배트맨	아이언맨
공통점	신체	남, 189cm	남, 185cm
	인종	백인	백인
	직업	웨인 엔터프라이즈 회장	스타크산업 회장
차이점	탄생	1939년	1963년
	이름	브루스 웨인(Bruce Wayne)	토니 스타크(Tony Stark)
	출판사	DC 코믹스	마블 코믹스
	소속	저스티스 리그	어벤져스
	거주지	고담	뉴욕
	능력	뛰어난 무술 실력, 불굴의 정신력, 천재적인 지능, 15개 이상의 완벽한 언어 구사	15세에 MIT 물리학과와 전기공학과에 수석으로 입학할 정도의 천재성, 아이언맨 슈트
	조력자	인간 알프레드	AI 자비스
	빌런	조커, 투 페이스, 펭귄, 베인, 라스 알 굴	만다린, 아이언 몽거, 크림슨 다이나모, 저스틴 해머

물론 여기에는 하나의 함정이 있다. 미국 중심의 사고와 평화를 전제한다는 점이다. 그리고 미국의 슈퍼히어로는 미국만의 문화코드가 담겨 있다. 예를 들면 ① 개인주의, 기회균등, ② 평등주의, ③ 자유에 대한 예찬, 질서와 법을 준수하는 것, ④ 법치주의, 이민자의 나라, ⑤ 다문화주의, 기독교적 측면, ⑥ 청교도 전통, ⑦ 실용주의, ⑧ 개척정신, ⑨ 과학 · 기술에 대한 신뢰, ⑩ 미래지향성 등이다.[47] 슈퍼히어로 영화

---

47 김성수(2017), 〈배트맨: 미국의 문화코드와 슈퍼히어로 캐릭터〉,《글로벌문화콘텐츠》30, 글로벌문화콘텐츠학회, 26쪽.

나 미국의 블록버스터에는 다양한 인종이 주인공이나 조연으로 출연하고, 여성을 주인공으로 삼는 등 이민자 중심의 정신을 배려하는 모습을 종종 목격할 수 있다. 〈스타워즈: 깨어난 포스〉(2015)의 주인공은 레이와 핀이다. 백인 여성과 흑인 남성이 주인공인 블록버스터 영화인데, 그것도 〈스타워즈〉의 주인공이다. 〈스타워즈〉의 스핀오프인 〈로그원〉(2016)의 주인공 진 어소는 백인 여성이고, 주요 조력자인 견자단(甄子丹, 전쯔단)과 강문(姜文, 장원)은 중국 배우다. 미국의 슈퍼히어로 장르에는 나름의 문법이 있다. 문화를 즐기되 미국 문화코드에 따른 비판적인 인식은 갖추어야 한다.

V

웹콘텐츠

1.
웹툰

1) 세계의 디지털만화

미국 양대 만화출판사인 마블(Marvel) 코믹스와 DC 코믹스의 매출이 하락하고 있으나, 그래픽 노블 시장은 판매량이 증가하고 있다. 마블 코믹스와 DC 코믹스의 경우 슈퍼히어로 장르 영화의 흥행에 힘입어 하락세가 늦춰지고는 있으나 전체 시장은 하락하고 있다. 미국 디지털만화시장은 국내외 작품의 출시 증가와 다양한 디지털만화 앱 및 서비스 대중화로 향후 2020년까지 연평균 성장률 9.2%를 기록하며 1억 3,500만 달러 규모에 이를 것으로 전망하고 있다. 그리고 미국 최대 디지털만화 플랫폼은 코미솔로지(comiXology)이며, 설립자는 존 로버츠(John D. Roberts)다. 코미솔로지는 오프라인 만화와 같은 가격으로 제공하는 디지털만화를 5천 편 이상 보유하고 있으며, 마블 및 DC와 유사한 이미지를 구축하고 있다. 2013년 3월, 코미솔로지에서는 새로운 디지털만화 플랫폼 코믹솔로지 서브밋(comiXology submit)을 발표하여 창작자들이 직접 만화를 올리고 가격을 설정할 수 있는 서비스를 제공하고 있다.

전 세계 최대 전자책기업 아마존은 2014년 북미 최대 디지털만화 플랫폼 코미솔로지를 인수했고, 마블 코믹스와 DC 코믹스는 물론 코미솔로지의 독점 만화 열람 솔루션 '가이드 뷰(Guide View)', 자가 출판 서비스 '서브밋(Submit)'을 활용하여 디지털만화시장에서도 독보적인 콘텐츠 플랫폼을 구축하고 있다. 아마존이 뒤늦게 인수합병 등으로 규모를 키우는 이유는 디지털만화 세계에서 가장 중요한 것이 콘텐츠의 질과 양, 플랫폼의 원활한 운영, 그리고 가격이기 때문이다.

프랑스에서 만화는 이미 오래전부터 제9의 예술로 인정받았으며, 프랑스는 연간 출간되는 신간 만화 종수만 2천여 종에 달할 정도로 만화출판시장이 활성화되어 있는 국가다. 프랑스에는 만화작가협회 '아다베데(adaBD)'가 있으며, '국립서적연구소(CNL)'를 중심으로 만화작가 지원 프로그램을 기획하고 정책을 마련하는 역할을 하고 있다. 프랑스만화작가협회와 달리 프랑스만화협회(FCA)는 만화산업의 이익을 대변하는 곳으로, 소속 회원사로 만화출판기업 다르고(Dargaud), 카스테르망(Casterman), 델쿠르(Delcourt), 뒤퓌이(Dupuis), 퓌튀로폴리스(Futuropolis), 갈리마르베데(Gallimard BD), 글레나(Glénat), 르롱바르(Le Lombard), 뤼드세브르(Rue de Sèvres), 솔레유(Soleil) 등 역사와 전통을 자랑하는 (디지털)만화 기업과 산업 혁신을 꾀하고 있다.

매년 1월 말에는 프랑스 앙굴렘시에서 '앙굴렘국제만화페스티발(Festival International de la Bande Dessinée d'Angoulême)'이 개최된다. 앙굴렘국제만화페스티발은 프랑시스 그루(Francis Groux, 1934~)가 창설했는데, 그는 평소 만화에 관심이 많아 1969년 앙굴렘에서 〈만화 주간(Une Semaine de la Bande Dessinée)〉 행사를 연 경험이 있다. 프랑시스 그루는 1971년 앙굴렘 시의회 의장으로 선출됐고, 1972년에는 2주간 〈천만 개의 영상(Dix Millions d'Images)〉이라는 전시회를 개최했다.[1] 이 밖에도 파리에서 개최하는 코믹콘(Paris ComicCon)과 4월에 진행되는 벨기에의 팩츠(FACTS) 컨벤션이 있으며, 9월에는 브뤼셀 코믹스트립페스티벌(Comic Strip Festival)이 있을 정도로 (디지털)만화 강국이다. 특히 프랑스와 벨기에는 같은 프랑스 언어권이며, 문화적으로 많은 것을 공유하고 있다. 예를 들어, 프랑스 플랑드르주와 더불어 벨기에를 양분하는 왈롱주-브뤼셀시 연방(Fédération Wallonie-Bruxelles)에는 2007년 창설한 '만화지원위원회(Commision d'Aide à la BD)'가 있다. 그 밖에 프랑스어권에 속하는 캐나다 퀘벡 지역에서는 7월 초 몬트리올 코믹콘(Montreal ComicCon)과 10월 초 퀘벡시 코믹콘(Quebec City ComicCon)을 운영하고 있다.

　　최근 일본 인쇄만화의 위상이 크게 흔들리고 있다. 일본 인쇄만화 시장은 2020년까지 연평균 성장률 -2.2%를 기록할 것으로 예상되며, 21억 3천만 달러 규모로 감소하고 있다. 반면 해외 시장 진출로 활성화된 디지털만화시장은 2020년까지 연평균 성장률 7.1%를 기록할 것으로 예상되며, 3억 7,600만 달러에 이를 것으로 전망된다. 일본에서 흔히 일컫는 데지코미(デジコミ)란 "만화의 내용을 가진 디지털 콘텐츠"라는 의미로 디지털코믹(Digital Comic)의 약어로 쓰고 있다. 일본 디지털만화 콘텐츠는 데지코미를 1세대에서 3세대로 구분한다. 현재는 데지코

1　네이버 지식백과: 앙굴렘국제만화페스티발(Angoulême International Comics Festival), 2019년 1월 30일 검색.

미 3세대로 웹과 스마트폰/태블릿PC 기반의 만화 작품들을 대부분 단행본으로 발간하고 있으며, 작가에게 단행본에 최적화된 포맷으로의 제작을 유도하고 있다. 듀오코믹, 고단샤, 쇼가쿠칸, 슈에이샤 등의 메이저 만화출판사는 웹 전용 만화잡지 사이트에서 디지털 방식의 만화를 제공하고 있지만, 대부분 단행본이라는 원작 상품화에 기준을 두고 기존 흑백 만화의 포맷을 유지하고 있다. 이러한 방식을 유지하는 이유는 시간과 비용을 단축하기 위해서다. 현재 일본 만화를 선도하는 쇼가쿠칸(小学館) 발행 〈주간 소년 선데이〉의 웹플랫폼인 Ura Sunday, 슈에이샤(集英社) 영점프 편집부의 Tonarino Youngjump, 모바일 게임회사 DeNA에서 제공하는 Manga Box 등을 운영하고 있다. 일본은 기존 출판만화출판사가 큰 축을 유지하고 있는 것이 특징이다.

중국은 만화와 애니메이션, 캐릭터 산업을 합해서 '동만산업(动漫产业)'이라고 부르며, 긴밀하게 연동된 상태에서 산업이 유기적으로 작동되고 있다. 중국의 대표적인 만화잡지로는 〈지음만객〉, 〈만화세계〉 등이 있으며, 2006년에 창간되어 역사는 길지 않다. 디지털만화의 경우는 2010년 이후 본격적으로 등장해 중국의 폭발적인 인터넷 인프라 산업의 발전과 중국 정부의 문화산업진흥계획의 정책적 지원에 힘입어 급성장하고 있다. 중국의 주요 디지털만화 플랫폼은 콰이칸과 텐센트, 유이치(U17.com)이며. 유이치의 유시앙화 대표가 2015년 부천국제만화축제에 참여했을 때 한 언론들과의 인터뷰에 따르면, 유이치는 월방문자 1천만 명, 보유 작가 2만 명, 서비스 작품만 4만여 편에 달한다.

중국 디지털만화 이용자 중 남성은 41.7%, 여성은 58.3%로 1990년대생인 지오링 세대의 약진이 있으며, 학생 이용자층이 소비시장을 좌우하고 있다. 이는 중국뿐만 아니라 전 세계적인 추세다. 작품의 세계관에 대한 선호도를 조사한 결과, 절반을 넘는 이용자가 현대 또는 가공 소재의 만화 작품을 선호하고, 주간 애니메이션을 선호하는 고객이 많아 국내 만화 창작자들에게 더 큰 도전을 하도록 경쟁을 유발하고 있다.

중국 (디지털)만화산업 구조는 콘텐츠, 운영, 플랫폼의 3개 분야로 나눌 수 있다. 중국 만화 · 애니메이션시장의 구조는 ICT 산업과의 연계성을 살펴야 한다. 중국 (디지털)만화산업을 운영하는 기업은 저작권 대리회사와 중개회사의 둘로 나뉘고, 회사의 운영 방식에 따라 전통적 방식, 전속 작가 육성, 작가와 회사가 직접 계약하는 방식, 중개회사의 투자 등 네 가지로 나눌 수 있다. 중국 디지털만화 플랫폼은 정보형, 내용형, 정보형+내용형이라는 세 가지 유형의 사이트가 있다. 2015년도 온라인 애니메이션 플랫폼 중 가장 두각을 나타낸 것은 내용형 만화 · 애니메이션 사이트다. 모바일 디지털만화 플랫폼은 차이나모바일 같은 통신회사로부터 독립하는 등 2015년에 큰 변화를 일으켰다.

디지털만화 관련 온라인 및 모바일 만화 · 애니메이션 서비스 사이트는 70개 정도 있으며, 대표적인 만화 플랫폼으로 요야오치(有妖气) 플랫폼, 만만칸(漫漫看) 플랫폼, 텅쉰만화(腾讯动漫) 플랫폼, 동만즈쟈(动漫之家) 플랫폼, 만커잔(漫客栈) 플랫폼, 콰이칸만화(快看漫画) 플랫폼, 지우이에이씨(91AC) 플랫폼 등이 있다. '큐큐(ac.qq.com)'와 '만화 웨이보닷컴(manhua.weibo.com)'은 우리나라의 네이버와 다음 같은 개념의 플랫폼이며, 각각 '텐센트(큐큐)'와 '시나(만화 웨이보닷컴)'라는 거대한 포털사이트를 운영하는 온라인 만화 플랫폼이다. 우리나라의 포털사이트들과 같이 개방형 플랫폼으로 무료서비스를 하고 있으며, 대부분의 한국만화나 일부 일본만화는 유료로 서비스하고 있다. 만화콘텐츠의 유료수익보다는 포털 방문객의 유입과 OSMU(One Source Multi Use)를 염두에 둔 만화사업 진출이라는 것이 우리나라의 포털 웹툰 사이트와 유사하다. 온라인 만화 플랫폼인 '만커잔(mkzhan.com)'과 '91ac.com'은 각각 '지음만객(知音漫客): 만커잔'과 '만우(漫友): 91ac.com'이라는 중국의 대표적인 만화잡지사에 의해 운영되고 있다. 이들은 자신들의 만화잡지를 기반으로 기존의 독자층을 흡수하는 전략을 취하고 있다.

중국 (디지털)만화시장 진입의 장애 요소가 있는데, 가장 대표적인 것이 중국 정부의 자문화 보호정책이다. 사드도 그 연장선상에 있으며, 네이버가 라인을 통해 2014년 웹툰앱 서비스를 시작했지만, 중국 정부의 대방화벽 정책에 의해 서비스가 차단되었다. 중국의 이러한 해외 사이트 방화정책은 유명하다. 네이버는 2019년 이전에 차단했고, 다음은 2019년 1월에 차단했다. 중국은 콘텐츠 자체에 대한 심의가 엄격하며, 아무리 우수한 콘텐츠라도 한국에서는 가능한 표현이 중국에서는 심의에 위반될 수도 있다. 언어, 이미지뿐만 아니라 표현의 자유가 제한되어 한국에서는 충분히 표현 가능한 내용들이 심의에 통과되지 못할 수도 있다. 또한, 저작권 보호에 대한 인식이 낮은 편이다. 중국 시장에서는 저작권 침해가 빈번하게 일어나고, 만화나 웹툰의 경우도 예외는 아니다. 수십 종의 한국 웹툰이 중국의 대표적인 온라인 만화 사이트 '큐큐'에 정식 서비스되었지만, 이 중 다수는 이미 불법으로 번역되거나 업로드되어 원작자와 한국 기업의 수익이 매우 제한된다. 사드 이전부터 이러한 불투명한 수익 분배로 인해 한국 웹툰 작가나 기업은 중국에 대한 불신이 매우 높은 것이 사실이다. 네이버에서 2010년 1월부터 2012년 8월까지 연재한 주호민 작가의 인기 웹툰 〈신과 함께〉도 '큐큐'와 정식 계약을 맺고 중국어판으로 연재되었는데, 이미 이 작품이 '소료백과(笑料百科)' 등에 불법으로 올라와 주호민 작가의 정식 연재 작품은 석 달 동안 한화로 10여만 원밖에 수익을 올리지 못했다. 중국 시장은 거대하지만 불법복제와 불투명한 시스템은 개혁해야 할 과제다.

2) 웹툰의 개념과 발전 과정

웹툰은 스마트 미디어가 발전하면서 등장한 대표적인 인터랙티브 미디어* 장르다. 만화는 신문이라는 인쇄미디어에서는 4컷의 이미지로 구현되었고, 출판만화의 경우는 '코덱스'라는 제본 형태에 맞춰 양면으로 펼쳐진 복수의 칸이 상호 의존적인 형태로 구성되어 있다. 만화를 읽는 방식은 오른쪽 짝수 페이지부터 왼쪽에서 오른쪽으

> ***인터랙티브 미디어**
>
> '인터랙티브'는 '인터랙션'의 형용사형이다. '인터랙션'이란 둘 또는 그 이상의 관계를 나타내는 'inter'라는 단어와 행동, 행위를 나타내는 'action'으로 구성되어 있으며 관계 사이에서 발생하는 행위나 사건 정도의 의미다. 우리말로는 '상호작용'이라는 뜻으로 해석할 수 있다.

로 읽어 내려간다. 이것은 상식이 되어버린 만화를 읽는 문법이다. 하지만 웹툰은 다르다. 웹툰은 스마트폰이나 PC, 태블릿PC 같은 디지털 인터랙티브 디바이스에 최적화된 방식으로 마우스를 활용해 세로 스크롤로 읽는다. 세로 스크롤로 읽는 디지털만화가 웹툰이고 한국이 종주국이다. 세로 스크롤은 '상하 스크롤'이라고 부르기도 한다. 그렇다

면 웹툰은 만화 혹은 디지털만화와 다른가? 그렇지 않다. 만화가 먼저 탄생했고, 기술의 발전에 따라 디지털만화가 탄생했으며, 디지털만화의 장르 중 하나가 웹툰이다. 즉, 출판만화(인쇄만화)에서 디지털만화, 인터넷만화(온라인만화)에서 웹툰으로 진화했다. 마치 종이책 이후 전자책이 등장했고, 잡지와 웹진의 경우와 같다.

세로 스크롤의 탄생은 사실 마우스에 최적화된 방식이다. 어렵게 이야기할 것 없이 마우스로 가로보다는 세로로 스크롤하기 편하기 때문에 탄생한 방식이다. 물론 1990년대 말에서 2000년대로 넘어올 무렵, 웹툰 작가들은 독자에게 익숙한 출판만화 형식을 구현하려 노력했다. 초기 웹툰은 출판만화의 페이지 넘김 형식을 구현하지 못했기 때문에 그 대안으로 게시판의 게시물 내에서 표현 가능한 다양한 만화적 형식들을 실험적으로 시도했다. 이러한 시도의 하나로 '세로 스크롤'이라는 형식을 개발하게 되었고 웹툰의 가장 큰 특징이 되었다. 초기 웹툰은 지금처럼 수려한 그림, 정교화된 시공간 연출, 음양이나 색상을 활용한 분위기 조성 등을 구현하지 못했기 때문에 출판만화를 뛰어넘지 못했지만, 기술의 발전은 곧 기능적인 측면이나 편리함에서 출판만화를 뛰어넘게 되었다.[2]

세로 스크롤 방식을 어렵게 이야기하면, 김보람은 "마우스가 웹 인터페이스에서 실질적인 인터랙션의 대부분을 차지하며, 마우스를 사용하는 여러 행위 중 가장 사용 빈도가 많은 행위가 바로 스크롤"이라고 주장했고, 한상정은 "단일한 이미지를 활용한 종형 파노라마가 웹툰

---

2 송요셉(2012), 〈웹툰의 발생 과정 탐색과 발전을 위한 제언〉,《한국정보기술학회지》10(4), 한국정보기술학회, 134쪽.

의 가장 대표적인 연출방법"이라고 설명했다.[3] 기존의 신문이나 단행본에서는 가로와 세로의 확장성에 물리적 한계가 있기 때문에 어찌 보면 웹툰에서 세로 공간의 확장 가능성은 당연하면서 새로운 실험인 셈이다.

웹툰이란 인터넷을 뜻하는 'Web'과 만화를 뜻하는 'Cartoon'의 합성어로 "웹을 통해 유통·소비되는 만화"를 가리킨다. 또 다른 의미로는 "텍스트, 이미지, 사운드 등 각종 멀티미디어 효과를 동원해 제작된 인터넷 만화"를 지칭한다. 웹툰의 개념은 2000년대 개념과 2010년 이후 개념이 다르다. 그리고 처음부터 '웹툰'이라고 부르지도 않았다.

2000년대 초반에는 디지툰, 에세이툰, 웹코믹스 등으로 불렸다. 디지툰은 'Digital Photo+Cartoon'의 합성어로, 디지털사진과 카툰이 결합된 형식의 카툰으로, 디지털카메라의 보편화로 제작된 형태다. 에세이툰은 'Eassay+Cartoon'의 합성어로 자신의 일상 이야기를 일기 형식을 빌려 표현하는 웹툰의 한 형태다. 웹코믹스는 출판만화를 디지털로 전환한 디지털만화를 의미한다.[4] 일본에서는 웹툰이 '웹만화(WEB漫画)', 또는 '온라인만화(オンライン漫画)', '온라인코믹(オンラインコミック)'으로 불리고 있다.[5] 김호기(2002)는 웹툰을 '웹툰' 또는 '웹카툰'으로 부르며, "인터넷 홈페이지를 통해 등장인물, 대사, 배경음악 등을 포함한 동영

---

3   한상정(2015), 〈한국 웹툰의 연출문법 연구〉, 《애니메이션연구》 11(3), 한국애니메이션학회, 123-124쪽.

4   전현지(2008), 〈웹툰(webtoon)의 차별성에 따른 웹믹(webmic) 개념설정연구〉, 《애니메이션연구》 4(2), 한국애니메이션학회, 196-197쪽.

5   정규하·윤기헌(2009), 〈웹툰에 나타난 새로운 표현형식에 관한 연구〉, 《만화애니메이션연구》, 한국만화애니메이션학회, 15쪽.

상 만화"를 일컫는다. 특히 "종이 만화를 그대로 인터넷에 올린 기존의 것보다는 실감나게 만화를 즐길 수 있으므로 독특한 엔터테인먼트 장르"라고 정의했다.[6] 아래 표는 웹툰과 웹코믹스를 비교한 것이다.

웹툰만이 갖고 있는 독특한 특징을 정리하면, 다음과 같다. 첫째, 웹툰은 디지털만화의 한 유형이며 이미지 파일 형태다. 둘째, 유통과 소비, 창작과 제작이 디지털 방식이다. 셋째, 웹브라우저와 마우스의 사용자 환경에 최적화되었다. 넷째, 서사성이 강조되고 의외성과 주기성이 있다. 마지막으로 2차 콘텐츠, 자발적 확산, 연관된 라이선싱 상품 등이 출시된다.[7]

2018년 한국콘텐츠진흥원이 발행한 〈2017 만화산업백서〉에 따르면, 2016년 기준 국내 만화산업 매출액은 9,762억 원으로 2015년보다 6.2% 증가했다. 수출액은 3,248만 달러로 전년 대비 10.7% 증가했다.[8] KT경제경영연구소에 따르면, 2020년 웹툰시장 규모는 약 1조 원에 달할 것으로 전망된다. 2018년 웹툰시장 규모는 약 8,800억 원이며, 매년 성장세를 보이는 추세를 감안한다면 2020년 1조 원 돌파는 어렵지 않아 보인다. 2013년 1,500억 원에 불과했던 점을 보면 일취월장한 것이다. 웹툰의 성장 요인은 원천콘텐츠뿐만 아니라 2차 콘텐츠, 즉 OSMU를 통한 라이선스 비용과 해외 수출 등의 부과 수익 등이 꾸준히 늘어났기 때문이다. 원천콘텐츠가 전체 비용의 60%를 차지한다면 나머지

---

6   임송이 · 김만훈(2007), 〈웹툰 캐릭터의 디자인 특성 분석 연구〉,《한국디자인학회 국제학술 대회 논문집》, 한국디자인학회, 72쪽.

7   정철(2011), 〈장편 브랜드 웹툰 발전 모형 연구〉,《한국애니메이션학회 학술대회지》, 한국애니메이션학회, 46쪽.

8   〈만화 · 웹툰 불법유통 실태조사〉, 한국콘텐츠진흥원, 2018, 71쪽.

<표 5-1> 웹툰과 웹코믹스 비교

구분	웹툰	웹코믹스
서사구조	비연속적 서사구조	연속적 서사구조
그림체	만화체	극화체
연출방법	디지털 연출	출판만화 연출, PDF 형태
대표작	조석의 〈마음의 소리〉 등	김동화의 〈빨간 자전거〉 등

출처: 전현지(2008), 〈웹툰(webtoon)의 차별성에 따른 웹믹(webmic) 개념설정연구〉, 《애니메이션연구》 4(2),
한국애니메이션학회, 198쪽 재구성

OSMU를 통한 비용이 40% 정도 차지한다. 2018년의 경우, 해외 수출은 일본의 '라인망가'와 '코미코' 등이 대표적이며, 미국, 프랑스, 타이완, 인도네시아, 베트남 등에 수출하고 있다.

웹툰은 1990년대 후반 인터넷의 보급으로 커뮤니티와 포털사이트가 활성화되면서 급속히 확산했다. 스노우캣, 마린블루스처럼 다이어리 형식으로 개인 홈페이지에 연재된 만화나 커뮤니티 사이트를 통해 연재된 〈파페포포 메모리즈〉 등이 선풍적인 인기를 끌었다. 〈파페포포 메모리즈〉는 2002년 홍익출판사에서 단행본으로 출간되어 100만 부 넘게 판매되었으며, 인기가 최고였다. 당시 심승현 블로그의 열혈팬이 30만 명이 넘어 단행본으로 출간되면 대박이 예정된 것처럼 보였지만, 모든 콘텐츠가 플랫폼에 무료로 오픈된 상황에서 굳이 단행본으로 읽을 것인지 확신이 없었다고 한다. 〈파페포포 메모리즈〉가 성공하자 아류물들이 무분별하게 증가하면서 웹툰시장이 한때 혼탁해지기도 했다.

웹툰의 인기가 커지면서 다음, 파란, 엠파스, 네이버 등 주요 포털

사이트에서 웹툰 서비스를 론칭했고, 웹툰은 포털사이트의 주요 콘텐츠로 성장하게 되었다. 여러 사이트가 웹툰 서비스 경쟁에 뛰어들었으나 포털사이트가 양강 구도로 재편되면서 웹툰시장은 네이버웹툰과 다음웹툰으로 성장했고, 최근에는 레진코믹스, 탑툰 등 웹툰 전용 플랫폼이 등장했다. 레진코믹스의 등장으로 '웹툰은 무료 콘텐츠가 아니다'라는 인식이 확산되는 데 큰 영향을 주었고, 네이버, 다음 등과 같은 무료 웹툰 플랫폼에서도 부분 유료화를 통해 웹툰의 유료화 서비스를 하고 있다. 국내 웹툰시장의 규모가 커지면서 최근 새로운 한류의 일환으로 국내 플랫폼들은 해외 시장 서비스 개척에도 눈을 돌리고 있다.

그리고 웹툰의 위상이 높아진 계기로 2003년 10월부터 2004년 4월까지 다음에서 연재한 강풀의 〈순정만화〉는 웹툰에 기반을 둔 OSMU의 가능성을 확인한 효시격인 작품이다. 〈순정만화〉는 최초의 장편 서사 웹툰이었고, 기존 출판만화와는 상이한 연출, 만화 내에서의 영화적 기법 실험 등으로 인해 인터넷 만화의 새로운 형식으로 작가와 작품 모두 큰 화제를 모았다. 그리고 10년이 지난 2013년 앙굴렘국제만화페스티발 주빈국으로 초청받았을 때 웹툰의 위상은 이미 세계적인 반열에 올라 있었다. 강풀이 웹툰의 기초를 다지고 웹툰을 대중화한 작가라면, 윤태호는 작가 정신을 갖춘 웹툰 작가이며, 특히 OSMU로 매체 전환을 통한 성공은 매우 고무적이었다. 이후 주호민의 〈신과 함께〉가 영화로 개봉해 천만 관객을 넘기는 등 웹툰은 최고의 전성기를 누리고 있다.

3) 웹툰 〈미생〉

1969년 광주에서 태어난 윤태호는 1988년 만화가 허영만, 조운학의 문하생으로 만화에 입문한다. 1993년 《월간 점프》에 〈비상착륙〉으로 데뷔했고, 1995년 〈혼자 자는 남편〉, 1997년 〈연씨별곡〉을 발표했으며, 1998년 《부킹》에 연재하기 시작한 〈야후, YAHOO〉로 1999년 문화관광부에서 주는 오늘의 우리 만화상을 수상했다. 같은 해 발표한 〈수상한 아이들〉과 2001년 스포츠신문 〈굿데이〉에 노인의 성을 다룬 〈로망스〉를 연재해 2002년 대한민국출판만화대상을 수상한다.

이후 연재를 쉬다가 2006년 활동을 재개해 2007년부터 2009년까지 daum '만화 속 세상'에 연재한 〈이끼〉로 2007년 대한민국출판만화대상 우수상을 수상했으며, 2008년 부천만화상 일반만화상을 수상한다. 〈이끼〉 이후 연재한 〈미생〉은 2010년과 2012년 대한민국콘텐츠대상 만화 부문 대통령상을 수상하고, 2013년 제3회 대한민국 국회대상 올해의 만화상을 수상하게 된다. 이외에도 네이트에 철구라는 소년의 시각으로 6.25전쟁을 바라보는 내용의 〈인천상륙작전〉(2013~2014)을 연재했으며, 2013년 〈설국열차〉(프리퀄)를 발표했고, 2014~2015년 daum '만화 속 세상'에 〈파인〉과 〈알 수 없는 기획실〉을 연재했다.[9]

윤태호의 작품 중에는 영화와 드라마로 영상화된 작품이 여럿 있으며, 모두 성공을 거두었다. 영화 〈이끼〉는 2010년 개봉해 335만 명이 넘는 관객이 관람했으며, 청소년관람불가를 감안한다면 꽤 흥행한 작

---

9   이지영(2016), 〈윤태호 웹툰의 트랜스미디어 확장성 연구〉, 중앙대학교 석사학위논문, 2쪽.

품이다. 2015년 개봉한 영화 〈내부자들〉은 700만 명이 넘는 관객이 관람했으며, 역시 청소년관람불가라는 점을 감안한다면 앞서 흥행한 〈이끼〉보다 더 큰 성공을 거두었다. 대한민국 권력의 민낯을 낱낱이 보여주는 영화 〈내부자들〉은 이병헌, 조승우라는 스타 배우와 백윤식 등 대한민국을 대표하는 연기파 배우들의 연기와 연출력을 인정받았다. 비평가와 평론가의 평가는 높지 않았으나, 관객과 네티즌의 평가는 매우 좋았다. 반면에 2016년 영화화된 〈인천상륙작전〉은 평론가의 혹평을 받으면서 개봉했다. 보수 정권의 입맛에 맞게 각색되어 원작의 비평 의식은 사라지고 애국심만을 보여준 신파극이라는 혹평과 달리 영화는 700만 명이 넘는 관객을 모아 크게 성공했다. 특히 할리우드에서 활동하고 있는 영국 출신의 리암 니슨이 맥아더 장군으로 출연해 화제를 모았다.

강풀 등 다른 웹툰 작품들은 회차별 연재라는 매체의 특성상 극성이 강한 서사보다는 일상의 묘사에 치중하는 경향을 보이는 반면, 윤태호는 탄탄한 캐릭터 구축에 기반을 둔 서사성을 중요시하고 있어 드라마, 영화 등 영상 미디어로 전환이 용이하고 상대적으로 성공 가능성도 높다고 평가된다.[10]

윤태호 작가는 회사에 다닌 경험이 전혀 없는 전문 작가임에도 3년 동안 치밀한 사전 준비와 취재를 통해 2012년부터 웹툰 〈미생〉을 발표한다. 직장인의 일상과 애환을 생생하게 그려 전 국민의 사랑을 받아 '국민 웹툰'이라는 칭호를 받을 만큼 큰 인기와 사회적 파장을 낳

---

10   이윤영(2015), 〈윤태호 만화 연구〉, 가톨릭대학교 석사학위논문, 8쪽.

왔다.

프랑스의 철학가 앙리 르페브르(Henri Lefebvre, 1901~1991)*는 현대인은 일상성에서 반복, 지루함, 권태, 피로를 느끼면서도 이율배반적으로 이를 벗어날까 봐 두려워하고 있다고 진단한다. 직장 생활 같은 일상생활에서 벗어난다는 것은 실직을 의미하며, 이는 곧 경제활동을 하지 못하는 사회적 병자 혹은 고아라는 것을 의미하기 때문이다. 그는 현대 산업사회의 특징을 일상성으로 보고, 일상이 지배하는 현대 사회의 특징에 대해 덧없음을 사랑하고 탐욕적이며 생산적이고 역동적이지만, 사람들이 끊임없이 공허감을 느끼고 소외감과 무력감을 느끼게 만드는 것으로 보며, 그 이유는 과거에 사람들을 견고하게 떠받쳐주었던 양식(樣式, Style)이 사라졌기 때문에 현대인이 불안한 일상을 영위하고 있다고 보았다.[11]

* 앙리 르페브르

프랑스의 철학가이며, 파리대학교 사회학과 교수를 지냈다. 그의 대표 저서인 《현대세계의 일상성》(2005, 기파랑)이 번역 출간되었으며, 《일상생활의 사회학》(2010, 한울)도 번역 출판되었다.

웹툰 〈미생〉은 2012년 드라마 〈미생〉**으로 방영되면서 사실 '국민 웹툰'이라고 불릴 정도로 큰 사랑을 받았다. 더불어 2012년 대한민국 콘텐츠 대상 대통령상과 문화체육관광부 오늘의 우리 만화상 등 대한민국 대표 콘텐츠로서 각종 영예를 얻었다. 그뿐만 아니라 웹툰 연재 시 다음웹툰 중 최장기간 평점 1위, 하루 100만 건 클릭 수, 50만 명의 고정 독자를 확보했으며, 위즈덤하우스에서 단행본을 출간해 웹툰 중 최다 판매 부

** 〈미생〉

드라마 〈미생〉은 tvN에서 2014년 10월 17일부터 12월 20일까지 방영되었으며, 평균 시청률 8.2%(닐슨코리아)를 기록했다. 연출은 김원석이 맡고, 극본은 정윤정, 공식 홈페이지는 http://program.tving.com/tvn/misaeng/이다.

---

11   앙리 르페브르(2005), 《현대세계의 일상성》, 박정자 역, 기파랑, 16-17쪽.

〈그림 5-1〉 드라마 〈미생〉(2014)과 도서 〈미생〉

수인 220만 권을 판매했다.[12]

케이블채널 tvN의 TV드라마로 방송된 〈미생〉은 총 20부작으로, 내용은 크게 4개의 에피소드로 구분된다. 1국부터 4국까지는 장그래가 입사해서 인턴 PT를 준비하는 과정이고, 5국부터 8국까지는 오 과장이 접대 불가인 자신의 원칙을 고수하면서 거래를 성사시킨 내용으로 구성되어 있다. 9국부터 13국까지는 박 과장의 요르단 비리를 밝혀내는 과정이며, 14국부터 20국까지는 최 전무의 중국 비즈니스를 추진하는 내용으로 크게 4개의 에피소드로 구분되어 있다. 이를 주요 인물인 장그래와 안영이의 시퀀스 분석을 통해 서사구조와 내용을 분석했다. 웹

---

12 이지영(2016), 위의 논문, 26쪽.

툰에 없는 내용은 5국부터 8국의 에피소드이고, 다른 내용들은 웹툰을 기반으로 하되 원조자, 대립자에서 부분적으로 차이를 보인다.[13]

장그래는 낙하산으로 인턴에 입사해 고졸 사원이라는 학력과 스펙 문제가 걸림돌이 된다. 무역용어사전을 모두 암기하는 등 갖은 노력으로 무사히 인턴 PT를 통과하지만, 대외적인 편견과 방해는 계속 이어진다. 박 과장 사건과 요르단 사업을 잘 이겨내고, 계약직이라는 이유로 본인이 기획한 프로젝트에서 교체당하는 수모를 겪지만, 장그래는 언제나 희망을 잃지 않는다. 오 차장은 중국 사업을 원치 않지만 결국 이 문제로 회사를 떠나게 되고, 장그래도 계약 만료가 된다.

이에 반해 안영이는 스펙이 뛰어나고 업무 수행 능력도 뛰어난 신입사원이다. 장그래와 입사 동기로 인턴으로 들어와 팀 내의 따돌림과 아이템을 뺏기는 등 시기와 질투를 받지만, 오히려 정면승부를 건다. 갖가지 잔심부름을 하는 등 낮은 자세로 팀 내의 환심을 사는 등 문제를 해결한다. 또한, 안영이의 특기 중 하나인 러시아 사업을 맡아 진행하고, 여러 고난이 기다리지만 잘 해결해 능력을 인정받는다. 물론 아버지라는 가장 큰 아킬레스건이 나타나 잠시 흔들리지만, 곧 문제를 극복하고 회사에서 인정을 받는다.

드라마 〈미생〉에서 장그래와 오 과장을 중심으로 한 도전 서사가 전개되는 것은 웹툰과 동일하다. 평면적으로는 동일성을 유지하고 있으나, 심층적으로 분석하면 웹툰의 성장서사와 함께 동료들 간의 우정과 의리의 서사가 추가되어 있다. 즉, 드라마에서는 웹툰보다 오 과장

---

13 이지영(2016), 위의 논문, 32쪽.

의 비중을 높여 두 인물이 갈등하고 화해하는 관계성 중심으로 서사를 확장시키고 있다. 이는 장그래와 오 과장뿐만 아니라 영업 3팀, 영업 1팀, 동기생 등 각각의 캐릭터와의 관계도 내밀하게 설정해 서사 구조를 발전시키고 있다. 실제로 정윤정 작가는 인터뷰에서 "우리 드라마는 전략적인 멜로를 했다. 바로 오 과장과 장그래의 브로맨스(bromance, 'brother romance'의 줄임말)인데, 휴머니즘 코드여서 개인적으로 브로맨스 코드를 좋아한다"라고 밝혔다.[14]

웹툰에서는 장그래가 출근 첫날부터 영업 3팀에 배치되어 업무를 바로 시작하는 데 반해 드라마에서는 1국에서 장그래가 고졸 출신에 최 전무 라인의 낙하산 인사라는 것 때문에 오 과장은 대놓고 탐탁지 않음을 드러낸다. 2국에서는 운송장에 딱풀이 잘못 묻어 1층 로비에 떨어진 것을 최 전무가 발견하여 장그래가 억울하게 된 상황에서 나중에 장그래의 잘못이 아님을 알고 두둔해준다.[15] 이러한 오해와 문제해결은 믿음과 신뢰를 구축하는 과정이며 갈등과 해소를 통해 서사의 긴박함과 느슨함을 함께 보여주고 있다. 또한, 이는 각자의 캐릭터와 밀접한 연관성이 있다. 아래 〈표 5-2〉는 주요 인물인 장그래, 안영이, 오상식, 선지영의 특징과 장단점, 문제해결 능력과 가치관을 정리했다.

드라마 후반부에서 오 차장은 최 전무가 지시한 사업이 별로 내키지 않음에도 장그래를 정직원으로 채용하기 위해 실적을 낼 수 있는 사업을 진행하려고 부담감을 떠안는다. 결국 안타깝게 정직원으로 채용되지 못한 장그래와 아쉬운 이별을 하지만 며칠 후 본인의 새로운 사업

---

14 이지영(2016), 위의 논문, 33-34쪽.
15 이윤영(2015), 위의 논문, 93-98쪽.

<표 5-2> 〈미생〉 주요 인물의 캐릭터 분석

구분		장그래	안영이	오상식	선지영
특징		'출소한 장기수 같다'는 말을 들을 정도로 애를 쓰며 사회에 적응하려고 노력한다. 바둑을 통해 얻은 자기만의 통찰력을 활용해 문제를 해결한다.	신입사원임에도 선배들 이상의 기량을 보여 사업을 성공시킨다. 여자라는 점과 자신의 신념대로 영업 3팀을 도운 일 때문에 팀 내에서 따돌림을 당하지만, 슬기롭게 해결한다.	자신의 출세나 사내 이해관계와는 무관하게 '일'을 하는 인물이다. 주위의 눈총을 받을 것을 알면서도 해야 할 일이라면 꼭 하고야 마는 성격이다.	성공한 비즈니스 우먼은 성격이 날카로울 것이라는 예상과 달리 주변 사람들과 팀원들, 신입들까지 일일이 챙기는 따뜻한 마음씨를 보여준다.
성격	장점	배우려는 자세, 빠른 습득, 뛰어난 통찰력과 감각.	뛰어난 능력, 곧은 마음가짐. 동기들을 아끼고 배려할 줄 아는 마음	확고한 신념, 주위 사람들을 배려하는 마음, 뛰어난 감각	뛰어난 능력, 주변 사람들을 챙길 줄 아는 성격, 사건에 대한 통찰력
	단점	자신감 부족. 약삭빠르지 못해 사내의 이해관계나 정치에 잘 맞추지 못함으로써 주위 사람을 곤란하게 하기도 한다.	일 이외의 부분에서 다른 사람들과 교감하는 것을 힘들어하는 타입으로, 아버지의 그늘에서 벗어나지 못하고 허덕이는 모습을 보인다.	일 이외의 다른 부분에 신경 쓰지 못한다(건강, 사내 정치 등). 예전 일에 대한 죄책감에 빠져 있다.	일에 있어서는 완벽하지만 일에 쫓겨 본인의 건강과 딸 소미를 잘 챙기지 못하는 모습도 보인다.
문제 해결		바둑 스승의 가르침을 떠올리며 그것을 적용하여 문제를 해결한다. 잘 모르는 부분은 끊임없이 찾아보고 조언을 구하기도 한다.	당돌하고 자신만만한 성격으로 본인이 옳다고 생각한 대로 행동하다가 따돌림을 당했을 때, 오히려 '잔심부름'이라는 방식으로 정면으로 해결한다.	'옳은 일'을 하려 하며, 확고한 신념에 따라 움직인다. 자기가 피해를 입는 것은 감수하지만, 아랫사람의 일에는 발 벗고 나서서 도우려 한다.	딸 소미를 키우는 워킹맘으로 남편과 다투기도 하지만, 그 와중에도 자신의 일을 사랑하고 열심히 하는 모습을 보인다. 정확한 판단력의 소유자이지만 딸과 관련해서 일에 차질이 생기기도 해 고민하는 모습을 보인다.
추구하는 가치		최선을 다함으로써 '옳은 일'을 '제대로' 해내는 것	완벽주의자	제대로 된 '일'을 하는 것, 그럼에도 불구하고 인간적인 면을 잃지 않는 것	팀원들을 사적인 부분까지 세심하게 배려

구상에 장그래를 초대하며 둘의 만남은 다시 시작된다. 이와 같은 장그래와 오 차장의 스토리라인은 남녀 간의 멜로 못지않은 긴장감을 유발하며 드라마 전체의 중심축으로 설정되었다.[16]

마리 로르 라이언(Marie Laure Ryan)은 "서사란 소설이나 영화에서만 발생하는 요소가 아니다"라고 말하면서 서사를 협의가 아닌 광의의 개념으로 확대해석해야 한다고 말한다. 그는 매체 전환 스토리텔링의 유형을 두 가지로 구분했는데, 이를 트랜스미디어 스토리텔링에 적용할 수 있다.[17] 즉, 하나는 확장형 트랜스미디어이고 다른 하나는 기획형 트랜스미디어다. 전자를 '상향식(bottom up) 창작'이라고 부르고, 후자를 '하향식(top down) 창작'이라고 부르기도 한다.

확장형 트랜스미디어 스토리텔링은 성공한 원작콘텐츠를 중심으로 대중의 인기를 누리거나 문화적 중요성을 획득해 동일 매체 혹은 크로스미디어 프리퀄(prequel), 시퀄(sequel), 팬픽션(fan fiction), 각색물을 발생하는 경우다. 또 하나는 콘텐츠를 창작할 때 혹은 특정 스토리를 기획 초기부터 다양한 미디어 플랫폼에 걸쳐 전개하는 것을 목표로 하고 유기적인 트랜스미디어 시스템을 설계하는 것이다.

전자의 경우 OSMU에 해당하며, 후자는 매체 특성을 살린 콘텐츠 변형(contents variation)과 미디어 배분(media distribution)을 핵심으로 하는 N스크린 서비스 전략인 ASMD(Adaptive Source Multi Device) 방식을 취한다고 할 수 있다.[18] ASMD는 ASMU(Adaptive Source Multi Use)와 혼용해서 사용한다.

---

16 이지영(2016), 위의 논문, 34-36쪽.

17 Ryan, Marie-Laure, *Transmedial Storytelling & Transfictionality*, Poetics Today, Vol.34, No.3, 2013, p. 363.

18 서성은(2015), 〈트랜스미디어 스토리텔링으로서 〈미생〉의 가능성과 한계〉, 《어문학》 128,

또한, 전자의 경우 《해리포터》 시리즈와 《반지의 제왕》이 해당하며, 후자는 영국의 〈선(善)을 위한 음모(Conspiracy For Good)〉(2010), 독일의 〈알파 0.7(Alpah 0.7)〉(2010), 프랑스의 〈브라코(Braquo)〉(2009), 스웨덴의 인터랙티브 드라마 〈마리카에 관한 진실〉(2007) 등이 대표적 사례라 할 수 있다.[19]

〈미생〉은 처음부터 트랜스미디어를 염두에 두고 창작한 작품이 아니기 때문에 확장형 트랜스미디어 스토리텔링에 해당한다고 볼 수 있다. 이른바 '눈덩이 효과(snowball effect)'*에 의해 계속 확장되고 진화하는 사례다. 그리고 〈미생〉의 매체 전환 스토리텔링은 웹툰의 성공을 바탕으로 확장

> *눈덩이 효과
> 작은 원인(행위)이 선순환 또는 악순환의 과정을 거쳐 큰 결과로 이어지는 현상을 은유적으로 표현하는 말이며, 작은 규모로 시작한 것이 가속도가 붙어 큰 효과를 불러오는 것을 뜻한다(네이버 지식백과 재구성).

되었다는 점에서 확장형 트랜스미디어 스토리텔링 혹은 상향식 창작이며, 매체별 스토리 배분과 변형을 목표로 하고 있다는 점에서 ASMD 전략을 활용하고 있다.[20]

〈미생〉의 트랜스미디어 확장 양상을 정리해보면 다음과 같다. 〈미생〉의 트랜스미디어 콘텐츠에서는 장그래가 서사의 중심축이 되어 주인공의 기능을 유지한다. 오 과장의 경우는 조력자 혹은 서브 플롯을 이끄는 또 다른 주인공이 된다. 오 과장은 TV드라마 〈미생〉에서 거의 장그래와 동등한 수준의 주인공 역할을 하고, 스페셜 웹툰에서는 2편이나 단독 주인공으로 등장한다. 다른 캐릭터는 시퀀스 스페셜 웹드라마가 1편인 점을 감안한다면 특별한 조치다. 원천콘텐츠에 잠재되어

한국어문학회, 281쪽.

19   서성은(2015), 위의 논문, 280-281쪽.
20   서성은(2015), 위의 논문, 281쪽.

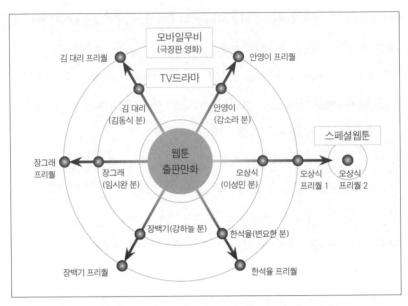

<그림 5-2> 캐릭터 중심의 상호연쇄망을 통한 스토리세계 확장

출처: 서성은(2015), 〈트랜스미디어 스토리텔링으로서 〈미생〉의 가능성과 한계〉, 《어문학》 128, 한국어문학회, 297쪽.

있던 두 사람의 친밀함은 TV드라마에서 '브로맨스 코드'를 가진 멜로
드라마 장르로 발현되었다. 이는 원천콘텐츠에서 드러나는 장그래와
오 과장의 심층서사 분석을 통해 서로가 각자의 욕망을 외연화해주는
친밀한 관계성이 내재되어 있음을 알 수 있었다.

위의 〈그림 5-2〉는 캐릭터 중심의 상호연쇄망을 통해 스토리세계
의 확장을 뚜렷이 보여주고 있다. 가운데의 웹툰을 중심으로 도서와 드
라마는 OSMU로 확장되었으며, 캐릭터를 중심으로 장그래, 안영이,
장백기, 한석율, 오상식, 김 대리 모두 웹영화로 프리퀄 단편이 제작되
어 스토리 확장을 보여주고 있다. 이는 전형적인 트랜스미디어 스토리
텔링 방식이며, 오상식의 경우 스페셜 웹툰으로 프리퀄 1과 프리퀄 2를

제작했다. 이는 '미생 월드'의 캐릭터들이 웹툰의 시공간에만 머물지 않았다는 것을 의미한다. 물론 웹툰과 출판만화의 스토리는 장그래가 중심이며, 장그래 중심의 에피소드가 전체 147수 중 127수에 달할 정도로 그 비중이 가장 높다. 하지만 웹툰의 스토리가 드라마로 매체 전환되면서 장그래를 제외한 다른 캐릭터도 장그래 수준의 생명력과 독창성을 얻고 자신만의 세계를 구축하고 동일성을 유지하면서 이야기를 확장해나간다. 모바일무비 〈미생 프리퀄〉은 장그래, 오상식, 김 대리, 장백기, 안영이, 한석율 등 6명이 각자 주인공이다.[21]

〈미생〉의 확장 방식은 원천콘텐츠의 탄탄한 표면서사를 유지하면서 매체별 특성에 맞게 심층서사가 풍부해지는 하향식 창작방식을 보여주고 있다. 원천콘텐츠에서 명확하지 않은 캐릭터에 대한 궁금증이 매체별 수수께끼(enigma) 풀이를 통해 설명되면서 확장된다. 이러한 과정을 통해 장그래 중심에서 오 과장, 김 대리, 동료 인턴 3인방까지 멀티스레드(multi-thread)한 캐릭터 아크를 형성했다.[22]

---

[21]   서성은(2015), 위의 논문, 287쪽.
[22]   이지영(2016), 위의 논문, 43쪽.

2.
웹소설

1) 웹소설의 개념과 발전 과정

    인터넷문학 범주 안에서 소설은 '인터넷 소설'이라고 구분하지만, 인터넷 시나 인터넷 에세이라는 말은 사용하지 않는다. 대체로 인터넷 소설이라는 단어가 처음 사용된 것은 1990년대 미국에서 유행한 하이 퍼픽션(hyper fiction)이나 팬픽션(fan fiction)에서 그 뿌리를 찾는다. 하지만 현재는 이를 모두 포괄하는 더 넓은 개념으로서 일반적으로 인터넷을 통해 연재되거나 인터넷을 통해 발표된 소설들을 총칭하는 개념으로 사용하고 있다.[23] 인터넷 소설은 인터넷을 통한 발표를 전제로 하고, 종이책 출판은 선택의 문제다. 그리고 인터넷 소설을 줄여서 '인소'라고 부르며, 인터넷 소설 작가를 인터넷 소설가 또는 인터넷 작가라고 부

---

23   박인성(2012), 〈인터넷 소설의 작은 역사〉, 《한국문학연구》 43집, 한국문학현구회, 94쪽.

른다.

웹소설은 2013년부터 사용한 용어로 1990년대 PC통신 시절부터 유행한 '온라인 소설', '인터넷 소설'과 같은 것인데, 종이책이나 잡지 같이 출판인쇄를 통해 대중에게 전해지는 소설이 아니라 인터넷에서 공개되고 연재되는 소설을 말한다. 2013년 1월 네이버가 '네이버 웹소설'(novel.naver.com) 서비스를 개시하면서 '웹소설'이라는 이름을 처음 사용했다. 웹툰에서 차용해 '웹소설'이라는 용어를 개발했고, 이를 많은 웹소설 전문플랫폼에서 사용하면서 인터넷 소설을 지칭하는 말로 자리 잡았다.[24]

웹소설은 책의 형태를 띠지 않고 있으나 넓은 의미에서 출판에 포함된다. 웹소설은 웹상에서 생산 및 소비되고, 대중의 인기를 얻은 작품들은 실제 종이책으로 출판한다. 전자출판에서 출판하는 전자책(ebook)은 웹소설과 다르지만, 웹상에서 유통된다는 점에서 공통점이 있다. 전자책은 ePub이나 PDF 형태로 된 전자책을 바로 출판하거나 종이책으로 출간된 책을 전환해서 출판하지만, 웹소설은 처음부터 웹상에서 연재한다는 점에서 차이점이 있다. 웹소설도 웹툰, 웹드라마, 웹영화와 같은 개념이고, 웹콘텐츠의 일종이다.

웹소설의 시작은 1990년대 말의 PC통신문학으로 거슬러 올라가는데, 하이텔·천리안·나우누리 등이 대표적이다. PC통신에는 힙합·와인·게임 같은 관심사별로 나눠진 동호회 게시판들이 있었는데, 이 게시판에서 아마추어들이 쓴 소설이 인기를 끌며 연재를 시작

---

[24] "장르소설 목표는 재미… 문학성 따지면 안 돼", 《주간조선》 통권2364호, 2015, 72-73쪽.

한 것이 PC통신문학의 시작이다. 1990년대는 세기말이라는 불안정한 시기적 특성과 함께 오컬트 성격의 판타지가 크게 인기를 끌었다. 이때 한국 판타지 역사에 큰 족적을 남긴 이우혁의 〈퇴마록〉이나 한국 판타지의 교과서라고 불리는 이영도의 〈드래곤 라자〉, 전민희의 〈세월의 돌〉 등이 판타지 장르를 중심으로 웹소설의 전성기를 누렸다.

중국에서 인터넷문학의 개념과 범위는 통일되지 않았는데, 크게 세 가지 유형으로 나눌 수 있다. 첫째, 전통 출판물의 디지털화된 작품, 둘째, 인터넷 기반에서 창작된 소설, 셋째, 모든 디지털 형식으로 소장하고 읽을 수 있는 창작품이나 개작한 작품들이다. 좀 더 구체적으로 살펴보면, 중난대학의 어우양유취안(歐陽友權)은 인터넷문학을 "네티즌들이 컴퓨터에서 창작하고 인터넷을 통해 발표하여 네티즌들과 함께 공유하면서 모두 참여할 수 있는 새로운 문학의 형식"[25]이라고 정의했다. 우샤오밍(吳曉明)은 〈온라인문학 창작 논술(網絡文學創作論述)〉에서 중국 인터넷문학 작품을 창작하는 관점에서 중국 인터넷문학의 발전과 의미에 대해 연구했으며, 이 연구에서 인터넷문학을 세 가지로 구분했다. "첫 번째는 인터넷 기반의 다양한 매체와 웹 기반을 활용해서 만든 문학 작품이며, 인터넷에만 존재하는 형식이다. 두 번째는 전통 출판물을 디지털화로 전환해서 인터넷에서 공유하는 형식이다. 세 번째는 전통적인 창작 기법을 통해 인터넷 환경에서 작품을 창작하고 발표하는 형식이다"라고 정리했다.[26] 궈옌우(郭炎武)는 〈인터넷문학의 특질 및 전통문학을 초월하는 특성에 관한 연구(試論網絡文學的特質及其對傳統文學的超

---

25   歐陽友權, 《網絡文學綱領》, 人民文學出版社, 2003, p. 18.

26   吳曉明, 《網絡文學創作述論》, 湛江師範學院學報, 2000, p. 4.

越)〉를 통해 인터넷문학을 "전통문학이 친필 원고와 인쇄물 등 텍스트의 형식으로 존재한다고 보면 인터넷문학은 인터넷에서 창작이나 재창작한 디지털 형식으로 존재한 각종 문학 작품을 의미한다"[27]라는 정의를 내렸다.

인터넷문학에 대해 다양한 개념들을 정리하고 있지만, 대부분 인터넷문학의 창작과 읽는 방법이나 존재하는 형식을 통해 정의를 내리고 있으며, '디지털과 인터넷 기반', '창작' 그리고 '커뮤니티' 등이 인터넷문학을 규정하는 주요 키워드들이다. 종합적으로 살펴보면 "인터넷 기반에서 작가와 독자들이 작품에 대해 커뮤니티를 진행할 수 있는 문학 형식"을 중국의 인터넷문학이라고 할 수 있다.

인터넷문학은 1990년대에 태동했다. 인터넷을 통해 연재되고 소개된 창작 소설이 관심을 끈 것은 하위문학의 한 장르였다. 창작된 작품 중에서 순수문학 창작물도 있지만 주로 로맨스, 무협, 추리, SF, 판타지 소설이 인기를 끌었다. 그중에서 1990년대 말부터 번역 로맨스물이 시들하고 정통 로맨스 소설을 즐겨 읽던 마니아들이 직접 PC통신을 통해 습작하면서 창작 로맨스시장이 형성되었다. 특히 1998년 천리안에 '천일야화'라는 로맨스 동호회를 만든 김지혜는 게시판에 〈공녀〉를 연재하면서 큰 인기를 끌었고, 하이텔에 연재한 이우혁의 〈퇴마록〉, 이영도의 〈드래곤 라자〉, 그리고 나우누리에 연재된 '견우74'의 〈엽기적인 그녀〉 역시 큰 인기를 끌었다.[28]

2000년대 들어 다음, 라이코스, 파란 등 주요 포털을 중심으로 인

27　郭炎武, 〈試論網絡文學的特質及其對傳統文學的超越〉, 《南京師大學報》, 2001(7), p. 133.

28　한미화(2009), 〈인터넷 연재소설 무엇이 다른가〉, 《작가세계》 Vol.81, 331–332쪽.

터넷 카페가 등장하면서 인터넷문학이 부흥하기 시작했다. 이 가운데 가장 주목을 받은 작가는 '귀여니'다. 당시 고등학생이던 귀여니는 로맨스 장르의 유행을 가져왔고, 2001년 연재한 〈그놈은 멋있었다〉는 당시 800만 건이 넘는 조회 수를 기록했다. 하지만 이모티콘 및 통신체의 남발로 당시 사회적 이슈를 일으키기도 했다. 〈그놈은 멋있었다〉는 인기에 힘입어 80만 부가 팔렸고, 〈늑대의 유혹〉은 300만 부나 판매되었다. 귀여니가 성공할 수 있었던 요인은 상대적으로 컴퓨터와 인터넷 활용이 쉬운 10대들이 인터넷 소설이라는 장르에 자신들의 유희를 투영했기 때문이다. 삭제와 수정이 가능하고, 인터넷 구어체로 자신들만의 일상을 자유롭게 소통할 수 있었다. 또 그 누구의 간섭 없이 1인칭 화법

〈표 5-3〉 한국 웹소설의 발전 과정

구분 단계	기간	주요 작가	특징
태동기	1990~2000	이우혁, 이영도, 건우74	• PC통신 시기 • 하이텔, 천리안, 나우누리, 유니텔이 활약 • 대부분 독자는 PC를 통해 웹소설 구독 • 무료 서비스
발전기	2000~2010	귀여니, 전동조, 이대성	• 웹소설의 영화화 • 성공한 웹소설의 저작권 분쟁 • 성공한 전업 웹소설가의 등장 • 순문학 작가의 웹소설 접목
성장기	2010~현재	윤이수, 김주희, 남희성	• 네이버에서 웹소설 정착 • 웹소설시장의 급성장 • 유료화의 정착 • BL 등 로맨스의 분할 및 장르의 다각화

출처: 이건웅·위군(2018), 〈한중 웹소설의 발전과정과 특징〉, 《글로벌문화콘텐츠》 31호, 글로벌문화콘텐츠학회, 163-164쪽.

으로 전개되고, 마치 남의 일기장을 훔쳐보는 기분으로 웹콘텐츠가 소구되었다.

2000년대 중·후반부터는 문단에 있는 기성 작가들이 웹소설을 시험적으로 활용하기 시작한다. 박범신 작가는 2007년 8월 10일부터 매주 5회씩 네이버 블로그에 소설 〈촐라체〉를 연재했다. 〈촐라체〉는 최초로 블로그에 연재한 정통소설이었지만, 댓글이 하루에 서너 개에 불과하고, 글을 퍼간 스크랩 누적 횟수도 4,765회로 그 성과는 미미했다. 비록 블로그의 흥행요인과 인터넷 독자의 취향을 고려하지 않아 실패했지만 당시 문단에 신선한 충격을 주었다. 인터넷 문화 속에서 기성 작가가 기존 출판문화에서 벗어나 새로운 도전을 한 지점에서 본격 소설이 인터넷 공간에 뿌리내리고자 한 시도였기 때문이다.

황석영 작가는 2008년 2월 27일부터 2008년 7월 26일까지 〈개밥바라기별〉를 연재했다. 문학동네에서 출간 계획이 먼저 이루어지고 이후 출판사의 제안과 주선에 따라 인터넷 연재가 이루어졌다. 출판사가 미리 10회분씩 원고를 넘겨주는 방식으로 연재를 했기 때문에 일반적인 인터넷 소설 연재와는 차이가 있었다.

2013년 네이버에서 웹소설을 사용하면서 드디어 웹소설이 정착하기 시작한다. 네이버, 카카오페이지, 문피아, 조아라 등 웹소설 전문 플랫폼의 경쟁과 창작 열의가 더해지면서 웹소설이 큰 인기를 끌고 있다. 종이책 출판이나 영화, 드라마로의 리메이크를 통해서만 수익이 발생하던 기존의 패턴과 달리 최근 웹소설은 자체 경쟁력을 갖추고 있다. 웹툰의 유료 모델이 성공함에 따라 인터넷콘텐츠의 유료화에 대한 변화된 대중의 인식을 등에 업고 수익 생산에 박차를 가했다. 독자에게 작품의 재미를 알게 한 뒤 결제를 유도하는 편당 100원인 유료 미리보기 서비스는 웹소설 플랫폼 수익의 대부분을 차지한다. 웹소설 시장이 커짐에 따라 다양한 작가들이 웹소설 전문플랫폼에 고용되고 독자들의 입장에서도 다양한 작품에 대한 선택이 넓어지면서 동시에 양적 · 질적 팽창을 거듭하고 있다. 독자들이 돈을 지급함으로써 불이익이 아닌 선순환을 경험하면서 기꺼이 콘텐츠를 소비하는 문화가 자리 잡게 되었다.

중국 웹소설의 역사는 유구하고 깊다. 1991년으로 거슬러 올라가며, 크게 모색 단계(1991~1999), 시작 단계(1999~2003), 급속발전 단계(2004~2010), 세분화 단계(2010~)로 구분한다. 우선, 모색 단계는 1991년에 시작되었다. 온라인 중국어 잡지《화샤원제(華夏文摘)》에서 발표한〈분투와 평화(奮鬥與和平)〉(1991)가 중국 웹소설의 시초다. 그 이후로 'New Threads(新語絲)'(1994), 'Olive Tree(橄欖樹)'(1995), '룽슈샤(榕樹下)'(1997), '왕이(163.com)' 등 온라인 창작 플랫폼의 설립은 웹소설을 창작할 수 있는 인프라를 만들었다. 1998년〈첫 번째 접촉(第一次的親密接觸)〉이 성공을 거두게 되는데, 1998년부터 1999년 말까지 중국 온라인 독자 수가 110만 명에서 400만 명으로 크게 증가하면서 웹소설이 주목받게 된다. 자신 또는 친구의 삶과 관련된 친숙한 스토리와 간단한 서사구조로 구성된 소설을 처음으로 접하면서 큰 반향을 일으키게 된다. 다만, 이 시기에 인터넷을 접할 수 있는 사람이 소수였고, 대중 독자들은 대부분 종이출판을 더 많이 활용했다.

시작 단계는 1999년부터다. 1999년 왕이는 '왕이중국인터넷문학대회(網易中國網絡文學大獎賽)'를 개최하고, 2000년 룽슈샤는 '온라인창작작품문학상대회(網絡原創作品文學獎)'를 연이어 개최했다. 2000년대 초반에는 인터넷 작가를 '필자[寫手]'라고 불렀는데, 이후 '직업작가'로 대우받다가 향후 작가로 인정받으면서 '인터넷 작가'라고 불렀다. 이전에 직업작가들이 비판을 받았던 온라인 창작은 이 단계부터 정체성을 찾기 시작하면서 '인터넷 작가'로 인정받게 된 것이다. 안나 베이비(安妮寶貝), 리쉰환(李尋歡), 닝차이선(宁財神), 싱위썬(邢育森)은 이 시기의 대표적인 작가들이다. 하지만 당시 직업작가에 대한 신뢰감이 여전히 낮았기 때문에 이들 작가는 결국 인터넷 작가로서의 생활을 포기하게 된다. 이 시기는 온라인 작가들이 정체성을 찾아가면서 작품의 가치를 모색하는 단계였다. 즉, 뉴 미디어와 소셜 네트워크에 대한 이해가 높아지면서 독자에게 의존하는 산업 모델이 성장하는 시기였다.

급속발전 단계는 웹소설이 유행하면서 소재와 종수가 범람하는 시기다. 2003년부터 치뎬중원왕(起點中文網), 환지안수멍(幻劍書盟), 진지위안추앙 사이트(晉江原創網) 등 웹소설 사이트의 흥행은 중국 문학계의 '대중 창작'의 시대를 열었다. 웹소설 소재의 다양성과 전통 출판물 소재의 재발굴, 그리고 모바일의 보급을 통해 온라인 독자 수의 급속한 증가 등은 모든 출판사의 시선을 웹소설로 쏠리게 했다. 이 시기 대표적인 웹소설 플랫폼인 치뎬중원왕은 2002년에 설립된 웹소설 사이트이고, 복합창작 플랫폼 중의 하나다. 2004년 중국 선다그룹에 인수되었고, 2015년 텐센트와 선다그룹의 합작 플랫폼인 웨원그룹(閱文集團)의 계열사가 되었다. 환지안수멍은 2001년 여러 작은 사이트들이 융합해서 만들어낸 창작 문학 사이트이며, 선협 장르와 판타지 장르 창작 작품 활동을 한 주요 작가들의 소속 사이트다. 진지위안추앙은 2003년에 설립된 중국 여성작가 모임이며, 역사 · 시간여행 장르와 로맨스 장르가 주력이다.

〈주선(誅仙)〉과 〈멍후이따칭(夢回大淸)〉 등 새로운 장르소설의 출현은 수많은 젊은 독자들의 마음을 사로잡았다. 마치 매주 TV 앞에서 드라마를 기다리는 것처럼 스마트폰이나 컴퓨터 앞에서 매일 밤 소설의 연재를 기다렸다. 개성 있는 작가와 다양한 주제들이 나타났고, 웹소설의 유료화와 웹소설을 각색한 영화나 드라마 등의 콘텐츠들이 인기를 얻기 시작했다. 하지만 웹소설의 과잉 창작은 질 낮은 콘텐츠를 양산했고, 양적 성장에 비해 질적 저해가 문제로 등장했다. 특히 표절이나 내용 중복, 복제 등은 중국 웹소설에 부정적인 이미지를 남겼다.

세분화 단계는 장르와 작가, 그리고 시장의 세분화를 의미한다. 작가의 세분화는 융합과 분리 두 과정으로 나눠볼 수 있다. 안나 베이비, 닝차이선, 싱위썬 등 웹소설 출신 작가들이 점차 신문이나 잡지의 소속작가로 편입하거나 직업작가로 활동하면서 더 이상 웹소설 작가로 활동하지 않았다. 전통 출판을 하는 보수적인 순문학 작가들이 이들 작가의 신분을 인정해주었다.

하지만 2008년부터 새로운 흐름이 감지되었다. 순문학 작가들이 오히려 웹소설로 몰리기 시작한 것이다. 인터넷문학의 질과 양이 비약적인 발전 단계를 맞이하면서 다양한 장르들로 구분하여 중국 문학계의 중요한 일환으로 검증받게 되었다. 신이우(辛夷塢)의 〈우리가 잃어버릴 청춘(致我们终将逝去的青春)〉은 평단에서 작품성도 호응을 받았고, 2013년 동명의 영화로 개봉되면서 큰 인기를 끌었다. 아래 〈표 5-4〉는 중국 인터넷문학의 발전 과정을 단계별로 보여주고 있다.

<표 5-4> 중국 인터넷문학의 발전 과정

구분 단계	기간	주요 작가	특징
모색 단계	1991~ 1999	피츠차이(痞子蔡)	• 작가와 독자 모두 인터넷문학에 대한 인지도가 낮은 시기 • IP 개념이 매우 부족한 시기 • 대부분 독자가 PC를 통해 읽는 시기 • 인터넷문학 유통 플랫폼의 시작
시작 단계	1999~ 2003	안나 베이비(安妮寶貝), 리쉰환(李尋歡), 닝차이선(宁財神), 싱위썬(邢育森)	• 작가를 지향하는 데뷔 작가들의 활발한 활동 시기 • 여가생활을 즐기는 창작자가 나타남 • 사회 이슈 및 자신의 생활을 바탕으로 창작하는 시기 • 중국 저작권법안의 1차 수정안 발표 및 IP산업의 시작
급속 발전 단계	2004~ 2010	한한(韩寒), 귀징밍(郭敬明), 샤오딩(蕭鼎), 탕지아싼(唐家三少), 톈샤바창(天下霸唱), 난파이싼수(南派三叔), 통화(桐華), 구만(顧漫), 류리안즈(流瀲紫), 지앙성난(蔣勝男), 프레시궈궈(Fresh果果)	• 인터넷문학 정체성에 대한 논쟁이 심각한 시기 • 주제의 다양성 • 전민창작(全民創作)시대의 도래 • 출판기업에 대한 시선 집중 • 범람하는 인터넷문학 작품 • IP산업의 주요 원천이 된 인터넷문학
세분화 단계	2010~	신이우(辛夷塢), 하이엔(海宴), 프레시궈궈, 귀취등(鬼吹灯)	• 2010년, 저작권법 수정 의견 제시 및 2차 수정안의 내용 결정 심의 통과 • 2012년, 저작권법의 3차 수정안 발표 • IP산업을 위한 창작 시기 • 인터넷문학으로서의 IP+ 시대의 도래 • 장르의 세분화와 중복

출처: 이건웅 · 위군, 〈한중 웹소설의 발전과정과 특징〉,《글로벌문화콘텐츠》 31호, 글로벌문화콘텐츠학회, 165-166쪽.

2015년은 정책적·산업적 측면에서 중국 웹소설시장의 분수령이 되는 중요한 시기다. 2014년 12월 18일, 국가신문출판광전총국에서 〈긍정적인 인터넷문학의 발전을 추진하는 것에 관련된 지도 의견(關於推動網絡文學健康發展的指導意見)〉을 발표하자 1년 후인 2015년 12월 17일, 중국작가협회 온라인작가위원회가 설립되었다. 이 위원회의 설립은 인터넷문학이 중국 정부로부터 승인받을 수 있는 주요 영역이 되었다는 것을 의미한다. 산업적인 측면에서 보면 2015년 1월 15일, 차이나모바일은 '차이나모바일미구문화과기유한공사(中國移動咪咕文化科技有限公司)'를 설립했고, 이어서 3월 16일에 텐센트와 션다그룹은 중국 최대 인터넷문학 보유 그룹인 차이나리딩(China Reading Limited)그룹을 설립했다. 같은 해 4월 23일과 4월 28일에는 알리바바문학과 IReader가 설립되었다. 다양한 자본들이 인터넷문학시장에 진입하는 것은 웹소설의 시장 가치와 IP의 중요성을 반증하는 것이다.

2) 웹소설의 현황과 특징

2013년 1월, 네이버가 '네이버 웹소설'(novel.naver.com) 서비스를 개시하면서 웹소설은 '장르'소설을 지칭하는 말로 굳어졌다. 장르는 흔히 로맨스, 공포, 스릴러, 판타지, 무협 등의 분야를 말하며, 최근에는 로맨스판타지, 무협판타지와 같이 장르의 혼용이 대세를 이루고 있다. 한국출판문화산업진흥원에 따르면, 2015년 기준 출판산업 총매출액은 7조

5,896억 원으로 2014년에 비해 3.8% 감소했다. 반면에 전자책 유통사 매출은 1,258억 원으로 2014년에 비해 25.4% 증가했고, 웹소설 형태의 전자책 매출은 333억 원으로 2014년에 비해 73%나 증가했다. 한국콘텐츠진흥원에 따르면, 2018년 출판산업 매출액은 서적, 잡지 및 기타인쇄물출판업, 서적소매업 등이 포함된 출판이 20조 7천억 원으로 문화산업 중 가장 큰 규모를 차지하고 있다. 대한출판문화협회를 통해 납본된 도서를 중심으로 발행 종수를 분석한 결과 2018년 신간 도서의 발행 종수는 총 6만 3,476종(만화 포함)이며, 발행 부수는 1억 173만 7,114부였다.

전자책시장의 경우 콘텐츠 생산량이 꾸준히 증가하고 있으며, 특히 웹소설이 급증하고 있다. 2017년 이후에는 신간 중심으로 전자책이 진행되면서 전년 대비 50%, 2018년은 30% 정도 증가했다.[29] 일반 단행본 전자책과 달리 장르소설 및 웹소설이 전자출판의 성장을 주도하고 있다. 이처럼 전자책, 특히 웹소설이 인기를 끄는 원인은 스마트폰의 보급과 전문 플랫폼의 활성화, 그리고 다양한 OSMU 활용을 들 수 있다. 웹소설 시장은 2013년 100억 원에 불과했으나, 2018년 4,300억 원을 넘겼다.

첫째, 한국은 전 세계 스마트폰 보급률 1위 국가다. 2015년 퓨리서치센터(Pew Research Center) 보고서에 따르면, 스마트폰 보급률이 총인구의 88%로 전 세계 1위를 차지하고 있다. 스마트폰을 활용한 콘텐츠 소구 방식이 일상화되면서 웹소설을 애용하는 고객층이 점차 늘어나고 있

---

[29] "2018 출판산업 현황", 월간《프린팅 코리아》2019년 6월호(통권 204호).

다. 특히 20~40대는 유료 결제방식을 선택하는 반면에 10대는 유료 결제보다 무료 콘텐츠를 선호하는 성향이 있다.

둘째, 웹소설 전문플랫폼의 증가다. 주요 전문플랫폼으로 네이버 웹소설, 카카오페이지, 조아라, 문피아 등이 있고, 유통플랫폼으로 리드북스, 원스토어, 교보문고 등이 있다. 문피아는 무협전문 사이트 '고무림'으로 2002년 시작해서 2006년 현재의 이름으로 바꾸었다. 웹소설 시장은 2013년 191억 원이었는데, 2018년 220억 원으로 껑충 뛰었다. 조아라의 경우, 2000년 11월 국내 최초로 웹소설 플랫폼 서비스를 시작했다. 누구나 글을 올릴 수 있는 국내의 대표적인 웹소설 플랫폼으로 2019년 12월 기준으로 총 회원 수는 145만 명이며, 이 가운데 18만 명이 작가로 데뷔했다. 네이버는 웹소설의 경우 2018년 1억 원 이상 수입을 올리는 작가는 26명이며, 미리보기 수입과 원고료를 합해 최고 4억 7,000만 원의 수익을 올린 작가가 등장했다. 웹소설 시장 1위를 차지하고 있는 카카오페이지는 2016년 1천억 원 이상의 시장으로 성장했으며, 2019년 현재 누적 가입자 수는 2,200만 명, 작품 누적 조회 수는 470억 건, 누적 작품 수도 6만 6천 개를 기록했다. 누적 매출액 1억 원을 넘은 작품이 1,400여 개에 달한다.[30]

셋째, 중국은 웹소설의 인기와 IP산업의 활용 방식에서 배울 점이 많다. 〈보보경심(步步惊心)〉이나 〈도묘필기(盜墓筆記)〉 등 높은 시청률과 흥행한 작품들은 대개 웹소설을 원작으로 하고 있다. 한국도 예전에는 주로 웹툰에서 소재를 발굴했으나, 최근에는 웹소설이 주목받고 있다.

---

30 "8만 명 작가 데뷔, 조아라 20주년 성과 담은 인포그래픽 공개", 게임포커스, 2020년 1월 30일.

예를 들면, 〈해를 품은 달〉(2012), 〈성균관 스캔들〉(2010), 〈커피프린스 1호점〉(2007), 〈구르미 그린 달빛〉(2016), 〈신데렐라와 네 명의 기사〉(2016) 같은 드라마는 웹소설이 원작이다.

이처럼 한국 웹소설의 인기는 매우 높다. 한국 전자책시장에서 사실상 ePup을 중심으로 한 전자책시장은 성장하지 못하고 정체되어 있는 것이 현실이다. 미국의 킨들처럼 전자책전용단말기가 인기를 끄는 것도 아니고 사실상 전자책시장을 주도하는 것은 웹소설의 영향이 크다. KT경제경영연구소에 따르면 웹소설 시장 규모는 2013년 100억 원, 2014년 200억 원, 2015년 400억 원으로 매년 2배 이상 성장하고 있으며, 이러한 추세는 당분간 계속될 것으로 전망된다.

다음으로 웹소설의 특징과 향후 과제를 살펴보면 다음과 같다. 웹소설은 일반 문학과 다른 많은 특징을 갖고 있다. 첫째, 다양한 소재와 대중성을 갖고 있다. 웹소설은 일반적으로 로맨스, 무협, 판타지 등이 인기가 있으며, 최근에는 여러 분야가 혼용되는 특징을 보인다. 그만큼 소재의 제약이 없다. 로맨스 중에서도 GL(Girls Love), BL(Boys Love)을 소재로 하거나 19세 이상의 성인물부터 학원물이나 범죄스릴러 등 분야와 소재도 각양각색이다. 이러한 소재를 무기로 대중성을 지향한다. 즉 팔리는 콘텐츠, 재미있는 콘텐츠를 지향한다. 반면에 소재의 중복과 천편일률적인 스토리라인은 문제다.

둘째, 콘텐츠의 접근성이 좋다. 스마트폰이 대중화되면서 누구나 어디에서든 웹소설을 즐길 수 있게 되었다. 웹소설 플랫폼인 조아라를 이용하는 소비자의 91%는 모바일로 이용할 정도다.

셋째, 저렴한 가격을 들 수 있다. 예를 들어 웹소설 〈아도니스〉의 경우 종이책으로 한 권을 구매하려면 1만 1,800원의 비용이 들지만, 온라인에서 한 권 분량(1~48화)을 결제할 경우 4,800원이면 가능하다. 반면에 주요 독자인 10대는 유료보다는 무료를 즐기기 때문에 시장 확대에 한계가 있다.

넷째, 진입장벽이 낮다. 등단이나 출판계약이 필수조건이 아니기 때문에 재능만 있다면 누구나 웹소설 작가가 될 수 있다. 각 플랫폼별로 승급 제도, 계약 제도, 공모전 제도를 갖추고 있으며, 작가가 되고자 하는 이들은 자유롭게 자신들에게 맞는 방법을 선택하여 작품을 쓰면 된다. 반면에 질이 낮은 검증되지 않은 작품이 난무하는 것은 단점이다.

다섯째, 시나리오와 유사한 서술 방식을 갖고 있다. 웹소설의 이야기 접근 방식과 서술 방식은 출판문학과 다르다. 마치 그림을 묘사하듯이 설명이 구체적이고, 서술 방식도 영화나 드라마를 보듯 디테일한 것이 특징이다. 또한, 초기 몰입도가 높고, 전개가 빠른 것이 특징이지만, 결말이 취약한 것이 약점이다.

마지막으로 플랫폼이 중요하다. 2017년 8월, 한국웹소설산업협회가 출범하면서 플랫폼의 이익과 권익을 지키려는 움직임이 있다. 그만큼 웹소설 전용 플랫폼의 역할이 크다. 하지만 카카오스토리 등 일부 대형 플랫폼의 잘못된 문화는 문제로 지적된다.

이렇듯 웹소설은 좋은 점과 우려할 점 등의 특징을 갖고 있으며, 향후 한국 웹소설이 발전하기 위해서는 여러 과제를 해결해야 한다. 한국 웹소설의 과제를 살펴보면 다음과 같다. 웹소설의 저작권법 보호가 필요하다. 웹소설은 온라인에 공표되고 출판사 등 구체적인 계약 당사자가 없어 2차 저작권에 대한 소유와 권리이행이 선명하지 않은 문제를 안고 있다. 기존 저작권법 권리이용 형태가 일반 소설 등 기존의 저작물과 달라 시간이 흐를수록 저작권 관리가 어려워질 수 있다. 따라서 IP산업 활용과 OSMU 활성화가 필요하다. 양질의 콘텐츠 등장과 다양한 플랫폼의 성장으로 자체적인 수익 창출이 가능해지면서 웹소설 특징에 기반을 두어 2차 창작물을 만들어내는 활동, 즉 OSMU를 통해 또 다른 수익을 창출해야 한다. 예를 들어, 〈구르미 그린 달빛〉은 네이버 웹소설에서 완결된 사극 로맨스 장르의 작품으로 드라마화되어 첫 회 시청률 8.3%로 시작하여 최고 시청률 23.3%를 찍으며 인기리에 종영되었다. 총 광고 판매 수익만 72억 8,190만 원을 올릴 정도로 대중의 사랑을 받았다.

3) 한국의 웹소설: 귀여니

(1) 웹소설과 인터넷문학

20세기에서 21세기로 넘어오면서 급속히 발전하는 기술의 발전은 수없이 많은 신조어와 새로운 개념을 탄생시켰고, 기존의 개념도 시대에 맞게 진화하고 있다. 값싼 전자시계가 대량으로 생산되면서 오히려 아날로그시계의 가치가 높아지는 현상을 가져오기도 했고, 디지털카메라가 등장하면서 필름카메라가 사라지기도 했다. 200자 원고지에 수기로 원고를 작성해서 출판사에 들고 오는 작가는 이제 옛말이 되어

버렸고, 아래아한글에 글을 담아 이메일로 송부한다. 기술의 발전은 앞으로 더욱 가속화될 것이며, 따라서 우리가 향유하는 문화는 물론 우리의 삶의 지형도까지 모두 바꾸어놓을 것이다.

전자시계의 등장에도 불구하고 아날로그시계는 건재하고, 디지털카메라의 등장으로 필름카메라의 종말을 고했는데, 이러한 상반된 결과는 시사하는 바가 크다. 〈설국열차〉가 극장에서 마지막으로 아날로그 영사기로 상영된 영화로 기록되면서 모든 영화 상영은 디지털 영사기로 완전히 바뀌었다. 하지만 관객 입장에서는 아날로그 영사기로 송출하는 〈설국열차〉와 디지털 영사기로 송출하는 〈설국열차〉의 차이를 알 수 없다. 반면에 종이책과 전자책은 콘텐츠는 같으나 독서의 방식과 매체에 접근하는 방식이 완전히 다르다. 이처럼 어떠한 콘텐츠를 향유하느냐에 따라 디지털의 기능과 속성은 달라진다.

그렇다면 아날로그와 디지털의 개념은 무엇인가? 아날로그의 반대 개념이 디지털이라면 사이버 공간의 반대는 현실세계가 되고 온라인의 반대는 오프라인이 된다. 그렇다면 인터넷의 반대 개념은 무엇인가? 현재 인터넷문학, 사이버문학, 온라인문학, 웹소설 등을 혼재해서 사용하고 있다. 하지만 분야별로 사용하는 용어의 차이도 있고, 분야별로 용어의 혼재도 다양하다. 예를 들면, 1997년 한국사이버대학교를 시작으로 인터넷상에서 대학 교육을 받을 수 있는 사이버대학이 생겼는데, 이를 온라인대학이나 인터넷대학이라고 부르지 않는다. 하지만 EBS나 메가스터디처럼 중·고등학생을 대상으로 인터넷상에서 실행하는 교육은 '인강', 즉 인터넷강의라고 부른다. 또한, 서점은 온라인서점과 오프라인 서점으로 구분하고 때로는 인터넷서점이라 부르기도

하지만, 사이버서점이라고 부르지는 않는다.

예전에는 소설가들이 신문에 연재했다. 1930년대 프랑스에서 시작된 신문소설은 우리나라는 〈한성신보〉에서 처음 소개했다. 그 유명한 이광수의 《무정》은 〈매일신보〉에 기고한 연재소설이고, 최인호의 《별들의 고향》은 〈조선일보〉에 연재한 신문소설이다. 하지만 이제 세월이 흘러간 만큼 신문소설은 퇴색하고 인터넷 소설이 강세다. 공지영의 《도가니》는 다음커뮤니케이션에 연재해서 창비에서 종이책으로 출간했고, 100만 부가 넘게 팔린 조정래의 《정글만리》는 네이버캐스트에 연재한 후 해냄에서 종이책으로 출간했다. 이처럼 소설을 담는 그릇도 달라졌다.

만화산업은 계속 추락하는 반면 웹툰시장은 계속 성장하고 있다. 이러한 인터넷을 기반으로 하는 매체의 장점은 독자와의 빠른 소통에 있다. 자신을 비판하는 악플이나 칭찬하는 독자들이 뒤섞이면서 조회수와 댓글이 인기를 가늠하는 척도가 된다. 황석영, 공선옥, 백영옥 등 인터넷 연재소설을 지향하는 작가들은 독자의 반응을 읽으면서 독자의 존재를 확인하고, 그 자각은 작품을 이어가는 메시지가 된다.[31] 이러한 특성은 인터넷이나 온라인의 특성이라기보다 사이버의 특성이다. 기술적으로 디지털 혹은 인터넷을 기반으로 했으나 독자와 커뮤니티를 하고 반응하면서 새로운 세계관이 열린다면 이는 현실세계와 다른 사이버 공간이 구축되었다고 볼 수 있다. 닉네임으로 대표되는 사이버 공간의 자유는 현실세계와 괴리된 또 다른 자아를 만들어내고 이용

---

[31] 한미화(2009), 〈인터넷 연재소설 무엇이 다른가〉, 《작가세계》 Vol.81, 338쪽.

자의 아바타를 분신으로 삼으면서 현실세계와 다른 사이버공간 속에서 신분, 나이, 성별을 뛰어넘는 커뮤니티는 현실세계와 또 다른 세계를 구축하게 된다.[32] 이처럼 사이버 공간(사이버스페이스)이라는 개념은 EFF(전자프런티어재단, Electronic Frontier Foundation)를 창설한 존 페리 발로(John Perry Barlow, 1947~)가 처음으로 사용했다.[33] 인터넷과 온라인은 기술을 기반으로 하지만, 사이버는 세계관을 가진 특징이 있어 이들 개념과 다르다.

최미진은 "인터넷 소설은 컴퓨터 디지털 체계가 문학적 상상력과 결합된 사이버 문학의 일종"[34]이라고 규정하고 있는데, 이러한 연장선상에 있는 개념이라고 본다. 이처럼 사이버 소설을 인터넷 소설로 다르게 부르는 것은 종래의 사이버문학과 차별화된 특성을 부여하기 위함이다. 그 특성을 살펴보면 청소년과 친숙한 언어를 사용하고 있다. 이모티콘이나 비속어를 그대로 사용하고 청소년의 관점과 상상력을 기반으로 하고 있다. 작가가 개인 블로그나 홈페이지를 직접 개설한다. 네이버나 다음 혹은 예스24나 알라딘 같은 온라인 대형 서점에 의존하지 않고 직접 독자와 소통하고 관계를 진화시킨다. 기술 환경을 자유자재로 활용하는 N세대와 결합하여 새로운 문학적 독법으로 소설을 향유하고 공유한다. 이처럼 기존의 사이버문학과 다르기 때문에 인터넷 소설이 비록 사이버문학 범주에 속하지만, 차별점이 있다. 이러한 특성을 고려해 인터넷문학 속에서 성장하고 있는 인터넷 소설을 살펴보도록 한다.

---

32 이건웅 외(2010),《문화콘텐츠 그 경쾌한 상상력》, 북코리아, 201쪽.

33 위키백과: 존 페리 발로, http://ko.wikipedia.org/, 2014년 6월 21일 검색.

34 최미진(2003), 〈N세대와 인터넷 소설의 논리〉,《대중서사연구》 10집, 34쪽.

인터넷문학 범주 안에서 소설은 인터넷 소설로 구분하지만, 인터넷 시나 인터넷 에세이라는 말은 사용하지 않는다. 대체로 '인터넷 소설'이라는 단어가 처음 사용된 것은 1990년대 미국에서 유행한 하이퍼픽션(hyper fiction)이나 팬픽션(fan fiction)에서 그 뿌리를 찾는다. 하지만 현재는 이를 모두 포괄하는 좀 더 넓은 개념으로, 일반적으로 인터넷을 통해 연재되거나 인터넷을 통해 발표된 소설들을 총칭하는 개념이다.[35] 인터넷 소설은 인터넷을 통해 발표하는 것을 전제로 한다. 종이책 출판은 중요하지 않다. 그리고 인터넷 소설을 쓰는 작가를 '인터넷 소설가' 또는 '인터넷 작가'라고 부른다.

일반적으로 순수문학의 글쓰기 주체를 '작가(作家)' 혹은 '작자(作者)'라고 부르는 것과 달리, 인터넷문학의 글쓰기 주체는 흔히 '인터넷 작가'라고 부른다.[36] 이른바 인터넷 작가란 "온라인 글쓰기로 작품을 창작해 인터넷에 발표하고 댓글 등의 방식으로 네티즌과 끊임없이 교류하는 새로운 개념의 작가들"을 가리킨다. 하지만 한국에서 인터넷 작가들은 아직 작가로 불리지 못하고 있다. 그 이유는 인터넷 글쓰기의 문턱이 낮은 데다가 현재 주류 문단으로부터 완전한 인정을 받지 못해 작가로 분류되기 어렵기 때문이라고 본다. 즉, 인터넷 작가라는 말 속에는 기존 작가들과 어깨를 견줄 만한 자격이 부족하다는 폄하의 의미가 섞여 있다.

물론 인터넷에 글을 쓴다고 해서 모두 인터넷 작가라는 칭호를 받

---

35 박인성(2012), 〈인터넷 소설의 작은 역사〉,《한국문학연구》 43집, 한국문학연구회, 94쪽.
36 정미진(2006), 〈사이버 소설의 활용방법 연구: 소설과 시나리오 비교를 중심으로〉, 한남대학교 석사학위논문, 11쪽.

는 것은 아니다. 또한, 인터넷 작가도 다 같은 인터넷 작가가 아니다. 인터넷 작가의 자격 조건에서도 볼 수 있듯이 인터넷 작가는 결코 일반적인 네티즌이 아니다. 문학에 취미가 있어 게시판을 드나들며 짧은 글을 남기곤 하는 네티즌과도 다르다. 인터넷 작가가 되려면 첫째, 항상 인터넷에서 글을 써서 작품을 발표해야 하고 둘째, 비교적 작품이 많은 네티즌에게 인정을 받아 조회 수와 댓글이 많아야 하며 셋째, 작품이 일정 수준을 갖춰 전문가에게 호평을 받거나 출판이 되는 등 어떤 형식으로든 사회적 인정을 받아야 한다.[37]

어느 정도 가치가 있고 대외적으로 인정받는 작품을 써야만 인터넷 작가라는 칭호를 받을 수 있다. 일반 순수문학처럼 신춘문예나 그 밖에 등단의 기회가 있는 것이 아니라서 말 그대로 네티즌의 인정을 제대로 받아야 한다는 것을 의미한다. 이 정도의 상당한 자격을 갖춘 사람을 글쓰기와 발표의 매체가 종이책이 아니라 인터넷이라는 이유로 폄하하는 것은 온당치 않다. 하지만 변화는 서서히 시작되고 있다.

2014년 4월 한국은 런던국제도서전에 주빈국으로 초청을 받았다. 이때 한국문학번역원은 출판한류를 이끌 주역으로 대표 작가 10명을 초청해 갔는데, 이 중에서 웹툰 작가로 잘 알려진 윤태호가 포함되었다. 그 당시 보수적인 문학계에 신선한 충격이 아닐 수 없었다. 이처럼 순수문학계에서도 인터넷을 기반으로 한 콘텐츠에 주목하고 있다.

인터넷문학은 대부분 아마추어 작가들에 의해 창작되고 그들끼리 향유하는 특성을 보인다. 특히 10대와 20대를 중심으로 생산되고 소

---

37 오혜영(2007), 〈인터넷 콘텐츠의 단행본 출판에 관한 연구: 인터넷 소설, 블로그 연재물, 웹툰의 출판을 중심으로〉, 중앙대학교 신문방송대학원 석사학위논문, 36쪽.

비되는 측면이 강하다. 인터넷상에서 이들 10대와 20대들은 정치·사회·문화 전반의 변화를 업고 등장한 신인류라 할 만큼 과거의 소설 작가와 독자와는 커다란 차이를 보인다. 이들 세대는 컴퓨터와 함께 자랐다고 할 만큼 디지털 매체에 익숙한 세대이며, 인터넷 소설을 또래집단끼리의 소통창구로 활용하고 있다. 모바일, 인터넷, 온라인게임, 온라인 커뮤니티 등 디지털 기술은 이들 세대에게 집중적으로 투여되었고, 이들 10대와 20대는 디지털 소비자일 뿐만 아니라 '생산-소비자(prosumer)'로서 사회적 영향력을 확산할 수 있는 물적·문화적 토대를 갖추기 시작했다. 이것은 새로운 형태의 문학적 흐름을 형성했다. 종래에는 문학의 생산과 소비라는 두 주체가 명확히 구분되었으나, 인터넷 시대에는 소비자가 곧 생산자라는 새로운 인식이 보편화되고 있다.

통신문학과 마찬가지로 인터넷문학은 1990년대 말에 태동했다. 인터넷을 통해 연재되고 소개된 창작 소설이 관심을 끈 것은 하위문학의 한 장르였다. 창작된 작품 중에는 순수문학 창작물도 있지만 주로 로맨스, 무협, 추리, SF, 판타지 소설이 인기를 끌었다. 그중에서 1990년대 말부터 번역 로맨스물이 시들하고 정통 로맨스 소설을 즐겨 읽던 마니아들이 직접 PC통신을 통해 습작하면서 창작 로맨스시장이 형성되었다. 특히 1998년 천리안에 '천일야화'라는 로맨스 동호회를 만든 김지혜는 게시판에 〈공녀〉를 연재하면서 큰 인기를 끌었으며, 2003년 귀여니의 탄생에 큰 영향을 미쳤다.[38] 2000년대로 접어들면서 상대적으로 컴퓨터와 인터넷 활용이 쉬운 10대는 인터넷 소설이라는

---

38 한미화(2009), 위의 논문, 331-332쪽.

장르에 자신들의 유희를 투영하기 시작했다. 삭제와 수정이 가능하고, 인터넷 구어체로 언어를 자유롭게 사용하며, 그 누구의 간섭 없이 1인 칭 화법의 소설을 읽으면서 소구해나갔다. 이러한 현상은 마치 일상생 활을 적어 내려간 남의 일기장을 나누어 보는 기분으로 전개되었다.

10대 여학생들은 인터넷문학 사이트 이용률이 높다. 이는 인터넷 문학의 장르적 선호도를 보아도 알 수 있다. 주로 남자들이 즐겨 이용 하는 장르인 무협은 이용률이 8%에 불과했다. 10대 여학생들이 인터 넷 소설의 주된 작가층으로 활동하고 있다는 점은 주목할 만하다. 이는 기존 PC통신 소설의 작가층과는 다른 양상을 보인다. 한국 사회에서 10대 여학생의 기준은 여러 가지 층위에서 해석할 수 있다. 어른/아이, 남성/여성, 비학생/학생 등으로 구분하면 이들의 사회적 위치에 대한 대략적인 윤곽이 드러난다.[39] 10대 여학생들은 세대로는 기성세대가 만든 위계질서 속에서 성장해야 하고, 학교라는 제도적 장치에 편입되 어야 하며, 관습적으로는 여성으로서의 성적 역할도 은연중에 교육받 고 있다. 이들은 권력 장치에 의한 제도적 규제와 사회구조 속에서 다 양한 층위의 압력을 받고 있는 셈이다. 그 때문에 이들이 인터넷이라는 탈제도권 속으로 유입된 것은 새삼 놀랄 일이 아니다. 10대 여학생들은 소설을 그들 나름의 욕구를 분출하고 욕망을 실현해줄 또 하나의 가상 세계로 삼은 것이다. 이제 10대 소녀들에게 소설은 어렵고 낯선 분야가 아니라 친목을 도모하는 공간이며 여가의 수단이다. 인터넷을 통해 또 래와의 커뮤니티를 생성하며 익명의 글쓰기를 통해 현실의 경계를 넘

---

39 김나영(2009), 〈귀여니의 사이버 소설 연구〉, 부산대학교 교육대학원 석사학위논문, 21쪽.

어서고 있다.

(2) 귀여니와 그의 작품 세계

귀여니(본명: 이윤세)는 대표적인 인터넷 작가다. 고등학교 재학시절 인터넷에 작품을 연재하면서 큰 인기를 끈 인터넷 소설의 대표작가로 10대의 문화코드를 이끌며 선풍적인 인기를 끌었다. 성균관대학교 연기예술학과를 졸업하고 현재 한국종합예술학교 겸임 교수이며, 소설, 시, 희곡 등 장르를 넘나드는 다양한 글쓰기로 독자와 만나고 있다.

'귀여운 이'를 줄여 만든 '귀여니'라는 필명으로 유명하다. 그녀는 고등학교 재학시절(2001년 8월)부터 인터넷 포털사이트 daum 카페 '유머 나라'에 처음 소설을 쓰기 시작했다. 소설은 곧바로 폭발적인 인기를 누렸다. 귀여니의 성공은 또래인 10대 소녀들을 열광시키기에 충분했다. 귀여니의 첫 소설《그놈은 멋있었다》는 인터넷 조회 수 800만, 판매 부수 70만을 기록했다. 그녀의 소설은 중국어로 번역되자마자 중국에

〈그림 5-3〉 귀여니의 웹소설과 영화 〈늑대의 유혹〉(2004)

서 5개월 동안 판매 부수 1위를 기록하며 60만을 돌파했으며, 타이완, 중국대륙 등지에서 300만 권가량 판매되었다. 2000년대 초·중반, 5만 권만 팔려도 베스트셀러 대열에 합류하는 출판계의 불황 속에서 귀여니의 소설은 초미의 관심사가 될 수밖에 없었다. 소설의 성공에 힘입어 원작과 동일한 제목으로 영화 〈그놈은 멋있었다〉(2004)가 만들어졌다.

군이 2차 저작권까지 들먹이지 않아도 귀여니의 상업적 성공은 부인할 수 없는 사실이다. 현재 귀여니의 홈페이지(http://cafe.daum.net/rnlduslsla) 회원 수는 100만 명에 이른다. 흥미로운 사실은《그놈은 멋있었다》를 귀여니의 홈페이지를 통해 볼 수 있음에도 귀여니 팬들은 직접 책을 구매했다는 사실이다. 출판을 기획 출판한 황매 김창헌 편집자는 "홈페이지 회원으로 등록한 핵심 독자들의 충성도는 높으나, 온라인 상에 콘텐츠가 노출되어 있기 때문에 과연 오프라인에서 종이책으로 구매할지 판단이 쉽지 않았다. 하지만 잠재 독자층이 1%, 아니 0.1%만 있더라도 종이책으로서 가치가 있다고 판단하고 출간했다"고 한다.[40] 실제 이 숫자는 영화 〈그놈은 멋있었다〉의 관객 수 70만 명과 일치한다. 이는 귀여니의 독자층이 작가와 강한 유대감을 가지고 있음을 의미한다. 소설 자체가 10대들의 커뮤니티 공간으로 활용될 만큼 작가와 독자의 경험과 성향이 일치하는 것이다. 작가와 독자가 함께 어울리며 생성된 유대감이 구매력으로 연결된 것이다. 물론 귀여니에 대한 비판도 무시할 수 없다. 문장의 절반 이상을 차지하는 이모티콘과 우연히 남발하는 스토리 등을 이유로 귀여니 소설은 소설이 아니라는 주장도 상당

---

[40] 《21세기 한국인은 무슨 책을 읽었나》, 한국출판마케팅연구소, 2007, 47쪽.

수에 달했다. 그러나 이러한 문제는 소설의 향유층에 반대의 시너지 효과를 일으켰다. 지금까지 인터넷 소설들이 오프라인에서 출판될 때는 이모티콘을 줄이고 어느 정도의 맞춤법을 지켰던 관례를 깨고 게시판의 소설 형태 그대로 이모티콘과 통신언어를 그대로 살려 출판한 것이 구매력을 자극한 원인이었다.

글의 전개에서 필요한 최소한의 묘사조차 전부 이모티콘으로 대체함으로써 귀여니의 글은 소설의 형태를 완전히 벗어나 시나리오, 소설, 수필 어느 장르에도 해당하지 않는 탈문학작품이라는 지적이 있지만, 반대로 귀여니의 글은 기성 문학 장르와 달리 완전히 새로운 장르에 해당하여 비록 문법적으로는 미숙하나 창조성이 엿보인다고 판단하는 의견도 존재한다. 영화평론가 정성일은 귀여니의 소설이 나름대로 소녀들 세계의 사건을 그리고 있고, 그렇게 하는 것이 의미가 있음을 언급하기도 했다.

귀여니는 지금까지 다수의 소설을 썼으며, 중국뿐만 아니라 일본, 태국에서도 번역되면서 국제적인 베스트셀러 작가가 되었다. 《늑대의 유혹》, 《도레미파솔라시도》, 《내 남자친구에게》 등 여러 작품이 영화화되어 다양한 매체의 인정을 받았고, 귀사모 카페에도 100만 회원이 가입되어 있으며 다수의 마니아층을 거느리고 있는 작가다. 귀여니 소설의 핵심이 단순히 이모티콘 사용과 통신체 어법에만 있는 것일까? 그렇다면 이모티콘을 사용하고 통신체 어법을 사용한 인터넷 소설들은 모두 같다고 평가될 수 있는가? 인터넷 소설의 주요 독자인 10대 여학생들의 사회적 위치와는 관련이 없는가? 또한, 인터넷 소설의 변용 양상을 디지털 스토리텔링의 측면에서 볼 때, 인터넷과 출판에서 성공한

《그놈은 멋있었다》가 그보다 더 큰 자본과 기술이 들어가는 영화에서는 왜 실패를 거두었느냐는 여러 의문을 제시할 수 있다. 이러한 문제에 대한 의문을 귀여니의 대표작 《그놈은 멋있었다》를 통해 살펴본다.

귀여니 소설의 기본 공식은 로맨스 소설이다. 잘생기고 싸움 잘하고 학교에서 이른바 '짱'을 먹는 남학생 둘 이상이 지극히 평범한 외모와 뚜렷이 내세울 것 없는 조건을 가진 여주인공을 사랑한다. 한쪽은 성품이 거칠고 권위적인 태도로 여주인공을 리드한다. 반면 다른 한쪽은 자상하고 친절하며 순정적인 방법으로 구애한다. 여주인공은 언제나 불친절하고 거친 남학생을 택한다. 여기에 여주인공을 시기하는 예쁘지만 비열한 여학생들이 갖가지 훼방을 놓는다. 이것은 남자 주인공들의 어두운 과거와 맞물려 연애전선에 큰 파장을 일으키고 갈등관계가 일정 기간 지속한다. 그럼에도 우여곡절 끝에 남녀 주인공들은 사랑을 재확인하는 것으로 끝을 맺는다. 귀여니의 작품의 큰 줄기는 변함없다. 이러한 큰 틀에서 다른 에피소드를 통해 이야기를 전개해나간다.

여름방학도 끝나고 개학이 다가온다. 막판이라고 친구라는 것들은 경포대다, 해운대다, 정동진이다, 저 멀리 훌쩍 떠나 남자들을 하나씩 끼고서 낄낄대고 있는데, 나는 꽃다운 나이 18세에 방구석에 처박혀 인터넷이나 하고 있으니. -_-^ 그나마 사이트란 사이트는 모조리 다 헤집고 다니는 바람에 이젠 할 것도 없다. ㅜㅜ우오옹. ㅜㅜ (5쪽)

ㅇㅏ! 다모임! 마지막으로 떠오른 나의 다크호스, 다모임! ^o^ 하지만 여고라 그런지 글도 잘 안 올라온다.-ㄷ- 게시판에 글이 한 개

도 없길래 방명록을 클릭했다.

  0_0 어 예~!

  소설 《그놈은 멋있었다》의 첫 문장이다. 처음부터 한눈에 1인칭 주인공 시점인 것을 알 수 있다. 글을 읽다 보면 아마도 작가와 주인공이 같을 것이라는 생각을 하게 된다. 사이버 공간을 돌아다니는 작중인물과 사이버 공간에서 글을 쓰고 있는 작가의 모습이 저절로 오버랩된다. 게다가 작가의 사회적 위치와 주인공의 위치가 일치한다. 이는 주요 독자인 10대 여학생들의 위치이기도 하다. 작가와 주인공 독자가 일직선을 이루며 눈높이가 같아지게 된다. 또한, 서술체와 대화체의 구분이 없는 문체는 읽는 사람들로 하여금 마치 대화를 하는 듯한 착각을 불러일으킨다. 이러한 현상은 비단 귀여니의 작품에서만 나타나는 현상은 아니다. 인터넷문학에서 대체로 등장하는 특징 중의 하나다. 다음은 《엽기적인 그녀》의 첫 문장이다.

  서울 시내에는 딱 하면 딱 떠오르는 명물 동네들이 몇 군데 이씀미다.

  떠뽀끼 하면?? 신당동!!

  족발 하면?? 장충동!!

  네, 순대 하면 신림동이 떠오름미다.

  서울에 안살아도 신림동을 모르시는 분들은 아마 거의 엄슬껌미다.

> 요즘은 '순대 타운'이라는 이름 아래 큰 건물이 들어서찌만, 제가
> 고등학교를 다니던 당시인 1990년대 초반의 순대 타운 경관은 보
> 통 어디서나 흔히 볼 쑤 인는 시장의 안쪽에 자리 잡꼬 이써씀미다.
> (1권 8쪽)
>
> — 《엽기적인 그녀》의 첫 문장 중에서

가장 먼저 눈에 띄는 특징은 '~이씀미다'로 끝나는 인터넷 특유의 서술체이자 10대들의 일상용어다. 이모티콘 사용 빈도보다는 문장 안에서 서술체의 변용률이 높다. 쓰기 쉽고 빠르게 읽을 수 있도록 발음 나는 대로 표기한 것이다. 이러한 표기는 1인칭 구어체 문장과 함께 사용되어 독자에게 동의를 구하는 방식으로 이야기에 삽입된다. 《엽기적인 그녀》의 경우 이모티콘을 많이 사용하지 않았지만 1인칭 시점으로 작가와 독자의 일치를 보이며, 구어체 형식으로 발음 나는 대로 글을 사용하면서 주요 타깃인 10대들의 눈높이를 맞추었다는 공통점이 있다. 물론 여기에는 반론을 제기하는 사람도 많다. 실제로 인터넷에서 결성된 귀여니의 안티카페가 존재하며 한글 파괴의 측면에서 작품을 신랄하게 비판한다. 대체로 기본적인 맞춤법과 표현력이 부족한 이 작품은 소설이 될 수 없다는 것이 기본 논지이며, 이는 설득력이 있다.

초기 인터넷 로맨스 창작소설은 비슷한 양상으로 진행되었다. 특히 귀여니의 작품이나 《엽기적인 그녀》, 《동갑내기 과외하기》 등은 '게시판 문화'라는 우리나라만의 독특한 문화에서 탄생했고, 아마추어 작가들이 작품을 올리고, 게시판에 올라온 작품들이 10대를 중심으로 갑자기 인기를 얻으면서 사회적 이슈로 자리매김한 경우다. 따라서 순수

문학에서 기준으로 삼는 문법이나 문학적 깊이는 얕을 수밖에 없다. 하지만 귀여니의 등장은 인터넷 소설의 개념이 채 확립되기도 전에 이를 선도했거나 암시하는 하나의 현상으로 설명할 수 있다. 귀여니의 소설이 현재 긍정적인 가치를 부여받지 못하고 있으나 적어도 귀여니를 기준으로 이전과 이후의 인터넷 소설을 기준으로 잡고 있으며, 그의 작품은 2000년대 초 인터넷 소설의 트렌드와 스타일 구성에 지대한 역할을 했다.[41]

귀여니 소설의 특징을 정리하면 다음과 같다. 첫째, 사이버 공간에서 이미 선풍적인 인기를 끌면서 인지도를 확보했다. 귀여니의 홈페이지 회원 수는 30만 명이 넘기 때문에 잠재 독자층은 충분히 확보하고 있었다.《그놈은 멋있었다》는 2001년에 연재되어 800만 명이라는 기록적인 인터넷 조회 수를 기록할 정도로 화제였다.[42]

둘째, 나라고 하는 1인칭 주인공 시점으로 스토리를 전개하면서 주인공과 실제의 나를 대입하면서 감정이입이 가능했고, 감수성이 풍부한 10대들에게 효과적으로 작용했다. 학원물이나 연애소설이 갖고 있는 전형적인 서사구조를 가진 맹점을 안고 있으나 살아있는 캐릭터는 동시대의 감수성을 반영하고 있다.

셋째, 학생들이 일상생활에서 사용하고 있는 구어체, 속어, 이모티콘 사용이 정제된 기존의 소설 질서를 파괴하면서 독자들에게 파격적으로 다가왔다. 자신의 기분이나 표정 같은 변화무쌍한 감정의 흐름 등을 상대방에게 이모티콘을 통해 시의적절하게 전달하고, 특히 이모티

---

41 박인성(2012), 위의 논문, 100쪽.
42 박인성(2012), 위의 논문, 100쪽.

콘은 1인칭으로 서술되는 소설의 맥락과 연관하여 서술자의 심리적인 상태를 다양하게 표현하고 있다. 또한 구어체 형식의 서술은 학교생활의 현장감을 살려 친밀감을 높여준다.

넷째, 더 이상 '백마 탄 왕자'는 공부 잘하고 부유하며 잘생긴 식스팩의 왕자를 뜻하는 수식어가 아니다. 멋진 반항아와 평범한 여학생의 로맨스는 2000년대를 관통하는 10대 문화의 트렌드가 되어버렸다. 10대들이 동경하는 세계를 초월의 상상력으로 그려내고 있는 셈이다. 그다지 완벽하지 않은 여주인공은 독자들의 동조를 이끌어내고, 잘생기고 키도 크고 속도 깊은 로맨틱한 백마 탄 왕자는 아이돌보다 현실감 있게 다가온다.

다섯째, 해외 수출과 글로벌 콘텐츠로서의 가능이다. 귀여니의 작품은 중국에서 매우 높은 인기를 얻었는데, 중국에서만 200만 부 이상 판매되었다. 또한, 서사구조는《꽃보다 남자》를 표절했다는 논란이 있을 정도로 비슷한데 이는 반대로 해석하면 적어도 동아시아 10대에게 각인시킬 수 있는 스토리 라인을 구축하고 있음을 의미한다.[43]

마지막으로 OSMU를 지향한다.《늑대의 유혹》의 경우 인터넷 연재, 종이책 출간, 영화, 드라마, 뮤지컬 제작으로 이어지고 있다. 인터넷 소설의 성공, 즉 원천콘텐츠의 우수함은 OSMU의 전형을 보여주고 있다.

로맨스 소설시장은 기존의 번역서에 의존했던 관행에서 순수창작물로 시장과 환경이 변화했다. 귀여니 소설의 성공이 10대들을 타깃으

---

43 최미진(2003), 위의 논문, 53쪽.

로 한 것이라면《엽기적인 그녀》는 20대를 타깃으로 성공한 케이스이며, 최수완의《동갑내기 과외하기》는 10대와 20대를 가로지는 대표적인 로맨스 소설이다. 또한, 이들 작품들은 모두 영화로 개봉되었으며, 이후 드라마로 방송된 〈불새〉, 〈1%의 모든 것〉, 〈백설공주〉에도 영향을 미쳤다.[44]

귀여니 책을 출판해온 '황매'의 정정란 대표는 "이들 작품은 귀여니가 고등학교 2학년 때 쓴 소설로 10대들은 '바로 내 이야기'라는 공감대를 형성한다"며 "줄거리는 단순하지만 한번 잡으면 놓지 못하게 하는 흡인력이 있다"고 평했다.[45] 여기에는 특유의 단순하고 밝은 문체로 10대의 감성을 대변해온 귀여니의 힘이 강력하게 작용했다. 인터넷 소설 1천만 클릭, '다음' 카페 100만 회원, 출판된 소설 100만 권 판매, 그리고 영화의 성공과 해외 저작권 수출은 인터넷 작가 중 그 누구도 이루지 못한 것을 성취해냈다.

우선 귀여니 책의 해외 수출 성과를 살펴보면, 저작권 수출액은 일본 1만 2천 달러(약 1,400만 원) 등 중국, 태국, 타이완 4개국이 3만 달러(약 3,500만 원)에 이른다. 귀여니의 데뷔작《그놈은 멋있었다》는 중국 5대 출판사 중 하나인 세계지식출판사에서 중국어판으로 출간된 뒤 단숨에 베스트셀러 10위권에 올랐으며, 초판 2만 부가 판매되었고, 중국 청소년들로부터 열렬한 반응을 얻어 200만 부 이상 팔렸다.[46] 귀여니의 소설들이 중국에서 베스트셀러로 등극할 수 있었던 원동력은 젊은 여성

---

44 한미화(2009), 위의 논문, 332쪽.

45 "귀여니 열풍, 왜 우리는 이것에 주목하는가?", 오마이뉴스, 2003. 05. 22.

46 김택규(2014), 〈중국 수출 성공 사례〉,《도서저작권 수출 가이드북(중국 편)》, 한국출판문화산업진흥원, 50쪽.

번역자 황홍(黃薨)의 역할이 컸다. 황홍은 번역 과정에서 이모티콘이 난무하고 탄탄하지 못한 스토리를 보완하고 가공해 철저히 중국 독자의 관점에서 가독성을 끌어올렸다.[47] 또한, 태국 잠사이(JAMSAI)출판사에도 수출되어 초판 3천 부가 팔렸으며, 타이완 첨단출판유한공사에서도 저작권을 수입해 좋은 성과를 올렸다.

최근 인터넷 소설은 물론 웹툰 등 새로운 미디어 매체에서 탄생한 원천콘텐츠가 책으로 가공되어 출간되고 이후 영화나 드라마로 재탄생하는 경우가 늘어나고 있다. 즉, OSMU가 활성화되고 있는 것이다. OSMU의 원천콘텐츠로서 출판은 매우 중요한 역할을 한다. 출판은 인류의 문화원형을 보존하는 가장 오래된 오리지널 콘텐츠인 동시에 가장 생명력이 강한 미디어 콘텐츠다. 하지만 출판이 가진 가장 강력한 무기인 지식을 담는 그릇 혹은 스토리텔링이라는 매체의 속성은 변함이 없다. 귀여니의 작품, 영화와 뮤지컬 등의 OSMU 사례를 살펴보면 다음과 같다.

〈그놈은 멋있었다〉와 〈늑대의 유혹〉은 2004년 같은 날 개봉했다. 소설 《늑대의 유혹》은 발간 당시 50만 권이 판매된 베스트셀러였고, 영화 〈늑대의 유혹〉은 200만 명 이상의 관객을 끌어모았으며, 강동원을 스타 반열에 올려놓았다. 또한, 드라마 판권은 제이에스픽쳐스가 구입했으며, 사과나무픽쳐스와 공동으로 제작하기 위해 2011년 구입했으나, 제작에 들어가지 못했다.

최근 OSMU 가운데 출판콘텐츠를 원천콘텐츠로 하여 영화나 드

---

47 김택규(2014), 위의 글, 52쪽.

<표 5-5> 귀여니의 작품과 OSMU

매체	작품명
소설	《늑대의 유혹》(2002), 《그놈은 멋있었다》(2003), 《도레미파솔라시도》(2003), 《천사의 향기》(2003), 《내 남자친구에게》(2003), 《아웃싸이더》(2005), 《다섯개의 별》(2005), 《아프리카》(2005), 《신드롬》(2007), 《천사를 찾습니다》(2008), 《팜피넬라》(2011)
영화	〈내 남자친구에게〉(2000), 〈그놈은 멋있었다〉(2004), 〈늑대의 유혹〉(2004), 〈도레미파솔라시도〉(2008)
드라마	〈다섯개의 별〉, 〈늑대의 유혹〉(미정)
뮤지컬	〈늑대의 유혹〉(2011)

라마로 매체 전환이 활발하며, 거꾸로 영화나 드라마를 도서로 출간하는 스크린셀러도 때 아닌 붐이다. 김혜수·박해일 주연의 영화 〈모던보이〉는 2000년 문학동네 신인작가상 수상작인 이지형의 《망하거나죽지 않고 살 수 있겠니》가 원작이며 손예진·김주혁 주연의 〈아내가결혼했다〉는 2006년 제2회 세계문학상을 수상한 박현욱의 베스트셀러를 원작으로 하고 있다. 자유연애주의자인 기혼녀 여주인공이 현재의 남편을 두고 다른 남자와 또 결혼한다는 파격적인 스토리를 담고 있다. 이정명의 동명소설을 원작으로 한 〈바람의 화원〉은 동시에 드라마와 영화화된 작품이다. 이외에도 〈여명의 눈동자〉, 〈해신〉, 〈궁〉, 〈풀하우스〉, 〈쩐의 전쟁〉, 〈황진이〉 등에 이르기까지 이미 만화·소설을 원작으로 한 작품들이 영화·드라마로 큰 성공을 거뒀다.

또한, 스크린셀러라고 하여 영화나 드라마로 제작되어 성공한 콘텐츠를 책으로 엮어내는 경향은 2010년 이후 새롭게 전개되는 출판계트렌드가 되었다. 이처럼 책과 영상콘텐츠의 만남은 더는 새로운 것이 아니다. 앞서 귀여니의 책도 마찬가지로 〈그놈은 멋있었다〉(2004), 〈늑대의 유혹〉(2004), 〈내 남자친구에게〉(2007), 〈도레미파솔라시도〉(2008)가 영화로 각색되어 관객에게 선보였다. 웹툰에서는 강풀과 윤태호의 콘텐츠가 영화계에 인기였다면, 인터넷 소설에는 귀여니가 있는 셈이다. 또한, 영화에 머무는 것이 아니라 뮤지컬 〈늑대의 유혹〉이 2011년 공연해 좋은 반응을 얻은 바 있다. 하지만 이후 활동은 부진하다.

이처럼 귀여니 혹은 귀여니의 작품은 2000년대 초반 새롭게 등장한 인터넷문학에서 시작되어 로맨스 소설의 붐을 선도하고, 인터넷 커뮤니티 성공을 기반으로 책으로 인지도를 넓힌 다음 영화와 뮤지컬로 재탄생되는 일련의 성공스토리 라인을 보이고 있다. 지금은 인터넷문학의 흐름이 웹툰으로 옮겨갔으나 온라인을 기반으로 한 콘텐츠의 생산은 미래 콘텐츠시장을 견인할 신동력이라고 본다.

VI

글로벌
문화기업

1.
완다그룹

1) 왕젠린과 완다의 설립

왕젠린(王健林)은 중국을 대표하는 기
업인 완다의 창업자이자 CEO다. 왕젠린
은 1954년 쓰촨에서 마오쩌둥의 대장정에
참가한 홍군의 아들로 태어났다. 열여섯 살
때 소년병으로 군에 입대하여 육군학원을

〈그림 6-1〉 완다그룹과 왕젠린 회장

우수한 성적으로 졸업하고 군교관이 되었다. 1986년 랴오닝대학 경영관리전문 특별과정을 수료하고 학위를 취득했다. 당시 중국은 덩샤오핑의 개혁개방 정책으로 시장경제가 막 태동하고 있는 시기였다. 왕젠린은 군인의 길을 포기하고 자본금 100만 위안으로 1988년 다롄완다를 창업한다. 막강한 자본력을 바탕으로 완다그룹은 종합문화공간(완다광장), 영화, 호텔, 백화점, 무역, 부동산 등 고정자본이 많이 들지만 수입이 안정적인 중국 내수시장에 투자해 몸집을 키운다. 그렇게 중국 내에서 성장하던 완다그룹은 눈길을 점점 해외로 돌리기 시작하는데, 막강한 자본력을 바탕으로 공격적인 M&A를 통해 다국적기업으로 성장했다.

완다그룹은 1988년 창업 이래 놀라운 성과를 창출했고, 지속적인 변화를 통해 기업을 성장시킨다. 완다의 초기 주력 사업은 부동산이었다. 주택개발을 통해 막대한 부와 큰 성장을 이룩한 완다는 주택개발 위주의 개발사업의 한계를 예견하고 상업용 부동산이라는 새로운 블루오션 비즈니스모델을 개척한다. 완다그룹은 2,157만 m²의 상업용 부동산과 9천만 m²의 토지를 소유하고 있다. 왕젠린은 엄청난 경영수완을 발휘해 독보적인 상업용 부동산 모델을 끊임없이 변화 · 진화시켜 부동의 1위 업체에서 새로운 문화사업에 진출하고 있으며, 해외 진출과 전자상거래로 사업모델을 바꾸어 탈부동산화를 꾀하고 있다. 2020년까지 매출 1천억 달러(2014년 43조 7천억 원), 이익 100억 달러, 해외 비중 30%를 달성하겠다고 선언하고 그 목표를 향해 나아가고 있다. 2015년 그룹 자산이 6,340억 위안(약 114조 원)으로 2014년 같은 기간보다 20.9% 증가했고, 수익도 2,901억 위안(약 52조 원)으로 전년보다 19.1%가량 늘어 높은 성장세를 보였다.

산하 핵심 계열사인 '완다 상업부동산'은 전 세계에서 가장 큰 부동산 업체로, 중국 전역 29개 성(省)에서 139개 종합쇼핑몰(완다광장), 92개 호텔을 운영하고 있으며 2020년까지 종합쇼핑몰을 400개로 늘릴 계획이다. 완다그룹은 총 614개의 국가 그린빌딩 인증이 있으며, 2017년 완다는 그린빌딩 디자인 77건, 그린빌딩 운영 49건을 포함한 126건의 그린빌딩 인증서를 획득했다.[1]

완다그룹은 2017년 포춘 글로벌(Fortune Global) 500[*] 리스트 중 380위를 차지할 정도로 글로벌기업으로 성장했다. 2017년 총자산은 7천억 위안(약 123조 5천억 원)이며, 매출액은 2,273억 위안(약 40조 원)으로 문화, 부동산, 금융, 유통 등의 사업을 전개하는 대기업으로 발전했다. 완다그룹은 끊임없는 사업다각화를 추진한 결과 현재 부동산, 문화/레저, 금융, 유통 등 4개 핵심 부문으로 구성된 대형 기업그룹으로 진화해 왔다. 완다그룹은 9개 영역에 걸쳐 사업을 추진하고 있는데, 미국 AMC를 인수한 중국 완다원선공사(中国万达院线公司)는 세계 최대 영화원선 운영상으로 전 세계 10%의 시장점유율을 자랑하고 있고, 완다영상제작공사(万达影视制作公司), 완다더공연예공사(万达德贡演艺公司), 영화과학기술오락공사(电影科技娱乐公司), 테마공원공사(主题公园公司), 대가성오락공사(大

* **포춘 글로벌 500**

2018년 중국 기업 중 포춘 글로벌 500위 안에 포함되는 기업은 120개이며, 그 중 1위는 중국국가석유공사(China National Petroleum)로 전체 4위를 차지했다. 완다그룹의 경쟁사인 징동그룹은 181위, 알리바바가 300위, 텐센트도 331위다. 한국 기업 중 1위는 삼성전자로 전체 12위에 올랐다.

---

1   선지아 · 김명숙(2016), 〈중국 민영기업의 글로벌 M&A를 통한 다각화 전략에 관한 연구: 완다(萬達)그룹을 중심으로〉, 《국제경영리뷰》 20(2), 한국국제경영관리학회, 235쪽.

歌星娱乐公司) 등이 있다.[2] 완다그룹이 부동산 사업으로 큰돈을 번 후 새로운 사업에 눈을 돌린 분야가 문화산업이다. 중국 부동산 경기가 침체 국면에 접어들면서 완다의 '탈(脫)부동산화' 노력이 본격화한다. 부동산의 비중을 줄이는 한편 영화, 테마파크, 스포츠, 서예(書藝), 무대예술, 문화관광단지 등 다양한 사업영역 진출을 통해 종합 엔터테인먼트 기업으로의 대변신을 가속화했다.[3]

물론 완다그룹이 중국 부동산 사업의 포화와 새로운 신동력 성장 사업인 문화산업으로 눈을 돌린 점은 탁월하지만, 국내 문제도 큰 영향을 미쳤다. 완다 창업 후 성장할 시기에는 장쩌민이 주석이었고 상하이방이 제조, 금융, 부동산, 에너지에 관심을 갖고 투자하던 시기였다. 하지만 후진타오를 거쳐 시진핑 집권 시기에는 이들 산업이 기울고 ICT, 우주산업과 문화산업 등 새로운 산업이 맹주로 급부상했다. 현재 중국 경제를 견인하는 알리바바, 텐센트, 바이두, 화웨이, 샤오미, 오포, 비보 같은 기업은 모두 ICT기업이고, 알리바바, 텐센트는 ICT를 넘어 문화산업에 큰 투자를 하고 있다. 2020년까지 완다그룹이 보유하고 있는 부동산 관련 수익을 50% 이하로 낮추고 문화산업으로 전면 전환할 계획이다.[4] 이러한 배경에서 완다도 기존의 사업에서 현 정권이 추진하는 새로운 산업군에 투자하며 보조를 맞추고 있다. 이것이 중국 기업의 생존법칙이자 현실이다.

그리고 완다그룹은 기업의 사회적 책임에서 하나의 모델이 되기

---

2 〈中 완다그룹, 유럽 영화관 인수 추진〉, 해외시장동향, 한국콘텐츠진흥원, 2013.

3 선지아 · 김명숙(2016), 위의 논문, 235-236쪽.

4 〈완다그룹(万达集团) 문화산업 전면 진입〉, 해외시장동향, 한국콘텐츠진흥원, 2013.

위해 노력하고 있다. 완다그룹은 여러 해 동안 중국에서 가장 많은 일자리를 창출하는 고용주다. 2017년에는 19만 5천 건의 서비스 일자리가 창출되어 연중 신규 고용의 1.5%를 차지했으며, 그중 대학생 8만 4천 명을 고용했다. 완다그룹은 구이저우성의 단자이(丹寨)현에 16억 위안을 기부하여 "전반적인 빈곤 퇴치를 책임지는 기업"이라는 목표로 빈곤 퇴치 모델을 만들었다. 빈곤 퇴치 프로그램은 국무원에서 발행한 중국 최초의 빈곤 완화 및 혁신상을 수상하여 중국에서 새롭게 목표로 하는 빈곤 퇴치 브랜드를 구축했다. 완다그룹은 "지역사회 봉사를 통한 공동 번영"이라는 사명을 가지고 있다. 지난 30년 동안 완다그룹은 누계로 58억 위안을 여러 자선단체에 기부하여 중국 최대 민간 기부자 중 한 명이 되었다.

2006년부터는 문화사업에 발을 들여놓은 후 대규모 해외기업 인수합병을 통해 사업 확장을 꾀했다. 2005년에 완다그룹의 자회사인 완다시네마(万达影院, Wanda Film Group)를 설립했고, 2015년 선전증권거래소에 상장한다. 1,551개의 극장과 1만 5,932개의 스크린을 보유하고 있으며, 중국과 호주, 뉴질랜드의 180개 도시에 516개의 직영 극장과 4,571개의 스크린을 보유하고 있다. 그중 262개의 IMAX 스크린을 보유해 전 세계에서 1위 규모를 차지하고 있다. 이처럼 완다시네마는 제작사, 투자/배급사, 원선/상영관까지 영화산업 가치사슬을 모두 갖춘 명실상부 중국 최고의 영화그룹이다. 2017년 완다의 영업 수입은 흥행 수입, 시장점유율 및 영화 출석률을 포함하여 132억 위안(약 2조 3천억 원)으로 9년 연속 1위를 차지했다. 또한, 완다시네마는 브랜드 가치 1,911억 위안(약 32조 4,870억 원)으로 '2017년 중국 500대 브랜드'로 선정

되어 최단기간 중국 엔터테인먼트 업계에서 1위를 차지했다.[5]

완다시네마는 중국 내 확장에 멈추지 않고 해외 진출에 매우 적극적이었다. 할리우드의 대표적인 영화사 레전더리엔터테인먼트(Legendary Entertainment)를 35억 달러(약 4조 원)에 인수했다. 레전더리는 〈300〉(2007), 〈인셉션〉(2010), 〈다크 나이트〉(2012), 〈맨 오브 스틸〉(2013), 〈퍼시픽 림〉(2013), 〈고질라〉(2014), 〈인터스텔라〉(2014) 등 박스오피스에서 가장 흥행한 영화를 제작한 메이저 영화사다. 완다시네마는 레전더리 외에도 2016년까지 미국 제2의 극장체인 AMC엔터테인먼트를 26억 달러(약 3조 2천억 원)에 인수한 것을 시작으로 미국 4위 영화관 체인 카마이크시네마(Carmike Cinemas)를 12억 달러(약 1조 4천억 원)에 인수했다. 유럽 1위 사업자 오디언앤드UCI, 호주 1위 사업자 호이트(Hoyt), 북유럽 1위 사업자 노르딕시네마그룹(Nordic Cinema Group)까지 8억 1,500만 달러(약 1조 원)에 인수해 몸집을 불렸다.[6]

하지만 빛이 있으면 그림자가 있듯 그 이면에는 부작용도 있다. 레전더리를 인수한 후 첫 작품은 장예모의 〈그레이트 월〉(2016)이었다. 이 영화는 당시 1억 5천만 달러라는 최고의 제작비를 투자해 만든 영화였지만 큰 흥행을 거두지 못했다. 지나친 중화주의 사상과 중국 우월주의, 만리장성의 왜곡된 묘사 등 판타지오락영화라 하더라도 재미와 완성도 측면에서 실패한 영화다. 이후 제작한 〈콩: 스컬 아일랜드〉(2017), 〈퍼시픽 림: 업라이징〉(2018) 등도 좋은 평가를 받지 못했다. 두 영화 모

---

5   완다시네마: http://www.wandafilm.com, 2019년 1월 15일 검색.

6   "완다, '부동산 재벌'에서 '글로벌 최대 영화사업체'까지", 《상하이저널》, 2016년 3월 4일, 2019년 1월 15일 검색.

두 진텐이라는 중국 여배우가 나오는데, 연기와 비중 등 문제의 소지가 많았다. 〈콩: 스컬 아일랜드〉는 중국 인민이 자국의 영화라고 여기고 많은 관람을 한 대표적인 영화이고, 국내에도 169만 명이 볼 정도로 인기를 끌었다. 하지만 〈퍼시픽 림: 업라이징〉은 1편의 감독 기예르모 델 토르(Guillermo del Toro)를 배제하고 스티븐 S. 드나이트를 기용했고, 진텐의 과도한 기용은 모두 패착이었다. 중국어로 말하는 진텐과 영어로 답하는 미국 배우는 매우 어색하고, 현재 미중 사이에 파인 골처럼 영화에 몰입하기 힘들게 만든다. 이후 만든 영화는 이를 의식한 듯 지나친 중국 배우 기용을 자제했다. 〈쥬라기 월드〉(2018), 〈스카이스〉(2018), 〈맘마미아! 2〉(2018), 〈명탐정 피카츄〉(2019), 〈고질라: 킹 오브 몬스터〉(2019) 등이 좋은 예다.

그러나 자회사가 아닌 완다시네마 자체에 직격탄을 맞는다. 중국 당국은 각 은행에 기업들의 해외 인수합병 자금 리스크를 조사하기 시작했는데, 특히 무리하게 완다미디어를 인수하려다 오히려 주식시장에서 19개월 동안 거래 정지를 당한다. 적극적인 인수합병을 통해 몸집을 불렸으나 중국 정부에 철퇴를 맞은 완다그룹은 부동산을 매각하는 등 자금을 확보하고 구조조정을 통해 위기를 극복하고 있다. 인수합병 과정에서 많은 달러가 해외로 인출되고, 그 과정에서 중국 전·현직 지도부의 비자금이 해외로 빼돌려지는 등 문제가 발생한 측면도 있다. 중국 정부는 항상 양날의 칼을 들고 있다. 진흥과 규제는 중국 정부의 중요한 관심사다. 효율적인 관리·감독을 가장 우선시하는 것이 중국 정부가 내세우는 문화정책의 기조다. 기업이 성장하면 부패하거나 부작용이 발생하므로 중국 정부는 이를 극도로 경계한다.

2) 중국의 영화산업

2017년 중국에서 개봉한 영화는 483편으로 박스오피스에서 1억 위안 이상 수익을 낸 영화는 91편(외국영화는 10편), 10억 위안 이상도 7편에 달한다. 2017년 영화 관객 수는 16억 2,200만 명이며, 스크린 수는 5만 776개다.[7] 2018년 총 902편의 영화를 상영했고, 처음으로 600억 위안(약 9조 8,202억 원)을 돌파해 609억 위안을 기록했다. 그중 중국 영화가 378억 9,700만 위안으로 전체 영화시장의 62.15%를 차지하고 나머지 47.85%가 해외 영화였다. 중국의 영화 정책을 담당하는 국가전영국(國家電影局)은 2019년 중국 박스오피스 수입이 642억 6,600만 위안(동기 대비 5.4% 증가)을 기록했고, 그중 중국영화는 411억 7,500만 위안(동기 대

〈표 6-1〉 2019년 중국 영화와 해외 영화 흥행 순위와 매출액

(단위: 위안)

| 순위 | 중국 영화 | | 해외 영화 | |
	영화명	매출액	영화명	매출액
1	특수부대 전랑 2	56억	어벤져스: 인피니티 워	23억 9,053만
2	유랑지구	46억	베놈	17억 946만
3	오퍼레이션 레드 씨	36억 5,078만	쥬라기 월드 2	16억 9,551만
4	당인가탐안 2	33억 9,769만	레디 플레이어 원	13억 9,666만
5	미인어	30억	미션 임파서블 6: 폴아웃	12억 4,203만

---

[7] 〈2018 중국 문화산업 비즈니스 가이드〉, 한국콘텐츠진흥원, 2018, 147쪽.

비 8.65% 증가)으로 시장점유율 64.07%를 차지했다.[8]

2018년에만 9,303개의 스크린이 새로 생겼고, 중국 내 스크린 수는 총 6만 79개로 전 세계 최고다. 2018년 최고의 흥행작은 모두 중국 영화였는데, 1위인 〈오퍼레이션 레드 씨(紅海行动)〉는 전쟁영화의 새로운 획을 그었고, 2위는 〈당인가탐안 2(唐人街探案 2)〉로 미스터리·코미디물이다. 3위는 〈아부시약신(我不是药神, 나는 약신이 아니다)〉, 4위는 〈서홍시수부(西虹市首富)〉로 코미디물이다. 5위는 〈착요기(몬스터 헌터 2)〉라는 판타지 요수 영화로 〈착요기 1〉은 중국 역대 흥행 7위로 큰 인기를 끈 영화다.[9]

2018년 최고의 흥행작은 린차오셴(林超贤) 감독의 〈오퍼레이션 레드 씨〉다. 이 영화는 내전과 주변국으로부터 시작된 테러가 동시다발적으로 발생하고 방사능 폭탄 무기까지 만들어지는 무법천지에 갇힌 중국인을 특수부대가 구출하는 내용의 대표적인 국뽕영화다. 중국 역대 최고의 흥행을 이끈 영화는 〈전랑 2〉의 2018년 버전이다. 〈전랑 2〉는 음력설인 2월 5일 개봉 이후 한 달여 만에 입장 수입 46억 위안(약 7,800억 원)을 돌파하며 중국 역대 박스오피스 1위에 올랐다. 중국 국내에서는 중국 SF의 신기원을 이룩한 영화라며 한껏 들떠 있었지만, 해외의 반응은 달랐다. 중국의 애국주의와 '중국이 지구를 구한다'는 팍스 시니카(Pax Sinica)의 등장을 경계하는 시선이 적지 않다.[10]

최근 중국 영화 트렌드 중의 하나는 중국식 전쟁영화에 여러 전쟁

---

8   "지표로 짚어보는 2019 중국 영화 총결산", 人民网, 2020년 1월 8일.

9   "2018년 중국 영화 박스오피스 600억 돌파", 人民网(http://kr.people.com.cn), 2019년 1월 4일, 2019년 1월 15일 검색.

10   김남희(2019), 〈유랑지구(流浪地球)〉, '국뽕'으로만 볼 것인가」, 『관행』, 인천대학교 중국학술원.

히어로가 등장해 애국심을 끌어올리는 영화가 크게 인기를 끈다는 점
이다. 〈유랑지구〉는 예멘 교민의 철수 작전이라는 실화를 기반으로 한
영화인데, 뛰어난 특수효과와 완성도 높은 액션 장면으로 〈전랑 2〉보
다 성장한 모양새를 보여준다. 물론 과도한 연출과 배우의 억지스러운
연기, 개연성 낮은 서사 등 여러 가지 문제는 있으나, 전쟁영화에서 그
런 서사전개는 문제가 되지 않는다. 최대한 영웅스럽고 과도한 멋과 폼
을 잡고 신파식으로 애국심을 우려내는 것이 중요하다. 이 영화는 대표
적인 국뽕영화로 2019년 이후에도 이런 영화는 계속 제작되고 인기를
끌 것이다.

2018년 7월 6일 개봉한 원무예(文牧野) 감독의 〈아부시약신〉은

〈표 6-2〉 중국 역대 흥행작 10위

(2019년 현재, 단위: 위안)

순위	작품명	매출액
1	전랑 2	56억 7,891만
2	유랑지구	46억 56만
3	홍해행동(오퍼레이션 레드 씨)	36억 4,775만
4	당인가탐안 2	33억 9,666만
5	미인어	33억 9,211만
6	아부시약신	30억 2,788만
7	분노의 질주 8	26억 7,096만
8	서홍시수부	25억 4,718만
9	착요기(몬스터 헌터)	24억 4,002만
10	분노의 질주 7	24억 2,659만

2004년 중국에서 실제로 일어났던 사건과 실존 인물을 바탕으로 만든 영화다. 중국 의료계의 현실을 영화라는 틀 안에서 과감하게 풍자하는 동시에 '약의 신'으로 불린 의인의 이야기로 작품성과 흥행 면에서 모두 성공을 거둬 중국 영화의 수준을 한 단계 끌어올렸다는 평을 들었다. 이 영화의 주목할 점은 완다시네마의 경쟁사인 알리바바픽처스에서 자사의 온라인 티켓팅 플랫폼과 배급을 함께한 대표작이라는 점이다.

2019년에는 스토리영화(电影故事片) 850편, 애니메이션 51편, 과학교육영화 74편, 다큐멘터리 47편, 특수영화(3D 등 특수 기술을 사용해 제작한 영화) 15편 총 1,037편이 제작되었다. 그중 박스오피스 수입 10위 안에 랭킹 된 중국 영화는 총 8편이었다. 〈나타지마동강세(哪吒之魔童降世)〉가 50억 위안으로 1위, 〈류랑디추(流浪地球, The Wandering Earth)〉가 46억 5,500만 위안으로 2위, 〈나와 나의 조국(我和我的祖國)〉이 28억 8,900만 위안으로 4위를 기록했다. 그 외에도 〈중국기장(中國機長)〉과 〈풍광적외성인(瘋狂的外星人, 미친 외계인)〉, 〈비치인생(飛馳人生, 페가수스)〉, 〈열화영웅(烈火英雄)〉, 〈소년적니(少年的妳)〉 순이다.[11]

중국 역대 박스오피스 10위 중 자국 영화가 8편, 해외 영화가 2편이다. 물론 해외 영화는 모두 할리우드 영화다. 중국에서 〈분노의 질주〉 시리즈는 늘 인기 있는 작품이었고, 세계적으로 큰 이슈를 낳은 〈어벤져스〉도 중국에서 인기가 높다. 자국 영화의 높은 비중은 그만큼 중국 영화의 위상이 높다는 것을 말한다. 중국은 한국처럼 스크린쿼터제를 시행하는 대표적인 국가인데, 자국 영화 보호가 주된 목적이다. 물론 중

11　"지표로 짚어보는 2019 중국 영화 총결산", 人民网, 2020년 1월 8일.

국은 그 어느 국가보다 스크린쿼터제를 엄격하게 시행하고 있고, 한 해에 수입할 수 있는 영화를 64편으로 제한하고 있다. 이러한 강력한 스크린쿼터제도가 중국 영화 성장에 주요 요인으로 작용하고 있다.

한국의 경우, 2020년 2월 현재까지 27편의 천만 관객 영화가 있다. 이 중 10위권에는 한국 영화가 7편, 할리우드 영화가 3편이다. 〈어벤져스: 앤드 게임〉(5위, 1,393만 4,592명)이고, 〈겨울왕국 2〉(6위, 1,374만 848명), 〈아바타〉(9위, 1,333만 8,863명) 순이다. 27편의 천만 영화 중 해외 영화는 〈알라딘〉(13위, 1,255만 1,982명), 〈어벤져스: 인피니트 워〉(22위, 1,121만 2,710명), 〈어벤져스: 에이지 오브 울프론〉(24위, 1,049만 4,840명), 〈인터스텔라〉(25위, 1,030만 9,432명), 〈겨울왕국〉(26위, 1,029만 6,101명)까지 8편에 불과하다. 자국 영화 중심은 한국이 중국보다 강하다는 것을 알 수 있는 대목이다.[12]

〈기생충(Pasite)〉(2019)은 1,022만 8,439명으로 2020년 첫 천만 관객을 모았다. 〈기생충〉은 100년이 넘는 한국 영화사에 큰 획을 그었는데, 72회 칸영화제 '황금종려상'을 받았다. 그리고 제77회 골든글로브 시상식에서 '최우수 외국어영화상'을 수상했고, 92회 아카데미 시상식에서 '작품상', '감독상', '각본상', '국제장편영화상' 등 4관왕을 차지했다.[13]

---

12   다음(daum), 2020년 2월 기준
13   네이버 지식백과: '기생충의 수상 및 후보 목록', 2020년 2월 20일 검색.

2.
넷플릭스

2017년 봉준호 감독이 〈옥자〉를 발표한다. 영화 〈옥자〉는 넷플릭스가 제작비 전액(560억 원)을 투자하고 배급을 맡은 영화로 2017년 칸영화제 경쟁 부문에 공식 초청받았다. 하지만 〈옥자〉는 프랑스 내에서 넷플릭스의 영화를 초청할지 여부를 놓고 갑론을박 논쟁이 뜨거웠다. 프랑스 법에 따르면 영화는 극장에서 상영한 후 3년이 지나야 스트리밍 서비스가 가능한데, 넷플릭스의 영화는 극장에 개봉한 영화가 아니기

〈그림 6-2〉
넷플릭스 홈페이지

때문에 불법이라며 프랑스극장협회에서 강하게 문제를 제기했다. 티에리 프레모(Thierry Frémaux, 1960~) 칸영화제 집행위원장은 "넷플릭스가 극장 상영을 거부하고 온라인으로만 영화를 상영했기 때문에 이런 조처(금지)를 했다"고 말해 힘을 실어주었다. 넷플릭스는 칸영화제 측의 이러한 방침에 항의해 넷플릭스의 모든 영화를 칸영화제에 출품하는 것을 거부했다. 칸의 심사위원 중 한 명인 윌 스미스는 "넷플릭스 영화 역시 영화제에 초청받을 수 있다"라며 집행위원장과 다른 의견을 제시하기도 했다.

문제는 영화를 바라보는 관객의 시청 패러다임이 바뀌고 영화만이 전 세계 콘텐츠를 견인하는 유아독존 매체가 아니기 때문에 보수적인 영화제인 칸의 변화가 필요하다는 목소리가 높다는 점이다. 하지만 티에리 프레모 칸영화제 집행위원장은 "극장에서 상영하지 않는 영화가 수상하는 건 모순이다. 황금종려상을 수상한 작품을 극장에서 볼 수 없다는 것은 상상할 수 없다. 유일한 해법은 새 플랫폼이 기존의 룰을 수용하고 준수하는 것뿐이다"라고 기존의 입장을 재확인하면서 칸영화제와 넷플릭스의 갈등은 당분간 지속될 것으로 보인다.[14] 하지만 이 싸움은 오래가지 않을 것이며, 칸영화제가 결국 두 손 두 발을 다 들 수밖에 없다. 칸의 어리석은 결정은 시대정신에 어긋나고 현실감도 매우 떨어지는 행위다. 넷플릭스에서 선보이는 오손 웰스(Orson Welles, 1915~1985)의 미공개 유작 〈바람의 저편(The Other Side of the Wind)〉을 칸영화제에서 공개할 계획이었으나 무산되었고, 알폰소 쿠아론(Alfonso Cuaron,

---

14 강정석(2017), 〈'옥자', 넷플릭스, 영화의 미래〉, 《문화과학》 91, 문화과학사, 250쪽.

1961~) 감독의 〈로마〉, 폴 그린 그래스 감독의 〈노르웨이〉, 제레미 솔
니에르 감독의 〈홀드 더 다크〉 등 세계적인 감독의 작품들이 칸영화제
에 등을 돌렸다. 마틴 스콜세지도 넷플릭스의 제작비 후원을 받아 영화
를 제작 중에 있다. 이처럼 세계적인 감독들이 영화를 만들기 위한 제
작비 마련이 쉽지 않은데, 이 문제를 넷플릭스가 대체하고 있는 추세
다. 2018년 12월 방한한 영화 〈로마〉의 감독 알폰소 쿠아론은 넷플릭스
영화를 반대하는 해외 영화제를 향해 "시대는 바뀌었다"고 일침을 가
했다. 칸에서 외면받은 〈로마〉는 넷플릭스 오리지널 영화 최초로 세계
3대 영화제 중 하나인 베니스영화제에서 황금사자상 수상의 영예를 안
았다. 새로운 영화 관람 문화가 확산되고 있는 것이다.[15]

　　매년 35%씩 성장하는 기업을 본 적이 있는가? 넷플릭스의
2017년 매출은 약 116억 9,271만 달러(약 13조 1,355억 원)로 전년 매출(약
88억 3,067만 달러)에 비해 32.4%가 증가했으며, 시가총액은 1,130억 달
러(약 119조 원)다. 2013년부터 2017년까지 5년간 연평균 성장률이 35%
수준으로 무서울 정도로 성장하고 있다. 넷플릭스는 전 세계 190여 개
국 1억 3,700만 명 가입자에게 30개 언어로 콘텐츠를 제공하고 있다.
넷플릭스의 대표 리드 헤이스팅스(Wilmot Reed Hastings, Jr., 1960~)는 영화와
텔레비전, 인터넷의 발명은 '혁명'이라고 말하면서 인터넷 영화, 인터넷
텔레비전을 통해 더 나은 서비스를 제공하겠다고 말했다. 이러한 혁명
을 가능하게 만드는 요인으로 온디맨드, 개인화, 글로벌화를 꼽았다.[16]

　　넷플릭스는 인터넷을 뜻하는 'Net'와 영화를 뜻하는 'Flicks'의 합

15　김윤미(2019), "NETFLIX 넷플릭스 오리지널 영화의 공습", 《샘터》, 샘터사, 113쪽.

16　"넷플릭스 CEO 리드 헤이스팅스: '우리는 스토리에 투자한다'", 중앙일보, 2018. 11. 08.

성어다. 'Net'는 그물을 의미한다. 인터넷(Internet)이나 네트워크(network) 같은 컴퓨터 용어로 쓰이지만, 굳이 우리말로 옮긴다면 '망'이라고 할 수 있고 중국어도 우리와 같이 '网(wǎng)'을 사용한다. 'Flicks'는 영화 혹은 한 편의 영화를 의미하는 단어로, 'flicker'는 영화관이다. 영어로 "go to the flicks"는 "영화를 보러 간다"는 뜻으로, 넷플릭스는 "인터넷을 통해 영화를 보러 간다"는 의미를 지닌다.

넷플릭스는 1997년 8월 29일 캘리포니아주 스콧츠밸리에서 리드 헤이스팅스와 마크 랜돌프(Marc Randolph, 1958~)가 설립한 세계 최대 OTT 사업자다. 전 세계 190여 개국 1억 3,700만 명 이상의 유료 회원을 보유한 세계 최대 인터넷 엔터테인먼트 서비스 기업이다. 오프라인에 디즈니가 있다면 인터넷에는 넷플릭스가 있다. 넷플릭스는 1990년대에는 비디오나 DVD를 대여하는 네트워크 기업이었다. 스트리밍 서비스가 대중화되기 전까지 TV방송은 본방을 사수하거나 재방송을 통해서만 시청이 가능했다. 영화는 영화관에서 관람하는 것이 본방 사수와 같은 개념이고, 이후 비디오나 DVD 혹은 텔레비전 방영까지 오랜 시간을 기다리고 별도의 비용을 들여 시청했다. 하지만 온라인 스트리밍 서비스가 가능해지고, N스크린 미디어 서비스가 확대되면서 이러한 법칙은 모두 깨지게 되었다. 더 이상 본방을 사수할 필요도 없으며, 디바이스의 제한도 옛말이 되었다. 좋아하는 드라마는 언제 어디서든, 내려받기를 통해서든 온라인 스트리밍 서비스를 통해서든 한꺼번에 몰아볼 수 있게 되었다.

인터넷 스트리밍 사업은 2007년 진출했다. 윈도 PC, 매킨토시, X박스360, 애플TV, 아이패드, 아이폰, 구글TV 등 다양한 시청 환경을 지원한다. 2012년 기획부터 주인공 섭외, 배급 전반에 걸쳐 자체적으로 콘텐츠를 제작하기 시작하면서 넷플릭스만의 독점으로 볼 수 있는 오리지널 콘텐츠를 시장에 내놓았다. 넷플릭스는 2012년 12월 매년 3천억 원의 저작권료를 지급하고 디즈니와 단독 저작권 계약을 체결했으며, 2013년 3월 소셜 기능을 추가해 자신이 시청한 영화나 TV 프로그램 목록을 페이스북 친구들과 공유할 수 있도록 했다. 국내에는 2016년 진출했다.[17]

넷플릭스는 스마트폰, 노트북, TV 등 다양한 단말기와 플랫폼을 이용하여 N스크린 서비스를 제공하고 있다. 자체 개발한 '오리지널' 콘텐츠와 영화사에서 배급받은 '라이선스' 콘텐츠 두 가지가 있다. 등급별로 스트리밍 서비스 품질을 구분하는 방식과 동시 접속을 가능하게 하는 기기 수를 제한하는 방식으로 베이식(Basic), 스탠더드(Standard), 프리미엄(Premium) 패키지를 구분하여 서비스를 제공하고 있다. 베이식은 동시접속 1명, 기본 화질 제공, 1대의 스마트폰이나 태블릿에 동영상을 저장하는 기능이 있고 매달 1만 2천 원의 이용료를 낸다. 스탠더드는 동시접속 2명, HD 화질 제공, 2대의 스마트폰이나 태블릿에 동영상을 저장하는 기능이 있고 매달 1만 2천 원의 이용료를 낸다. 프리미엄은 동시접속 4명, HD 및 4K UHD* 화질 제공, 4대의 스마트폰이나 태블릿에 동영상을 저장하는 기능이 있고 매달 1만 4,500원의 이용료를 낸다. 넷플릭스의 가장 큰 특징은 광고 없이 콘

*UHD

UHD는 'Ultra High Definition'의 줄임말로, 우리말로는 '초고해상도'를 의미한다. 4K는 4천 픽셀 정도 되는 해상도를 뜻하기 때문에 붙은 이름이다.

---

17 김동길(2018), 〈OTT서비스의 계층화 특성을 반한 소비자 선호도에 한 연구〉, 강릉원주대학교 박사학위논문, 16쪽.

텐츠에 집중할 수 있는 서비스 디자인, TV · PC · 스마트폰 등 다양한 멀티 디바이스를 지원하는 진정한 N스크린 서비스, 콘텐츠 전송 최적화 기술, 빅데이터 활용 기반의 추천 서비스를 꼽고 있다.[18]

---

18 강정석(2017), 〈'옥자', 넷플릭스, 영화의 미래〉,《문화과학》91, 문화과학사, 253~254쪽.

3.
월트디즈니사

1) 월트 디즈니와 디즈니랜드

디즈니랜드 하면 떠오르는 이미지는 미키마우스다. 전 세계 저
작권법을 저작권자 중심으로 강화한 법을 일명 〈미키마우스법〉이라
고 하는데, 그 이유는 배후에 디즈니사가 있기 때문이다. 1998년 이 법
의 제정을 주도한 연예인 출신의 소니 보노(Sonny Bono) 하원의원의 이

The WALT DISNEY Company

〈그림 6-3〉 월트 디즈니와 미키 마우스

름을 따서 〈소니보노법〉이라 불리기도 하며, '미키마우스'나 '도널드 덕' 등 다수 애니메이션의 저작권 기간 만료에 대응하는 월트디즈니사의 로비 결과 만들어졌다는 이유로 〈디즈니만기연장법〉 등으로 불리도 한다. 1998년 10월 7일 미국 상·하원 의회를 통과했고, 10월 27일 클린턴 대통령이 법안에 서명했으며, 정식 이름은 〈저작권기간연장법(Copyright Term Extension Act)〉으로 10월 28일 발효되었다.

그다음으로 떠오르는 이미지는 월트 디즈니와 그가 일군 디즈니사다. 세계 3대 미디어그룹은 월트디즈니사(Walt Disney), 타임워너(Time Warner Inc.), 뉴스코퍼레이션(News Corporation)이다. 이 중에서 세계 최대 미디어그룹은 월트디즈니사다. 월트디즈니사는 영화, 음반, 출판, 캐릭터, 테마파크, 게임 등을 갖춘 세계 최대 글로벌미디어그룹이자 문화산업의 최고 정점에 있는 세계 최고의 엔터테인먼트 기업이다. 월트디즈니사는 15만 명이 근무하고 있으며, ESPN·ABC 같은 방송사와 디즈니랜드로 대표되는 테마파크·리조트사업 및 어린이를 대상으로 한 캐릭터 상품 등이 있다.

그러나 월트 디즈니는 결코 좋은 사람이 아니다. 친숙한 옆집 할아버지 같은 인상 뒤에는 잔혹한 보스라는 두 얼굴이 숨겨져 있다. 노동자에게 가혹했고, 노조를 탄압할 때는 마피아와 결탁하기도 했다. 심지어 어린이 노동도 착취했다. 어린 노동자들은 현지 평균임금에도 훨씬 못 미치는 시간당 6센트의 임금을 받고, 화학약품에 노출된 채 무보험으로 고된 일을 했다. 디즈니사는 뉴욕노동청이 인정한 노동법을 가장 많이 위반한 회사였다. 이외에도 1950년대 전후 매카시즘 광풍 때 가장 적극적으로 FBI에 협력했고, 청문회에서 찰리 채플린 같은 동료 문화인들을 밀고했다.[19] 1947년 11월 24일 영화제작자협회는 좌파 성향이 강한 영화인 10명을 퇴출하는 월도프 선언(Waldorf Statement)을 채택했고, 월트 디즈니가 그 선봉에 섰다. 그뿐만 아니라 찰리 채플린, 〈백설공주〉와 〈밤비〉 등을 함께 만든 데이비드 힐버먼 등을 내쫓았다.[20] 결과적으로 그는 노동을 착취했고, 마피아와 손잡았으며, FBI에 동료를 팔았다. 인종차별이나 동성애 등 차별과 편견으로 똘똘 뭉쳤음에도 지금의 디즈니가 탄생한 것은 아이러니가 아닐 수 없다.

디즈니사는 2014년 〈겨울왕국〉의 흥행에 성공하여 기존 캐릭터산업을 굳건히 지키면서 마블 인수 후 〈어벤져스〉를 통해 새로운 수익 모델을 창출하고 있다. 2012년에는 루카스필름을 40억 달러에 인수하면서 새로운 〈스타워즈〉 시리즈의 탄생을 예고하고 있다. 애니메이션 〈클론 전쟁〉에 이어 〈반란군〉 시즌 1과 2를 성공적으로 마무리했으며, 영화 〈스타워즈: 깨어난 포스〉(2015)부터 〈스타워즈: 라스트 제다이〉(2017)에 이르기까지 디즈니사의 새로운 흥행 역사를 썼다. 블룸버그통신에 따르면, 월트디즈니사는 2015년 10~12월 매출이 전년 동기 대비 14% 증가한 152억 4,400만 달러(약 18조 2,547억 원), 순이익은 32% 증가한 28억 8천만 달러(3조 4,500억 원)를 기록했고, 영화 부문의 매출은 46% 증가한 27억 달러, 영업이익은 86% 증가한 10억 달러였다. 이 모든 것이 〈스타워즈〉 포스의 힘이다. 월트디즈니사의 2017년 매출액은 551억 3,700만 달러이고, 자산총액은 957억 8,900만 달러에 달하며,

---

19 이지원(2006), 〈디즈니, 디즈니랜드의 오싹한 현실〉, 창비어린이, 156-157쪽.

20 전성원(2010), 〈월트 디즈니(Walt Disney, 1901~1966): 한 마리 생쥐에서 시작한 글로벌 미디어 제국의 창조자〉, 인물과 사상사, 62-63쪽.

2020년 연매출은 69조 2천억 원이 될 것으로 전망한다.

중국에서 디즈니사에 견줄 수 있는 기업은 완다그룹이다. 완다그룹은 2014년 완다 테마파크에 70억 위안(1조 2,400억 원)을 투자했고, 2015년에는 약 8조 5천억 원을 투자했다. 영화와 테마파크에 지속적인 투자를 진행하고 있다. 특히 1자녀 정책이 무너지면서 아동을 대상으로 하는 사업은 수요가 폭증할 것으로 예상된다. 미국의 조사기관인 AECOM(www.aecom.com)에 따르면, 중국의 12세 이하 인구는 2억 2,200만 명으로 전체 인구의 15%를 차지하고 있고, 2020년에는 테마파크 입장객이 미국을 추월할 것이다.

*장 보드리야르의 시뮬라시옹

실재가 실재 아닌 파생실재로 전환되는 작업이 '시뮬라시옹'이고, 모든 실재의 인위적인 대체물을 '시뮬라크르'라고 부른다. 그에 의하면 우리가 살아가고 있는 이곳은 다름 아닌 가상실재, 즉 시뮬라크르의 미혹 속이다. 현대 자본주의 사회는 사물이 기호로 대체되고 현실의 모사나 이미지, 즉 시뮬라크르들이 실재를 지배하고 대체하는 곳이다. 이제 재현과 실재의 관계는 역전되며 더 이상 흉내 낼 대상, 원본이 없어진 시뮬라크르들이 더욱 실재 같은 극실재(하이퍼리얼리티)를 생산해낸다.[17]

2) 디즈니와 철학적 사고

프랑스의 철학자 장 보드리야르(Jean Baudrillard)는 자신의 '시뮬라시옹(simulation)'*을 설명하기 위해 디즈니랜드를 동원했다. 시뮬라시옹은 장 보드리야르의 《시뮬라크르와 시뮬라시옹》(프랑스어: Simulacres et Simulation)에서 나온 개념이다. 그는 디즈니랜드를 대표적인 하이퍼리얼(hyper-real)의 모델로 손꼽았다. 디즈니랜드는 하이퍼리얼이고, '미

---

21   네이버 지식백과: 시뮬라시옹(Simulation)[철학사전, 2009, 중원문화]

국'이 시뮬라크르(Simulacra)라는 사실을 감추기 위해 존재하는 것이다. 디즈니랜드가 '꿈과 희망이 가득한 환상의 세계'를 상징한다는 점은 전 세계 모든 사람이 인식하고 있다. 이러한 세계관이 시뮬라크르라는 점에서 디즈니랜드가 위치한 미국이라는 나라도 사실은 디즈니랜드 같은 시뮬라크르다. 즉 사람들은 디즈니랜드가 가상인 것은 알면서 미국이 가상이라는 것은 생각하지 못하고, 디즈니랜드가 가상이기에 미국은 실재한다고 인식하는 것이고, 미국 자체가 시뮬라크르 또는 하이퍼리얼이면서 또 다른 하이퍼리얼인 디즈니랜드를 자기 자신이 하이퍼리얼이라는 사실을 숨기는 도구로서 사용하는 것이다.

아쉽게도 철학 이야기는 여기에서 끝나지 않는다. 시뮬라시옹을 더 이해하기 위해서는 발터 벤야민이 말한 '아우라(aura)'의 개념을 알아야 하기 때문에 프랑스 철학에서 독일 철학으로 갈아타야 한다. 아우라는 그리스신화에 나오는 산들바람 여신의 이름이다. 《디오니소스 이야기(Dionysiaca)》에는 티탄족의 바람의 여신 아우라에 관한 신화가 전해 내려온다. 원래 아우라는 '미풍, 산들바람, 아침 공기'를 뜻하는 고대 그리스어와 라틴어 아우라(aura)에서 나온 말이다. 《디오니소스 이야기》는 아우라와 디오니소스의 비극적인 사랑이야기를 담고 있다. 디오니소스가 아우라와 사랑에 빠져 쌍둥이를 낳았지만, 아우라가 출산 중 광기에 사로잡혀 아이 중 하나를 죽이고 자신은 바다에 몸을 던져 죽고 만다.[22]

아우라는 독일의 평론가인 발터 벤야민(Walter Benjamin, 1892~1940)이 1935년 〈기계복제시대의 예술작품〉이라는 논문에서 사용해 널리 활용

---

[22] 두산백과: 아우라 http://terms.naver.com/entry.nhn?docId=1946672&cid=40942&category-Id=31538

되기 시작했다. 우리는 미술관에서 피카소의 독특한 작품을 보고 "피카소의 작품은 역시 아우라가 강렬해!"라고 말하곤 한다. 여기에서 아우라는 그 작가의 작품에서만 느껴지는 모방할 수 없는 독특한 분위기를 말한다. 예술작품에서 느껴지는 독창성과 창작성, 말로 표현하기 어려운 신비감 등이 절묘한 감흥을 일으킬 때 비로소 아우라는 가치를 발한다. 벤야민의 말을 직접 인용해보면, "복제에서 빠져 있는 예술작품의 유일무이한 현존성을 우리는 '아우라'라는 개념을 가지고 다음과 같이 요약해서 말할 수 있을 것이다. 즉, 예술작품의 기술적 복제 가능성의 시대에서 위축되고 있는 것은 예술작품의 아우라다". 결국 벤야민은 기계복제가 미술작품의 아우라를 파괴했다고 보았지만, 보드리야르의 주장은 바로 이 원본과 복제의 구분 자체가 소멸했다는 것이다. 보드리야르는 그 과정을 '시뮬라시옹'이라 부른다. 이는 "원천이나 실재 없이 실재적인 것의 모형들에 의해 만들어진 것, 즉 과잉 현실"을 가리키는 것이다.[23]

3) 꿈의 동산, 디즈니랜드

테마파크는 '테마'와 '파크'라는 두 가지 개념이 융합된 개념이다. 어원을 거슬러 올라가면, '테마(Theme)'는 그리스어 'thema'에서 그 뿌리

---

23   네이버 지식백과: 디즈니랜드(세계문화사전, 2005. 8. 20, 인물과사상사)

를 찾을 수 있다. '파크(Park)'는 '둘러쌈'을 의미하는 'perh'에서 파생한 단어이며, 고대 독일어로는 'parrak'이고, 고대 영어로는 'pearroc'로 표

〈표 6-3〉 세계 상위 10위권 테마파크회사(그룹) 순위

방문객 순위	회사(그룹) 이름	방문객 성장률 (%)	2017년 방문객 수	2016년 방문객 수
1	월트디즈니사 (Walt Disney Attractions)	6.8	150,014,000	140,403,000
2	멀린 엔터테인먼트 (Merlin Entertainment Group)	7.8	66,000,000	61,200,000
3	유니버설 파크&리조트 (Universal Parks and Resorts)	4.4	49,458,000	47,356,000
4	화교성집단 (华侨城集团, Oct Parks China)	32.9	42,880,000	32,270,000
5	방특환락세계 (方特歡樂世界, Fantawild Adventure)	21.7	38,495,000	31,639,000
6	창롱그룹 (长隆集团, Chimelong Group)	13.4	31,031,000	27,362,000
7	식스플래그스 (Six Flags Inc.)	2.3	30,789,000	30,108,000
8	시더페어사 (Cedar Fair Entertainment Company)	2.4	25,700,000	25,104,000
9	시월드파크 & 엔터테인먼트 (Seaworld Parks & Entertainment)	−5.5	20,800,000	22,000,000
10	레위니옹공원 (Parques Reunidos)	−1.1	20,600,000	20,825,000
2016~2017년 상위 10위권 방문객 성장률		8.6	475,767,000	438,267,000

출처: 2017 Theme Index and Museum Index: The Global Attractions Attendance Report

기한다.[24] 테마파크의 기원은 유럽의 열락정원(Pleasure Garden)에서 기인한다. 각종 연회, 만찬, 음악회, 불꽃놀이, 가면무도회 등이 열리는 문화적 장소다. 현대적인 의미의 테마파크는 잘 알듯이 월트 디즈니가 구상한 1955년 미국 캘리포니아 안하임에 개장한 디즈니랜드가 시초다.[25]

테마파크란 "내용을 뜻하는 주제(Theme)와 형식을 뜻하는 공원(Park)으로 구성된 각종 놀이 및 오락 시설 등을 총칭한 대규모의 놀이공간"을 말하며, 디즈니랜드 이후 테마파크의 개념은 진화해서 "특정한 주제를 가지고 그 주제를 일관성 있게 뒷받침하는 환경 연출이 점차 중요시되었고, 테마성, 비일상성, 배타성, 통일성을 가지고 사람들의 오락, 여가, 휴식, 교육 등 종합적 활동이 한 공간 안에서 가능한 복합적 기능의 레저 공간"을 칭하게 되었다.[26]

위의 표를 보면, 1위는 디즈니랜드, 2위는 영국의 멀린으로 춘천에 준비하고 있는 레고랜드 운영사다. 3위는 유니버설 스튜디오, 4~6위는 중국에 본사를 둔 중국 테마파크다. 중국 테마파크의 가장 큰 특징은 두 자릿수 이상의 성장세를 보이고 있다는 것이다. 7위와 8위는 북미지역에서는 어뮤즈먼트파크의 양대 산맥인 식스플래그와 시더페어다. 시월드는 미국 올랜도에 있는 테마파크이며, 레위니옹은 스페인에 있다.

전 세계에 6개의 디즈니랜드가 있다. 1955년 로스앤젤레스에 처

---

24 이상원 · 김명석(2000), 〈서사구조에 근거한 테마파크 디자인〉, Archives of Design Research, 한국디자인학회, 52쪽.

25 이상원 · 김명석(2000), 〈테마파크 설계에 있어 소설 특성 도입에 관한 연구〉, Archives of Design Research, 한국디자인학회, 98쪽.

26 김희경(2009), 〈어린이과학관의 테마파크적 기획설계에 관한 연구〉, 한국외국어대학교 박사학위논문, 21쪽.

음 개장했고, 1971년 플로리다주 올랜도에 개장했다. 이후 해외에 디즈니랜드를 개장하기 시작하는데, 일본 도쿄에 1983년, 파리 디즈니랜드가 1992년 개장했고, 홍콩은 2005년 뒤늦게 개장했다. 미국 올랜도의 경우 연인원 4천만 명이 방문하고, 일본 도쿄는 입장객이 약 17조 원을 소비한다. 홍콩과 파리는 아직 적자이지만 홍콩은 2만 명의 일자리를 창출하는 효과가 있으며, 파리는 연간 세수입이 4억 3,500만 달러에 달한다.

홍콩 디즈니랜드의 문제점은 부지면적이 1.26km²에 불과해 규모에 비해 관람객이 너무 많은 데 있다. 대기 시간이 지나치게 길고 혼잡하며 편의시설을 사용하는 데 불편하다 보니 관람객의 불만이 폭증하는 단점이 있다. 그뿐만 아니라 규모가 작아서 하루면 관람이 가능하기 때문에 숙박 등 부대시설 활용 등 부가가치를 창출할 개연성이 적다. LA 디즈니 개장으로 30여 개의 여행 명소와 2만여 룸 규모의 호텔을 신설한 것과 대조적이다.

하지만 2016년 6월에 개장한 상하이 디즈니랜드는 규모가 다르다. 상하이 푸둥지구(浦東新區) 촨샤진(川沙鎭)에 총면적 20km²이며, 자그

〈표 6-4〉 해외에 있는 디즈니랜드 비교

지역	개관 연도	면적(헥타르)	관광객(만/년)
파리	1992	1,951	1,200
도쿄	1983	201	1,730
홍콩	2005	126	450
상하이	2016	390	최소 1,000

마치 총 7조 원의 예산을 투자했다. 세계 최대 규모로 디즈니사가 지분 43%를 보유하고, 션디그룹(申迪集团)이 57%를 소유하는 합작 형태다. 션디그룹은 상하이시 소속 국유기업으로 등록자본금이 3억 위안이다. 션디그룹은 여행사, 건설업, 라디오, 영화, TV 등을 개발하는 유한기업이다. 상하이 디즈니랜드가 개장하면서 해외에서 개장하는 네 번째 디즈니랜드이자 전체 중 여섯 번째로 미국 올랜도 디즈니랜드, 프랑스 파리 디즈니랜드에 이어 세계 3위 규모로 도쿄 디즈니랜드의 약 2배 정도 되고, 홍콩 디즈니랜드의 3배 정도 된다.

상하이는 최적의 조건을 갖추고 있는 중국 최대 국제무역 도시다. 인구가 2,300만 명에 달하며, 항공, 크루즈, 고속철도, 도로, 지하철, 버스 등 다양한 이동수단 이용이 가능해 접근성이 뛰어나다. 주요 타깃은 중국 중에서도 상하이와 화둥지역이 될 텐데, 특히 홍콩과 차별화가 필요하다. 홍콩 디즈니랜드를 찾은 방문객은 모두 520만 명으로 이 중 42%에 달하는 220만 명은 중국 대륙에서 찾는 고객이다. 하지만 홍콩 디즈니랜드는 파리 디즈니랜드와 함께 아직 적자를 면치 못하고 있다. 반면 상하이 디즈니랜드의 경우 중국 국내 관광객은 고속철도나 항공을 이용하고 외국인 관광객은 항공편을 이용하면 된다. 특히 상하이 푸둥공항에서 가까워 30분 내외면 도착할 수 있는 장점이 있다. 양정타이(楊正泰) 상하이 푸단대(復旦大) 여유학(관광학) 교수도 중국 현지 언론과의 인터뷰에서 "중국 대륙에서 홍콩으로 갈 수 있는 사람은 얼마 안 되는 반면에 상하이로 가는 데는 출입국 수속 같은 것이 필요 없는 장점도 있다"면서 "중국은 땅도 크고, 사람도 많고, 경제도 쾌속 발전 중이라 홍콩 디즈니랜드와 경쟁은 하겠지만, 또 하나의 상업적 기회가 될

<표 7-5> 상하이 디즈니랜드 SWOT 분석

강점(Strengths)	약점(Weaknesses)
• 정부의 적극적인 지원 • 높은 브랜드 인지도 • 상하이의 자본력과 소비력 • 상하이의 우수한 교통	• 문화적 장벽 • 홍콩 · 도쿄와 경쟁 • 낮은 서비스 인식 • 교통 혼잡과 환경오염
기회(Opportunities)	위협(Threats)
• 다양한 문화체험 기회 • 3천만 명 이상의 관람객 • 주변 지역의 개발과 현대화 • 새로운 일자리 창출	• 높은 비용과 입장료 • 베이징, 선전 등 중국 내 테마파크 증가 • 중국 인구의 고령화 • 가족 중심의 제반 시설 부족

것으로 본다"고 말했다. 위의 표는 상하이 디즈니랜드의 SWOT 분석 내용이다.

상하이 디즈니랜드의 콘텐츠는 그 어느 곳과 비교해도 풍성하다. 전체 6개 테마공원으로 구성되어 있으며, 중국적인 특색을 갖춘 놀이공원과 캐릭터를 창조해냈다. 우선 6개 테마공원 중 미키 애비뉴는 상하이 디즈니랜드의 입구를 장식하며 미키마우스를 비롯한 다양한 디즈니 캐릭터들이 손님을 맞이하는 오프닝에 해당한다. 판타지랜드와 투모로우랜드는 모든 디즈니랜드에 있는 테마공원이다. 판타지랜드에는 일곱 난장이, 피터팬, 디즈니 공주와 궁전이 펼쳐지며, 투모로우랜드는 토이스토리관과 스타워즈 런치베이, 마블 유니버스, 픽사의 애니메이션관 등 어린이와 성인들이 모두 사랑하는 콘텐츠로 채워진다. 트레저 코브는 대표적인 대형 놀이기구가 있는 테마파크로 유일하게 '캐리비안의 해적'을 주제로 한 놀이공원을 갖추고 있다. 마지막으로 모험의 성에는 소어링 오버 더 호라이즌 같은 빠른 속도의 놀이기구가 있는데, 방문객은 이 기구를 타고 전 세계를 날아다니는 경험을 할 수 있다. 이처럼 상하이 디즈니랜드는 성대한 개막 행사부터 디즈니 고유의 색깔에 중국 전통문화를 배합해 독특한 콘텐츠로 구성되어 있다.

상하이 디즈니랜드는 2016년 560만 명의 관람객이 방문했고, 2017년 1,100만 명을 넘겼으며, 2020년에는 3천만 명이 넘을 것으로 예상한다. 상하이 디즈니랜드에 맞서 테마파크 '완다시티'를 개장한 완다그룹의 왕젠린 회장은 "완다가 있는 한 상하이 디즈니랜드는 20년 안에도 수익을 내지 못할 것"이라고 전망했지만, 그의 바람과 달리 상하이 디즈니랜드는 대박이 터졌다. 상하이 디즈니리조트와 상하이 디즈니랜드는 최근 디즈니가 추진한 글로벌화의 매우 중요한 사업 중 하나다. 특히 상하이와 함께 투자한 전체 사업 규모는 55억 달러에 달한다. 이처럼 경쟁력을 높이는 이유는 완다 같은 국내 기업과의 경쟁도 있고, 2020년 베이징에 유니버설 스튜디오가 오픈한다.[27]

---

27 김치호(2017), 〈상하이디즈니랜드의 현지화 전략〉,《인문콘텐츠》44, 인문콘텐츠학회, 324쪽.

4.
CJ ENM

〈그림 6-4〉 CJ ENM 로고

CJ ENM은 제일제당으로 시작했다. 잘 알려진 이야기지만, CJ ENM은 1995년 삼성에서 분사한 독립 기업이다. 정확히는 1994년 12월 16일 종합유선방송사업과 홈쇼핑 프로그램의 제작·공급 및 도소매업을 목적으로 설립했다. 이재현 회장은 삼성과 분리 직후 드림웍스 설립에 3억 달러를 투자하며 영화산업에 처음 발을 들이게 되었다. 이후 15년 이상의 오랜 적자와 불확실성에도 불구하고 영화, 음악 등 엔터테인먼트 분야에 1조 원 이상 투자해왔는데, 이재현 회장이 문화산업에 이토록 고집을 부리는 이유는 할아버지이자 삼성그룹 창업주인 이병철 전 회장이 "사업으로 나라를 일으킨다"라는 사업보국의 이념과 함께 "문화가 없으면 나라가 없다(No Culture, No Country)"라며 문화를 중요하게 생각했기 때문이다. CJ ENM의 이재현 회장은 "문화를 산업

화해야 한다. 제조업의 주도권이 중국으로 이동하는 가운데 우리가 최소한 20년 이상 중국을 앞설 수 있는 산업은 엔터테인먼트와 미디어가 유일하다. 문화를 통해 아시아를 넘어 전 세계에서 큰 수익을 창출해 국가경제에도 기여해야 한다"며 문화산업에 대한 의지와 열정을 내보였다. 이러한 이 회장의 확고한 신념을 바탕으로 CJ ENM은 "Create a new era of Global Pop Culture"라는 비전을 품고 있다.

2018년 7월 1일 (주)씨제이오쇼핑이 씨제이이앤엠(주)을 흡수 합병하고, (주)씨제이이엔엠(CJ ENM)으로 사명을 변경했다. 주요 자회사로 스튜디오드래곤과 CJ헬로비전이 있는데, 스튜디오드래곤(주)은 2016년 5월에 설립한 씨제이이앤엠(주)의 드라마 독립제작사이며, CJ 헬로비전은 서울시 양천구 지역을 포함한 전국 23개 권역에서 유료방송을 제공하는 복수종합유선방송사업자(MSO: Multiple System Operator)다. 코스닥 주식상장은 1999년 11월 23일에 했고, 주식은 20만 원 넘게 호가하고 있으며, 2018년 매출액은 4조 2,420억 원이다. CJ ENM의 주요 사업은 미디어 사업, 커머스 사업, 영화 사업, 음악 사업이며, 21세기 성장 사업으로 미디어 사업과 커머스 사업의 역량을 결합하여 글로벌 경쟁력을 높이고 있다. 프리미엄 콘텐츠와 차별화된 커머스 경험을 제공하고 고객의 가치를 높이며 신규 시장을 확대하는 융복합 미디어 · 커머스 기업으로의 성장을 목표로 하고 있다. 미디어 · 커머스 사업을 통해 기존 TV채널의 제한적인 성장을 극복하고자 디지털로 확장하는 사업 전략과 모델을 준비하고 있다.[28]

---

28 금융감독원 전자공시시스템(dart.fss.or.kr), CJ ENM 분기보고서, 2019년 1월 15일 검색.

CJ ENM은 영화제작사 싸이더스와 영화 〈해운대〉(2009), 〈국제시장〉(2014), 〈히말라야〉(2015), 〈공조〉(2016), 〈협상〉(2018)까지 20편의 영화를 제작한 JK필름 등 여러 제작사를 인수합병하여 영화 부문의 영향력을 키워왔다. JK필름의 경우 CJ ENM과 인수합병해 CJ ENM의 자본력과 해외 네트워크를 이용해 해외시장 진출을 꾀할 수 있게 되었으며, CJ ENM은 JK필름 등 전문 영화제작사의 인력과 제작 노하우를 활용하여 영화를 자체 제작할 수 있게 되었다. 또한, CJ ENM의 계열사인 CGV를 통해 자사가 제작한 영화배급까지 할 수 있는 시스템을 갖추게 되었다. 영화 제작은 CJ ENM이 가장 주력하는 사업이다. 〈국가부도의 날〉(2019)은 1997년에 시작된 외환위기와 국제통화기금(IMF) 구제금융 체제를 다룬 영화로, 약 400만 명이 관람해 의외의 큰 흥행을 한다. CJ ENM의 천만 명 관객 영화는 〈해운대〉(2009), 〈광해, 왕의 남자〉(2012), 〈명량〉(2014), 〈국제시장〉(2014), 〈베테랑〉(2015) 5편이다. 하지만 2016년 이후 천만 명 관객 영화가 없어 CJ ENM의 위기를 논하고 있다. 거대한 자본금이 투입된 〈군함도〉(2017)와 〈남한산성〉(2017), 〈PMC, 더 벙커〉(2018)가 흥행에 참패하면서 큰 위기에 빠졌다. 또한 CJ ENM은 추격해오는 롯데엔터테인먼트와의 싸움이 불가피해 보인다.[29] 2019년 롯데엔터테인먼트는 〈82년생 김지영〉을 배급해 큰 성공을 거두었다. 하지만 2019년 CJ ENM은 드라마로 흥행한 〈나쁜 녀석들〉의 영화 버전을 만들어 450만 명으로 흥행했고, 봉준호 감독의 〈기생충〉이 국내외 상을 휩쓸면서 천만 관객을 모았다.

---

[29] CJ ENM(www.cjenm.com), 2019년 1월 25일 검색.

영화 다음으로 활발히 제작활동을 하고 있는 분야는 방송 부문이다. 2017년 5월 tvN, Mnet 등 케이블채널 사업만 남겨두고 드라마, 예능 본부 등 제작 부문을 분사해 2016년 5월 새로운 콘텐츠 제작사 '스튜디오드래곤'을 설립했다. 이에 배우 전지현, 조정석을 비롯해 김은숙 작가가 소속된 '문화창고', '화앤담픽쳐스', 'KPJ'의 지분을 100% 인수하여 스튜디오드래곤의 자회사로 만들었고 2017년 11월 코스닥에 상장했다. 스튜디오드래곤은 드라마 제작의 핵심 역량인 인재 확보를 통해 국내 최고 수준의 제작 능력을 보여준다. 대표 작가로 김은숙, 박지은, 김영현, 박상연, 홍자매 등이 있으며, 연출은 김원석, 이응복, 김철규, 이윤정, 이정효, 김도훈 등이 있다. PD는 5개의 독자적인 제작팀과 기획팀으로 구성되어 있다. 2018년부터 2019년까지 〈알함브라 궁전의 추억〉, 〈프리스트〉, 〈신의 퀴즈〉, 〈손 the guest〉, 〈미스터 션샤인〉, 〈라이프 온 마스〉 등을 제작했다. 2017년에는 〈황금빛 내 인생〉, 〈시카고타자기〉, 〈크리미널 마인드〉, 〈터널〉을 제작했고, 2016년에는 〈도깨비〉, 〈또! 오해영〉, 〈38 사기동대〉, 〈푸른 바다의 전설〉 등을 제작해 큰 성과를 거두었다. 드라마 〈푸른 바다의 전설〉의 경우 SBS를 통해 배급했는데, 이를 통해 CJ ENM에서 제작한 콘텐츠를 자신의 배급망으로만 소비자에게 전달하는 것이 아니라 유연하게 타사를 통해 배급하기도 한다는 것을 알 수 있다. 스튜디오드래곤은 tvN, OCN 등의 채널을 보유하고 있는 모회사 CJ ENM을 통해 안정적인 캡티브 물량을 확보하고 있다. 차별화된 콘텐츠의 드라마를 방영하는 채널로 자리매김한

tvN은 주말을 비롯해 평일에도 드라마를 편성하고 있다.[30]

이렇듯 CJ ENM은 영화와 마찬가지로 제작사를 산하에 두어 자사 인력만으로도 드라마는 물론 예능 프로그램까지 자체 제작해 자사와 타사 채널에 직접 공급이 가능하고, 자사 소유의 플랫폼만이 아닌 지상파 방송사에 드라마를 편성 및 납품하기 때문에 드라마 사업의 수익성 측면에서 유리한 위치에 있다. CJ ENM은 경쟁력 있는 콘텐츠를 자체 제작함으로써 수익성을 높이고, 부가가치까지 창출해 더욱 큰 파괴력을 지닌 콘텐츠 기업으로 재탄생하는 중이다. 이처럼 제작사의 분사로 인해 자체 제작의 전문성을 높이고, 계열사 채널을 통해 유통함으로써 수익구조가 안정화되는 시너지 효과를 얻을 수 있다. 또한, 콘텐츠 사업의 급격한 시장 환경 변화에 효과적으로 대응할 수 있고, 사업 특성에 맞는 경영전략 수립을 통해 기업 가치를 극대화하기 좋은 구조라 할 수 있다. '스튜디오드래곤'의 역할과 가치가 강화될수록 기존의 영세한 제작 환경에서 벗어나 작가, 제작사, 국내 방송, 해외 유통 간의 탄탄한 가치사슬을 구축할 수 있으며, 이에 따라 지상파 중심에서 제작사 중심으로 주도권이 이동해 해외 판권 판매에서도 유리하게 협상력을 발휘할 수 있게 된다.[31]

배급 부문 중에서도 CJ ENM이 가장 활발히 활동하는 분야는 바로 방송이다. 대표채널 tvN, Mnet, OCN을 포함해 오락, 음악, 영화, 스타일, 애니메이션 등 다양한 장르의 16개 채널을 보유하고 있어 차별화된 오리지널 콘텐츠를 케이블, IPTV, 디지털 등의 다변화된 미디어 플

---

[30] STUDIO DRAGON(www.studiodragon.net), 2019년 1월 25일 검색.

[31] 한상웅(2018), 스튜디오드래곤, 유진증권(www.Eugenefn.com), 77쪽.

VI. 글로벌 문화기업 269

랫폼에 서비스하고 있다. CJ ENM의 대표 채널 중 하나인 tvN은 종합 엔터테인먼트 채널로 새롭고 차별화된 오리지널 프로그램을 통해 시청자의 열광적인 지지를 받고 있으며, 영향력 있는 채널로 자리매김하고 있다. OCN은 개국 이래 영화와 미드만을 엄선하여 방송해왔으며, 〈신의 퀴즈〉, 〈나쁜 녀석들〉, 〈38 사기동대〉 등의 히트 드라마를 연이어 배급하며 채널 영역을 확장해가는 중이다. 마지막으로 Mnet은 글로벌 음악 채널로서 대한민국 최고의 음악 예능 프로그램과 음악 콘텐츠를 통해 세대와 장르와 언어를 뛰어넘어 K팝 문화를 리드하고 있는 채널이다. 이외에도 어린아이들을 위한 애니메이션을 중점적으로 다루는 투니버스, 패션과 뷰티에 민감한 2030대 여성 시청자들을 위한 패션, 스타일 채널인 On Stlye, 20~40대 여성들을 위한 푸드 라이프 전문 채널인 O'live, 남성에게 특화된 자동차, 스포테인먼트 콘텐츠를 배급하는 XTM, 액션영화 전문 채널이자 UFC, ROAD FC 등의 격투 스포츠 경기들을 독점 생중계하는 Super Action, 차별화된 중화권 콘텐츠를 국내 시청자에게 제공하는 중화TV 등이 있다. 이러한 각종 채널을 통해 다양한 콘텐츠들을 수용자에게 전달할 수 있는 플랫폼을 제공하는 것이 방송 부문에서 CJ ENM의 유통 역할이다.

음악 부문에서도 CJ ENM은 뮤직 포털사이트 Mnet닷컴을 운영해 소비자에게 다양한 음악을 제공하고, 연간 300회 이상의 국내외 콘서트 및 페스티벌을 개최하여 콘서트 문화의 대중화에 기여하고 있다. 그중 2017 지산 밸리 록 뮤직 앤드 아트 페스티벌(Jisan Valley Rock Music & Arts Festival)이 가장 유명하며, 콘서트로는 박효신 콘서트 등 국내 콘서트, 다양한 가수들의 글로벌 콘서트를 배급했다. 또한, CJ ENM은 공연 부문, 특히 뮤지컬 배급에도 투자하고 있다. 2003년 뮤지컬 〈캣츠〉를 시작으로 300여 편의 라이선스 및 자체 제작 뮤지컬을 직접 배급하여 소비자에게 선보였다. 이를 통해 한국 뮤지컬시장의 초석을 마련했다. 창작 뮤지컬 〈김종욱 찾기〉, 〈베르테르〉, 〈풍월주〉 등 한·중·일을 관통하는 콘텐츠를 배급함으로써 아시아시장을 꾸준히 확장하고 있으며, 브로드웨이, 웨스트엔드에서는 〈킹키부츠〉, 〈보디가드〉, 〈어거스트 러쉬〉 등의 공동 프로듀서로 참여하며 글로벌 콘텐츠 플랫폼이자 프로듀서로 자리 잡고 있는 중이다.

마지막으로 애니메이션 부문이다. 드림웍스의 국내 마스터 에이전트로, 드림웍스 애니메이션 캐릭터들을 활용한 라이선싱 사업도 적극적으로 진행하고 있다. 대표작으로는 〈슈렉〉, 〈마다가스카르〉 등이 있다. 또한, CJ ENM 애니메이션 사업부는 해외 각지의 탄탄한 파트너십을 기반으로 글로벌 배급 및 사업을 전개하고 있다. 전략적 콘텐츠를 중심으로 아시아는 물론 중국, 남미, 북미까지 글로벌 파트너를 확보하고 해외 각지로 사업을 넓혀가고 있다. 2015년에는 중국 상하이에 지사를 세우고, 2017년 중화TV는 중국 후난위성과 〈상애천사천년 2〉를 최초로 동시 방송하는 등 본격적으로 중국시장을 공략하고 있다.

CJ ENM의 장점은 콘텐츠가 만들어지기 전 투자 단계부터 소비자가 생산된 콘텐츠를 소비하기까지 모두 관여할 수 있기 때문에 시너지를 높일 수 있고, OSMU나 트랜스미디어 마케팅 등을 총체적으로 구상할 수 있다. CJ ENM 산하의 방송, 영화, 음악 등 여러 분야의 계열사들이 합병되면서 다방면의 콘텐츠를 아우르는 통합 법인으로 자리 잡게 되었고, 이는 다양한 콘텐츠를 하나의 pool로 만들어 OSMU 콘텐츠 판매를 용이하게 했다. 기업의 미션 중 하나인 'OSMU 콘텐츠를 통한 사업 기회 확대'라는 기업이 지향하는 방향이 잘 드러난 부분이다. 또한, 소비자의 욕구를 충족시키는 아이템을 시기적절하게 개발하는 일이 기업의 수익과 직결된다는 점을 상기할 때, 킬러 콘텐츠가 화제가 되는 시기를 놓치지 않고 여러 콘텐츠를 내놓을 수 있다는 것 또한 큰 장점으로 꼽을 수 있다.

문재인 정부는 "영화산업의 경우 배급망을 소유한 대형 제작사가 시장을 지배하고, 이와 손잡지 못한 소규모 제작사가 아무리 영화를 열심히 제작해도 상영 기회를 얻지 못하는 양극화를 개선해야 한다"라고 말한 바 있다. 이는 CJ ENM과 같이 배급망을 소유한 기업이 영화 시장을 좌우하는 불공정한 현상을 지적한 것으로 볼 수 있는데, 이 문제는 더 나아가 CJ ENM이 영화를 비롯한 콘텐츠시장 전반을 장악하면서 상대적으로 약자들의 설자리를 뺏고 있다는 점을 시사한다. 일례로 영화 사업을 살펴보면, 국내 영화 최고 흥행 기록을 다시 쓰고, CJ ENM에서 배급한 〈명량〉은 개봉 당시 국내 2,400여 개의 스크린 중 약 1,600개 스크린에서 상영하며, 전체 스크린의 70% 가까이를 독식했다. 자사의 영화들이 10~20분 간격으로 상영되며 '중앙선 배차급'이라는 웃지 못할 별명이 붙기도 했다. 이러한 독점은 관객의 영화 선택권을 박탈하는 행위로, 산업의 독점이 얼마나 큰 폐해인지 보여주는 사례다.

CJ ENM은 정권 때마다 역풍을 맞은 경험이 있어 보수 정권 때는 산업화 영화를, 진보 정권 때는 민주화 영화를 제작한다. 영화 〈변호인〉으로 타격을 받은 CJ ENM은 보수 정권 때는 〈국제시장〉, 〈인천상륙작전〉, 〈명량〉 등을 만들었다. 다시 진보 정권이 집권하자 〈국가부도의 날〉을 통해 산업화 세력을 비판하는 민주화 영화를 제작했다. 이러한 행보는 외줄 밧줄을 걷는 위험한 행태다. 문화, 나아가 영화가 시대를 담고 비판의식을 갖는 것은 중요하지만 입맛에 맞게 변하는 모습은 씁쓸하다. 하지만 정권의 입맛에 맞지 않다고 문화를 탄압하는 권력이 더 문제라고 할 수 있다.[32]

---

32 "CJ 영화의 정치 상업주의",《신동아》, 2019년 1월 18일, 2019년 1월 25일 검색.

5.
레고

1) 레고의 탄생

레고(LEGO)는 1932년 창립된 덴마크 기업으로, 세계에서 가장 큰
완구회사 중의 하나다. 레고는 덴마크 유틀란트반도의 외딴 농경지
인 빌룬트(Billund)에 본사가 있으며, 올레 키르크 크리스티얀센(Ole Kirk

〈그림 6-5〉 레고 로고와 올레 키르크 크리스티얀센

Christiansen, 1891~1958)이 설립했다. 목수였으나 목공소가 도산하자 장난감 회사로 변신을 꾀했고 아들이 도우면서 회사는 차츰 자리를 잡게 되었다. 창립자인 올레는 '사람이 하는 모든 일 중 놀이는 필수'라는 모토를 갖고, 1932년 완구기업 LEGO 빌룬트 A/S라는 이름을 새로 지었다. 레고(Lego)의 뜻은 'Leg godt(잘 놀다)'라는 덴마크어에서 착안한 것이며, 라틴어로는 '나는 조립한다'라는 뜻이다. 물론 창업자 올레는 라틴어의 뜻까지는 몰랐다. 레고는 지금도 지키고 있는 레고만의 10가지 규칙*이 있다. 세계적인 기업으로 성장하기 위해서는 그 기업의 창업정신이나 경영철학이 매우 중요하다. 아마존의 창립자인 제프 베조스는 '세계에서 가장 고객 중심적인 회사'를 만들겠다며 '고객' 중심의 기업을 설립했고, 월마트의 샘 월튼은 '언제나 싼 가격'을 핵심 사풍으로 삼아 '가격'을 핵심에 두었다. 구글은 실리콘밸리와 스탠퍼드 공대라는 환경에 영향을 받아 '세계의 정보를 조직한다'를 모토로 삼고 있다.[33]

* 레고의 10가지 규칙

01. 놀이의 기능성이 무한할 것
02. 여자아이와 남자아이 모두를 위한 것
03. 모든 연령의 아이들에게 맞는 것
04. 1년 내내 가지고 놀 수 있는 것
05. 아이의 건강과 편안함을 고려할 것
06. 적당한 놀이 시간을 지킬 수 있을 것
07. 환상과 창의력을 증대시킬 것
08. 더 많은 놀이의 가치를 증폭시킬 것
09. 쉽게 보충할 수 있을 것
10. 품질이 완전할 것

레고는 처음부터 블록 장난감을 판매하는 기업이 아니었다. 초기에는 고급 목재를 활용해 화사한 색의 요요, 바퀴가 달린 동물 모양의 장난감, 트럭이나 버스 같은 자동차들이 대부분이었다. 하지만 창립자인 아버지와 달리 아들은 더욱 체계적인 완구시스템을 갖추고, 완성품 장남감이 아닌 손과 머리를 써서 '상상력과 창의력을 자극'하는 장난감

---

[33] 데이비드 로버트슨 · 빌 브린(2016), 《레고 어떻게 무너진 블록을 다시 쌓았나》, 김태훈 역, 해냄, 37쪽.

기업을 만들고 싶어 했다. 올레의 아들 고트프레트 키르크 크리스티얀센(Godtfred Kirk Christiansen, 1920~1995)이 1958년 레고의 '자동 결합 블록'에 대한 특허 출원을 신청하면서 오늘날 레고 블록 형태의 상품을 생산하기 시작했다.

지금은 레고의 전설이 된 에피소드가 있는데, 아들 고트프레트는 레고 장난감의 니스를 세 겹이 아닌 두 겹으로 바르고 비용을 절감했다며 아버지에게 자랑했다. 하지만 아버지는 아들이 속임수로 제품의 완성도를 망치고 고객을 속인 것에 격분해 모든 제품을 회수하고 밤새도록 다시 작업하도록 지시했다. 그 이후 아들은 크게 깨닫고 손수 "최고만이 최선이다(Det bedste er ikke for godt)"라고 새긴 목판을 걸어두었고, 이를 찍은 사진은 아직도 레고 본사 식당에 걸려 있다.[34]

* 세계 기업 평판 순위 100위
(Global RepTrak® 100)
미국 보스턴에 위치한 글로벌 기업 평판 조사기관인 레퓨테이션 인스티튜트(Reputation Institute)에서 발표하는 순위다.
2019년
1. 롤렉스
2. 레고그룹
3. 월트디즈니
4. 아디다스
5. 마이크로소프트
6. 소니
7. 캐논
8. 미쉐린
9. 넷플릭스
10. 보쉬

레고그룹은 2016년 기준으로 매출액 358억 DKK(약 6조 원)를 달성하고, 구글을 능가하는 영업이익률을 자랑하며, 경제 규모뿐만 아니라 소비자 인지도와 친밀도 측면에서도 높은 명성을 보유하고 있는데, 미국 평판연구소에서 발표한 세계 기업 평판 순위 100위(Global RepTrak® 100)*에 따르면, 레고 기업은 2017년부터 2019년 연속으로 2위 기업에 이름을 올렸다. 1위는 롤렉스이며, 3위는 디즈니, 아디다스, 마이크로소프트(MS), 소니, 캐논, 미쉐린, 넷플릭스, 보쉬 등의 순이다.

---

34 데이비드 로버트슨 · 빌 브린(2016), 앞의 책, 38-39쪽.

2018년 3위였던 구글은 순위 밖으로 밀렸다.

아들 고트프레트는 1968년 덴마크 빌룬트에 처음으로 레고랜드를 설립한다. 초창기의 레고랜드는 단순한 레고 모델 전시장이었고 현재 면적의 절반밖에 되지 않았지만, 세월이 지나면서 새로운 어트랙션을 추가하고 공원도 확장하게 된다. 이후 1996년 영국 윈저(Windsor), 1999년 미국 캘리포니아[칼즈배드(Carlsbad)], 2002년 도이칠란트[군츠부르크(Günzburg)], 2011년 미국 플로리다(Florida), 2012년 말레이시아[조호르바루(Johor Bahru)], 2016년 UAE 두바이(Dubai), 2017년 일본 나고야(名古屋)까지 8개의 파크를 개장했고, 레고랜드 뉴욕(2020년 예정), 한국(2020년 예정), 상하이(2022년 예정) 개장을 목표로 하고 있다. 레고랜드는 덴마크를 대표하는 레고를 소재로 한 만 2~12세 아동과 가족을 대상으로 한 놀이와 교육을 겸한 가족 테마파크다.

2) 레고의 문화상품

루카스필름은 스타워즈 에피소드 1~3편을 새로 작업하면서 스타워즈의 새로운 붐을 일으킨다. 레고는 재빠르게 루카스필름과 손을 잡는다. 1999년 출시한 〈스타워즈〉를 필두로 레고는 외부에서 흥행 콘텐츠의 라이선스를 받아 레고 브릭으로 만들어 판매하는 컬래버레이션 상품을 내놓았는데, 이는 위기에 있던 레고를 다시금 장난감 업계의 최정상으로 올리는 중요한 협력 사례로 꼽힌다. 레고는 그 당시에도 유명한 블록 장난감기업이었지만, 신선함이 떨어지고 디지털 시대의 새로운 놀이 문화에 밀리면서 하락세를 겪고 있었다. 〈레고 스타워즈〉, 〈레고 해리포터〉, 〈레고 닌자고〉, 〈레고 시티〉 등 인기 상품이 쏟아지면서 레고는 최고의 문화상품 자리를 되찾는다. 다만, 다른 상품에 비해 지나치게 비싸다는 단점만 제외한다면 최고였다.

많은 사람이 마블 시네마틱 유니버스는 익숙하지만 '레고 시네마틱 유니버스'가 있다는 사실은 모른다. 하지만 엄연히 레고 시네마틱 유니버스는 존재한다. 2014년 〈레고 무비〉를 시작으로 〈레고 배트맨 무비〉(2017), 〈레고 닌자고 무비〉(2017), 〈레고 무비 2〉(2019)를 개봉했다. 국내에서는 10~20만 명이 관람할 정도로 극장용은 흥행하지 못했지만, TV와 기타 부가 콘텐츠로 큰 인기를 끌었다. 또한, 레고는 미니 무비를 제작하여 유튜브 채널에 업로드하고 있다. 레고 미니 무비는 2분 내외의 짧은 단편영화로, 3D 캐릭터로 재탄생한 레고 미니 피규어 캐릭터들과 레고 브릭이 등장하며 새로운 스토리를 전개해나가거나 기존의 영화를 패러디하고 있다. 레고 미니 무비는 조회 수가 수만 건을 넘는 작품이 여럿 있을 정도로 꽤 인기를 끌고 있는데, 이는 레고 브릭에 대한 관심을 제고하는 역할을 톡톡히 하고 있다. 또한 레고 미니 무비는 레고 제품을 3D화하여 영상으로 제작했기 때문에 자연스럽게 사람들에게 제품의 구성품을 소개하며 구매 욕구를 자극할 수 있다

레고랜드는 1968년 6월 덴마크 빌룬트에 처음 개장한 것을 시작으로 현재 전 세계 7개국 8곳에 위치해 있으며, 앞으로 한국의 레고랜드 춘천을 포함한 4곳의 개장이 예정되어 있다. 레고랜드는 처음에는 '멋진 레고 작품을 전시할 만한 작은 공간'으로 시작했지만, 사람들의

좋은 반응에 확장을 거듭하여 현재는 다양한 기구와 레고 작품 및 워터파크를 가진 거대 테마파크로 거듭나게 되었다. 레고랜드코리아는 의암호에 위치한 129만 m²의 춘천 중도 부지에 건설될 예정이다. 연간 방문객은 약 200만 명에 달할 것으로 예상되며, 연간 1만 명 이상의 신규 일자리 창출 효과가 있을 것으로 전망하고 있다. 또한, 10년간 5조 원의 생산유발 효과와 연간 44억 원의 지방세 수입이 발생할 것으로 예상되는 등 해당 지역의 경제 활성화에 크게 기여할 것으로 보인다. 다만, 대규모 신석기 유적지가 발견된 만큼 춘천시와 주관사인 멀린사 간의 현명한 혜안을 발휘할 시점이다.

레고의 최고 경쟁자는 사실 닌텐도 같은 게임회사다. 게임은 모든 문화산업의 적 혹은 동반자라는 양면의 칼이다. 이유는 간단하다. 게임보다 소구력이 강하고 재미있는 콘텐츠가 없기 때문이다. 더 이상 땀을 흘리면서 운동하지 않으며, 독서나 영화 관람률도 떨어지고 있다. 레고도 1980~2000년대까지 급성장하는 게임산업의 발전을 간과해 혁신에서 뒤처진 경험이 있다. 레고는 아이폰 애플리케이션을 통해 제공되는 〈라이프 오브 조지(Life Of George)〉 게임을 탄생시켰다. 2011년 서비스를 시작해 2014년 서비스를 종료했지만, 〈라이프 오브 조지〉는 '조지'라는 소프트웨어 엔지니어 캐릭터를 중심으로 게임 속 스토리를 여행하면서 여러 가지 블록 조립 미션을 수행하게 되는 게임으로, 블록 인식 시스템을 이용하여 현실세계에서 레고 브릭을 조립하고, 아이폰을 통해 이를 디지털 세계에서 인식 가능하도록 만들어졌다. 〈라이프 오브 조지〉는 큰 수익을 내는 프로그램은 아니지만, 가상세계와 현실세계를 넘나들며 레고의 아날로그성과 현대 기술의 디지털적 성격을 적절히

조합하고 그 경계를 점차 허물어나가는 데 의의가 있다.[35]

　레고는 재미있는 '놀이 완구'로서의 레고 브릭에 그치지 않고, 아이들의 창의력과 상상력은 물론 기술, 과학적 힘을 길러줄 수 있는 '놀이 교구'로서 발전시키려 노력하고 있다. 대상은 유아·유치, 초등, 중·고등을 모두 포함하고 있다. 특히 디지털 시대에 발맞춰 과학, 로봇, 수학, 공학 분야를 레고와 접목시키는 데 집중하고 있다. 레고는 '레고 에듀케이션(LEGO Education)'이라는 레고 브릭 기반의 학습 프로그램을 바탕으로 미취학 아동, 초등학생, 중·고등학생, 방과 후 활동 등을 대상으로 한 학습 솔루션을 제공하고 있다. 공학, 과학, 수학 등의 학습적 분야뿐만 아니라 레고 브릭을 조립하며 창의력과 문제 해결력 등의 인지능력 역시 자연스럽게 향상시킬 수 있는 레고 에듀케이션은 사교육시장이 큰 한국과 일본을 포함한 전 세계 60개국에서 다양한 연령대 학생들의 교육을 위해 활용되고 있다.[36]

35　김민주(2016),《레고, 상상력을 팔다》, 미래의 창, 251쪽.

36　레고 에듀케이션(https://education.lego.com/ko-kr), 2019년 1월 25일 검색.

VII

성공한
문화상품

1.
〈스타워즈〉

1) 〈스타워즈〉의 탄생과 발전 과정

"아주 먼 옛날 은하계 저편에…(A long time ago in a galaxy far, far away…)"라
는 자막과 함께 존 윌리엄스(John Towner Williams, 1932~)의 웅장하고 장쾌한

〈그림 7-1〉 영화 〈스타워즈〉와 조지 루카스

로고 음악이 흘러나오면서 시작되는 영화 〈스타워즈(Star Wars)〉는 SF 영화의 고전이다. 조지 루카스가 고등학교 시절 교통사고로 병원에 누워 있으면서 〈스타워즈〉의 거대한 세계관과 스토리를 구상했다고 한다. 이후 대학을 졸업하고 시나리오 작가 겸 감독으로 입문한 그는 1976년 공상과학물(SF)인 〈루크 스타킬러의 모험〉이라는 6부작 시나리오를 들고 20세기폭스사를 방문했고, 당시로는 상상할 수 없이 터무니없었던 시나리오는 정말 기적처럼 세상의 빛을 보게 되었다.

　미국의 전설을 넘어 신화로 자리매김한 〈스타워즈〉에 지대한 영향을 미친 대표적인 사람은 일본의 구로사와 아키라(黑澤明, 1910~1998) 감독과 스티븐 스필버그다. 구로사와 아키라 감독은 1998년 9월 6일 88세의 나이로 눈을 감을 때까지 주옥같은 수많은 작품을 남긴 세계적인 감독이다. 그중 〈숨겨진 요새의 세 악인(隱し砦の三惡人)〉(1958)과 〈7인의 사무라이(七人の侍)〉(1954)로 〈스타워즈〉에 큰 영감을 주었다. 〈숨겨진 요새의 세 악인〉의 주요 인물들은 〈스타워즈〉에 영향을 주었는데, 다스 베이더는 일본의 무사에서 영감을 얻었고, 레아 공주는 유키 공주, 오비완 캐노비는 공주를 지키는 장수 마카베, R2D2와 C3PO는 익살스러운 두 농부 캐릭터에서 영감을 얻었다. 또한, 마스터 요다는 〈7인의 사무라이〉에 등장하는 촌장에서 캐릭터를 갖고 올 정도로 큰 영향을 받았다. 물론 〈스타워즈〉 공화정과 전제군주는 로마의 역사에서 차용했고, 포스는 동양의 도, 스톰 크루퍼는 독일 병사, 광선검을 사용하는 제다이는 서양의 수도사와 일본의 사무라이를 뒤섞어 만들었다. 명작 〈숨겨진 요새의 세 악인〉은 2008년 히구치 신지 감독에 의해 리메이크되어 큰 반향을 일으켰다.

스티븐 스필버그는 20세기폭스사가 마련한 〈스타워즈〉편집영상 시사회에서 처음 〈스타워즈〉를 보고 홀로 기립 박수를 친다. 편집영상을 처음 본 대부분의 사람은 낯설고 현란한 〈스타워즈〉를 보고 큰 감흥이 없었다. 시사회를 본 스필버그는 아직 음악과 음향효과가 없었던 〈스타워즈〉를 앙꼬 없는 단팥빵과 같다고 말했다. 1975년 〈죠스〉로 큰 성공을 거둔 스티븐 스필버그는 〈죠스〉 때 함께 음악 작업을 한 존 윌리엄스를 조지 루카스에게 소개해준다. 존 윌리엄스는 〈포세이돈 어드벤처(The Poseidon Adventure)〉(1972), 〈타워링(The Towering Inferno)〉(1974), 〈스타워즈(Star Wars)〉(1977), 〈죠스(Jaws)〉(1975), 〈이티(E. T. The Extra: Terrestrial)〉(1982), 〈쉰들러 리스트(Schindler's List)〉(1993) 등으로 아카데미 음악상을 수상했다. 존 윌리엄스의 음악은 〈스타워즈〉 성공에 큰 영향을 미쳤다. 이후 〈슈퍼맨(Superman)〉(1978)과 〈인디애나 존스(Indiana Jones and the Temple of Doom)〉(1984)* 등에도 큰 영향을 주었다. 조지 루카스와 스티븐 스필버그는 고고학자이자 모험가를 주인공으로 하는 액션영화를 함께 기획하게 되고, 그렇게 해서 탄생한 작품이 〈레이더스〉(1981년 작)다. 〈인디애나 존스〉 시리즈는 2008년 4편까지 나왔다.

> *** 인디애나 존스**
>
> 카렌 알렌이 조연한 1편 〈레이더스(Raiders Of The Lost Ark)〉(1981), 케이트 캡쇼가 공연한 2편 〈인디애나 존스(Indiana Jones And The Temple Of Doom)〉(1984), 숀 코네리가 공연한 3편 〈인디애나 존스: 최후의 성전(Indiana Jones And The Last Crusade)〉(1989), 케이트 블란쳇, 샤이아 라보프가 같이 출연한 4편 〈인디애나 존스: 크리스탈 해골의 왕국(Indiana Jones And The Kingdom Of The Crystal Skull)〉(2008) 등이 제작됐다. 2019년 해리슨 포드 주연으로 5편까지 개봉했다.

〈스타워즈〉 오리지널 시리즈의 줄거리는 간단하다. 제국군의 포로가 된 혁명군 지도자 레아 공주는 로봇 R2D2와 C3PO를 타투인 행성에 보내 은퇴한 제다이 오비완에게 도움을 요청한다. 오비완은 숙부 밑에서 자란 청년 루크와 함께 한 솔로의 우주선을 타고 적진에 잠입하

여 공주를 구출한다. 루크는 레아 공주가 입수한 설계도를 활용하여 제
국군의 우주기지 '죽음의 별(데스스타)'을 폭파하고 혁명군을 승리로 이끈
다. 〈에피소드 5〉는 루크가 요다를 만나 제다이로 성장하고 시련을 겪
는 과정이며, 〈에피소드 6〉은 결국 아버지인 다스 베이더와 조우하고
다스 베이더는 아들을 살리기 위해 시스를 죽이면서 대단원의 막이 내
린다. 아래 표는 〈스타워즈〉 시리즈를 정리한 것이다.

　　〈스타워즈: 에피소드 1 – 보이지 않는 위험〉은 1999년이 되어서
야 제작되었는데, 이후 〈스타워즈: 에피소드 2 – 클론의 습격〉(2002), 〈스

〈표 7-1〉 〈스타워즈〉 시리즈 연표

구분	시리즈	연도	제목
오리지널	Episode 4	1977	새로운 희망(The New Hope)
	Episode 5	1980	제국의 역습(The Empire Strikes Back)
	Episode 6	1983	제다이의 귀환(The Return of the Jedi)
프리퀄	Episode 1	1999	보이지 않는 위험(The Phantom Menace)
	Episode 2	2002	클론의 습격(The Attack of the Clones)
	Episode 3	2005	시스의 복수(The Revenge of the Sith)
시퀄	Episode 7	2015	깨어난 포스(The Force Awakens)
	Episode 8	2017	마지막 제다이(The Last Jedi)
	Episode 9	2019	라이즈 오브 스카이워커 (The Rise of Skywalker)
앤솔로지	로그 원	2016	로그 원: 스타워즈 스토리 (Rogue One: A Star Wars Story)
	한 솔로	2018	한 솔로: 스타워즈 스토리 (Solo: A Star Wars Story)

타워즈: 에피소드 3 - 시스의 복수〉(2005)가 계속 제작되었다. 이 프리퀄(prequel) 3부작은 〈스타워즈〉 오리지널 3부작 시리즈의 이전 이야기를 그리고 있으며, 똑같이 3년이라는 기간을 두고 제작 · 상영되었다.

그리고 시퀄 시리즈의 첫 번째 이야기인 〈에피소드 7: 깨어난 포스〉는 2015년 개봉했다. 디즈니는 2012년 약 40억 달러에 '스타워즈'를 인수하고, 2015년 새로운 이야기를 내놓았다. 〈에피소드 7: 깨어난 포스〉의 한국 흥행은 기대에 미치지 못했다. 이는 이웃인 중국도 마찬가지다. 영화배급사인 월트디즈니는 "〈스타워즈〉가 2009년 제임스 캐머런 감독의 블록버스터 영화 〈아바타〉가 세운 흥행수익 7억 650만 달러(약 9,107억 원)를 넘었다"고 주장했다. 박스오피스 집계 사이트인 '박스오피스 모조'에 따르면, 〈스타워즈〉의 북미 포함 전 세계 흥행수익은 15억 6천만 달러(약 1조 9천억 원)로 〈쥬라기 월드〉에 이어 역대 4위로 올라섰다. 하지만 전 세계 흥행 역대 1위인 〈아바타〉와 비교하면 절반 정도다. 그리고 2017년 개봉한 〈에피소드 8: 라스트 제다이〉는 비평가들의 호평에도 불구하고 팬들의 반응은 엇갈린다. 국내 흥행도 〈에피소드 7: 깨어난 포스〉는 300만 명이 관람했으나, 〈에피소드 8: 라스트 제다이〉는 100만 명도 채우지 못했다. 2020년 1월, 다른 국가보다 늦게 개봉한 〈에피소드 9: 라이즈 오브 스카이워커〉는 흥행에 참패했다. 국내 관객 수는 50만 7,891명에 불과했다. 1977년부터 진행한 9편의 대장정을 급하게 마무리하면서 팬들의 아쉬움을 남겼다.

반면 〈로그 원〉은 북미에서 큰 흥행을 이끌었다. 2016년 최고 매출액을 경신했으며, 북미 전역 4,157개 영화관에서 개봉해 2,900만 달러를 벌어들였으며, 최종적으로 4억 6천만 달러를 벌었다. 〈로그 원〉은

〈스타워즈〉의 스핀오프 작품으로 스타워즈라는 제목을 앞세우지 않고 오히려 〈로그 원〉이라는 낯선 이름을 앞세워 개봉했다. 주요 줄거리는 '데스스타'의 설계도를 빼내기 위한 이름 없는 반란군의 분투기를 담았다. 이 영화에서는 반가운 레아 공주와 다스 베이더를 볼 수 있는 재미가 있다. 하지만 국내에서는 큰 인기를 끌지 못했다. 그리고 〈스타워즈〉에서 가장 인기 있는 캐릭터 중의 하나인 〈한 솔로〉의 스핀오프는 한마디로 망했다. 젊은 한 솔로 역을 맡은 앨든 이렌리치는 해리슨 포드를 뛰어넘지 못해 기억의 저편으로 사라져버렸다. 영화 〈한 솔로〉는 〈스타워즈〉 시리즈의 전설을 잇지 못하고 마치 남의 다리를 매만지는 듯한 생뚱한 영화다. 〈한 솔로〉 때문에 다른 스핀오프 영화 제작에 악영향을 미쳤다는 평이 대세다. 앤솔로지 작품 중 〈로그 원〉은 꽤 그럴싸한 영화이지만, 〈한 솔로〉는 반성해야 한다. 〈스타워즈〉는 이런 안일한 영화가 결코 아니다.

1977년 나온 오리지널 시리즈 〈스타워즈: 새로운 희망〉은 약 1조 8,403억 원의 수익을 올려 1997년 〈타이타닉〉이 나오기 전까지 박스오피스에서 부동의 1위였다.[1] 이러한 흥행 실적을 뒤로하고 영화 이외의 문화산업 전반의 수익도 대단하다. LA타임스는 〈스타워즈〉 캐릭터 상품 판매고가 2015년 30~50억 달러(3조 5천 억~5조 9천억 원)에 달한다고 보도했다. 〈스타워즈〉 캐릭터 상품이 세계 각국에서 팔릴 때마다 월트디즈니는 매출의 최대 20%씩을 라이선스 명목으로 거둬들인다.

산업적인 측면이 아닌 트랜스미디어 스토리텔링으로 〈스타워

---

1 "스타워즈 깨어난 포스, 아바타 넘다", 매일경제, 2016년 1월 7일.

즈〉에 접근하면 새로운 양상이 전개된다. 포익츠(Eckart Voigt)와 니클라스(Pascal Nicklas)는 온라인에 게재된 스타워즈 언컷(Starwars Uncut)을 사례로 들어 트랜스미디어 스토리텔링을 언급한다. 이 사이트는 아마추어 팬들이 직접 제작한 조잡한 그림 쪼가리, 영화 장면, 레고 사진 등으로 한 편의 〈스타워즈〉 영화가 되도록 집단 짜깁기하도록 만든 것으로, 에미상을 수상하는 등 반향을 일으킨 바 있다. 연구자들은 이를 '군집 자료형(crowd sourced)' 영화로 지칭하면서 이 '희한한' 콘텐츠를 문학의 영화화나 영화의 미디어믹스 산물과 유사한 매체 전환으로 보아야 하는가, 포스트모던적 전유(appropriation)인가, 혹은 리메이크인가라고 묻는다. 이와

〈표 7-2〉 〈스타워즈〉 트랜스미디어 콘텐츠 목록

영화	오리지널	새로운 희망, 제국의 역습, 제다이의 귀환
	프리퀄	보이지 않는 위험, 클론의 습격, 시스의 복수
	시퀄	깨어난 포스, 에피소드 VIII, 에피소드 IX
	기타	클론 전쟁, 로그 원: 스타워즈 스토리, 한 솔로: 스타워즈 앤솔로지 필름
애니메이션		〈스타워즈: 클론 전쟁〉(2003년), 〈스타워즈: 반란군〉(2014)
게임		〈구공화국 기사단〉 I, II, 〈구공화국 온라인 포스 언리쉬드〉 I, II, 〈레고 스타워즈〉 I, II, III, 〈리퍼블릭 코만도 갤럭시즈〉 등
소설		《공화국 이전 시대(Before the Republic)》, 《구공화국(Old Republic era)》, 《제국의 부상 시대(Rise of the Empire era)》, 《반란 시대(Rebellion era)》, 《신 공화국 시대 (New Republic era)》, 《뉴 제다이 오더 시대(New Jedi Order era)》, 《레거시 시대(Legacy era)》, 《클론 워즈 어드벤쳐》(전 5권), 티모시 젠의 쓰론 3부작(《제국의 후예》, 《어둠의 반란》, 《최후의 명령》) 등
코믹스		〈구공화국 기사단〉, 〈리퍼블릭 레거시 테일즈〉, 〈클론 워즈 어드벤쳐〉 등
기타		TV 시리즈: 〈스타워즈: 홀리데이 스페셜〉(1978), 〈이워크의 모험〉과 〈인돌전쟁 이워크〉, 〈드로이드〉 등

출처: 위키백과 재정리

함께 인터넷에 단기 존속하는 팬 비디오, 텍스트 플랫폼, 아카이브의 비딩(vidding), 매시업(mash-up), 인터넷 밈(Internet memes) 등 유저가 생산해놓은 상호텍스트성은 기존의 매체 전환 연구에서 간과되었던 서사들인데, 이들이 새로운 텍스트 양식, 문화 현상, 사회적 실천으로서 기여할 수 있는가도 검토한다. 결론적으로 이들은 매체 전환 연구 내에서도 트랜스미디어 스토리텔링이 새로운 상호텍스트성 관계를 만들어내고 있다고 주장하며, 그 근원을 텍스트의 비교분석이 아닌 문화 연구적 맥락의 참여적 문화에서 찾고 있다.[2]

〈스타워즈〉 관련 상품들은 지금도 계속 유행하며 인기를 끌고 있다. 〈스타워즈〉 시리즈는 OSMU가 어떻게 형성되고 진행되어야 하는지를 잘 보여주는 대표적 사례다. 〈스타워즈〉와 관련된 세계관이 팬픽(fan fiction), 비디오게임, 애니메이션, 대중소설 등 트랜스미디어 스토리텔링으로 확산되고 있다. 이야기가 여전히 계속되고 있는 것이다. 그렇지만 〈스타워즈〉가 이처럼 세계적인 시리즈로 빠르고 중요하게 자리매김할 수 있었던 이유에는 신화적인 이야기나 내용 설정 못지않게 영화 속의 세트 설정이나 비주얼 등에서 이미 로컬 · 글로벌의 교감이 매우 쉽게 가능하다는 점에도 그 요인이 있다.[3]

---

2   Eckart Voigts & Pascal Nicklas, *Introduction: Adaptation, Transmedia Storytelling and Participatory Culture*, Adaptation Vo.6, No.2, 2013, pp. 139-142; 김기흥(2015), 앞의 글, 59쪽 재인용.

3   김성수(2014), 《시각 문화 대표 콘텐츠》, 커뮤니케이션북스, 34쪽.

2) 〈스타워즈〉의 신화 영웅 스토리

조지 루카스는 〈스타워즈〉를 기획하고 제작할 때 신화학자 조지 프 캠벨의 영향을 많이 받았을 뿐만 아니라 조언도 많이 얻었다. 캠벨의 이론에 충실하면서 재미와 가치를 모두 획득한 좋은 성공 사례라고 볼 수 있다.

캠벨의 영웅신화 구성 요건은 3단계로 나눌 수 있다. 1단계는 세계와의 분리, 모험에 대한 소명, 소명의 거부, 초자연적인 조력을 받는다. 에피소드 4 〈새로운 희망〉에서 변방의 외딴 행성인 타투인에 살고 있는 루크는 이복 삼촌의 손에 큰다. 루크는 제국군을 피해 달아난 C3PO와 R2D2와 우연히 조우하고 레아 공주의 홀로그램을 보면서 위험(소명의 거부)을 인지한다. 도움을 청하기 위해 오비완 케노비(첫 번째 조력자)를 찾아가는 길에 설상가상으로 삼촌 내외가 제국군 손에 죽자 루크는 모험을 시작한다. 외딴 행성에서 세계와 고립된 루크, 모험의 소명, 오비완의 모험 제안 거절, 아버지의 라이트 세이버(부적)를 본 순간 포스와의 조력 등은 루크가 영웅으로 성장하는 1단계에 해당한다.[4]

2단계의 요소는 힘의 원천에 대한 통찰, 시련의 길, 여신과의 만남, 유혹자로서의 여성, 아버지와의 화해, 신격화, 궁극적인 선물이다. 이 부분은 에피소드 5~6, 〈제국의 역습〉과 〈제다이의 귀환〉에 드러난다. 〈제국의 역습〉에서 루크는 얼음 혹성에서 길을 잃고 추위에 떨며 괴물과 싸운다. 제국군의 침공을 막아내지 못하고 도망을 가고, 협력자인

4　김성수(2014), 위의 책, 36쪽.

한 솔로는 자바 헛에게 잡혀 냉동인간이 되는 등 계속된 시련과 극복이 반복된다(시련의 길). 이러한 시련을 극복하기 위해 루크는 두 번째 조력자 마스터 요다를 만난다(여신과의 만남). 루크는 요다로부터 포스를 연마

<표 7-3> 캠벨의 영웅신화론과 〈스타워즈〉 오리지널 3부작

구분	캠벨의 영웅신화 구성 요건	〈스타워즈〉 오리지널 3부작의 구성요소
1단계	세계와의 분리	타투인에서 과거 자신의 세계와 분리된 루크
	모험에 대한 소명	C3PO와 R2D2, 그리고 루크의 운명적 만남
	소명의 거부	루크와 오비완 케노비, 한 솔로와의 만남
	초자연적인 조력	포스의 조력
2단계	힘의 원천에 대한 통찰	제국의 역습: 포스에 대한 통찰과 아버지 인식
	시련의 길	얼음 혹성에서 루크가 겪는 괴물과의 싸움 등
	여신과의 만남	루크와 제다이 스승 외계인 요다와의 만남
	유혹자로서의 여성	외계인 자바 헛의 등장
	아버지와의 화해	루크의 아버지 인식/루크 자신 속의 아버지 인식
	신격화	요다 마스터가 루크의 포스 연마 시작
	궁극적인 선물	제다이로서의 새로운 자신 발견
3단계	귀환	제다이의 귀환: 제국군과의 마지막 전투
	귀환의 거부	–
	불가사의한 탈출	타투인의 지배자 자바 헛을 죽이고 탈출
	외부로부터의 구조	공화국 우주 연합군 결성과 전투
	귀환관문의 통과	아버지와 황제와의 마지막 결전 그리고 화해
	두 세계의 스승	아버지로부터 얻은 자유, 제다이의 스승이 된 루크
	사는 자유	은하계의 자유를 지켜낸 루크와 스승들의 그림자

출처: 김성수(2014), 《시각 문화 대표 콘텐츠》, 커뮤니케이션북스.

하기 시작하고, 내면의 선한 힘과 어두운 힘을 인지하면서 제다이로서의 새로운 자신을 발견한다(궁극적인 선물). 또한, 그토록 찾았던 아버지가 자신이 무찔러야 할 혹은 극복해야 할 적이라는 것을 인지하면서 다분히 오이디푸스 콤플렉스(Oedipus complex)적 원질신화에 충실한 설정을 따르고 있다.

마지막으로 3단계의 요소는 귀환, 귀환의 거부, 불가사의한 탈출, 외부로부터의 구조, 귀환관문의 통과, 두 세계의 스승, 사는 자유 등이다. 3단계는 〈제다이의 귀환〉에 집중되어 있다. 3단계는 아버지와의 화해가 주된 축이다. 귀환의 거부는 생략되어 있고, 루크의 자바 헛 살해, 제국군으로부터 도망해 공화국 우주 연합군을 결성하고 전투를 벌인다(불가사의한 탈출). 함정에 걸려 위기에 빠지지만 루크와 반란군은 힘을 모아 마지막 결전에서 승리를 거둔다. 또한, 아버지와 황제와의 마지막 결전 그리고 화해를 하게 된다(귀환관문의 통과). 위기에 빠진 루크를 아버지가 구해주면서 아버지로부터 자유를 얻게 되며, 결국 루크는 제다이의 스승이 된다(두 세계의 스승). 아버지를 비롯한 두 스승이 은하계의 자유를 지켜낸 루크를 흐뭇하게 바라보면서 대단원의 시리즈는 막을 내린다(사는 자유).[5] 이렇듯 캠벨의 영웅서사 구조가 〈스타워즈〉에 대체로 잘 구현되어 있다. 고전의 신화가 현대 대중문화 콘텐츠에 어떻게 활용되고 변주될 것인가는 기획자의 몫이다.

---

5   김윤아 외(2015),《신화, 영화와 만나다》, 아모르문디, 37-39쪽.

3) 〈스타워즈〉 이외의 트랜스미디어

대중이 트랜스미디어 콘텐츠 기법을 알게 된 것은 1999년 〈블레어 위치〉와 〈매트릭스〉의 등장부터다. 〈블레어 위치〉는 극장 개봉 1년 전부터 인터넷 웹사이트상에서 팬들과 만나는 특이한 방식을 취했다. 버킷츠빌이라는 곳에 사는 마녀와 영화 제작진의 실종이라는 영화의 핵심 줄거리는 유저들이 홈페이지에 마녀 목격담을 올리면서 더 풍부해졌다.

마녀를 조사하는 유사 다큐멘터리는 SF채널에서 방송되었고, 영화 개봉 후에는 버킷츠빌 근처의 숲을 걷다가 마녀를 만난 사람의 증언을 바탕으로 이야기가 전개되는 몇 권의 만화책이 출판되었다. 여기에 동일한 OSMU 같은 동일한 이야기가 반복되었는가? 그렇지 않다. 영화에는 핵심 스토리가, 웹사이트에는 사용자가 만든 마녀 목격담이, 다큐에서는 긴 세월 동안의 마녀 조사기록이 남아 있고, 만화책에는 숲에서 만난 사람의 증언을 중심으로 한 이야기가 펼쳐진다.

이 모든 것을 다 향유하게 되면 〈블레어 위치〉 세계가 이해된다. 즉, 트랜스미디어의 조건을 모두 갖추고 있다는 것이다. 옥스퍼드 영어사전(OED)에 따르면 매트릭스(matrix)는 어원상 '자궁'을 뜻하는 라틴어에서 유래했으며, 중세 영어에서는 어머니를 뜻하는 'mater'와 같은 어원을 갖는다. 매트릭스라는 단어의 사전적 의미로는 숫자·기호 등을 나열해놓은 행렬, 사회·개인의 성장, 발달하는 모체, 그물처럼 엮여 있는 망, 모형 등을 찍어내는 주형 등이 있다.[6] 이러한 사전적 의미와 같이 실제로 인간은 매트릭스라는 가상에서 오로지 기계의 에너지원으로 사용되기 위해 암흑의 황폐화된 공간에서 쭉 나열된 상태로 정해진 틀에 갇혀 자신의 존재를 제대로 인식하지 못한 채 컴퓨터의 네트워크 상에서 살아간다. 영화 속에서의 매트릭스는 기계의 에너지원으로 전락한 인류를 통제하기 위해 컴퓨터가 만들어낸 가상현실 프로그램으로, 중앙 컴퓨터의 네트워크에 연결되어 있는 모든 인류의 감각과 경험을 통제하고 가상의 현실을 만들어 상호작용을 통해 그것을 실재처럼 경험하게 해주는 기반 프로그램이다.[7]

〈매트릭스〉는 영화 트릴로지 사이사이에 스토리의 흐름을 매끄럽게 하기 위한 트랜스미디어 장치들이 있다. 1편이 1999년에 나오고 2003년 2편이 나오기까지 4년이라는 시간 동안 〈매트릭스〉 편에 관한 사람들의 기대는 점점 커갔지만, 1편의 이야기는 점차 대중의 관심에서 사라져갔다. 1편과 2편의 자연스러운 스토리 이해를 위해 매트릭스는 2003년 2편 개봉 전 9편의 애니메이션 〈애니 매트릭스〉를 만들었다. 이 중 1편인 〈오시리스 최후의 비행〉은 애니메이션의 주인공인 주가 시온으로 가는 길을 뚫어주는 기계에 대한 정보가 들어 있는 편지를 우편함에 넣는 것으로 끝이 난다. 그리고 그다음에 만들어진 〈엔터 더 매트릭스〉는 고스트와 니오베 중 한 사람을 선택해서 적들과 싸워 편지를 먼저 획득하고자 하는 게임이다. 이러한 애니메이션과 게임을 보

---

6 김시훈 · 임경란(2015), 〈SF영화에 나타난 공간 유형 분석: 매트릭스 영화 시리즈를 중심으로〉, 《디지털디자인학연구》 15, 451쪽.

7 손현주(2007), 〈매트릭스, 그 끔찍한 어머니〉, 《인간연구》 제13호, 209쪽.

지 않은 수용자들은 매트릭스 2편 〈리로디드〉의 첫 장면에서 왜 오시리스의 마지막 교신에 대해 토론하는지 알 수 없다. 그러나 이 모두를 다 본 사람들은 매트릭스의 이야기가 완벽히 이해되고, 매트릭스 세계관이 성립된다.[8] 〈매트릭스〉는 〈스타워즈〉와 또 다른 SF 장르의 성과를 후기산업사회의 포스트 모던한 상상력과 결합시킨다. 트릴로지라는 시리즈의 형식에도 불구하고 〈매트릭스〉의 논점은 1편에 집약되어 있는데, 영화 전편에 흐르는 "What is Matrix?"라는 질문은 플롯의 주축을 이루는 동시에 과학의 발전과 인류의 미래 사이에 놓인 관계의 퍼즐 맞추기로 이어지면서 복잡다단하다.[9]

〈스타워즈〉는 오리지널 시리즈 4, 5, 6편을 중심으로 에피소드 1, 2, 3은 오리지널 시리즈의 30여 년 전 이야기를 다루고 있다. 어린 아나키 스카이워커의 성장 영화이자 제다이의 몰락 영화다. 애니메이션 〈클론 전쟁〉은 에피소드 2편과 3편 사이의 이야기를 담고 있다. 영화 에피소드 2편에서 두쿠 백작을 중심으로 클론 전쟁이 시작되고, 에피소드 3편이 시작될 무렵에는 이미 클론 전쟁이 끝난 이후의 이야기다. 그 사이를 애니메이션 〈클론 전쟁〉이 스토리를 연결해주고 있다. 〈반란군〉은 제다이가 멸절당하고 공화국이 무너진 에피소드 3편 이후의 이야기를 담고 있다. 공화국이 무너지고 시스가 지배하는 제국군이 점령하면서 반란군은 자연스럽게 봉기하게 된다. 그 험난한 이야기가 애니메이션 〈반란군〉이다. 앤솔로지 〈로그 원〉은 에피소드 4편과 이어지는

---

8   김희경(2015), 〈N 스크린 시대의 콘텐츠와 트랜스미디어콘텐츠〉, 《인문콘텐츠학회논문집》, 14쪽.

9   황혜진·이승환(2005), 〈SF 영화 '매트릭스'에 나타난 문화적 혼성성〉, 《한국콘텐츠학회논문집》 5, 한국콘텐츠학회, 94쪽.

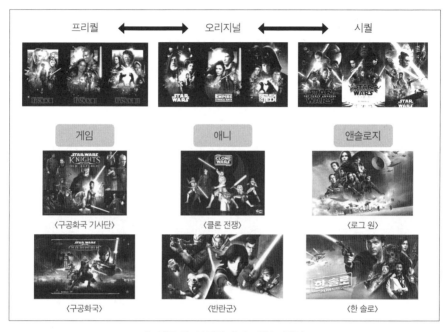

<프리퀄> ← <오리지널> → <시퀄>

게임 <구공화국 기사단>

애니 <클론 전쟁>

앤솔로지 <로그 원>

<구공화국>

<반란군>

<한 솔로>

〈그림 7-2〉〈스타워즈〉의 트랜스미디어

이야기다. 데스스타의 설계도를 훔쳐 반란군의 멸망을 막고 승기를 잡을 수 있도록 목숨을 바친 이름 없는 반란군의 이야기다. 위 그림은 〈스타워즈〉의 스토리를 보여준다.

게임 〈구공화국〉은 명작 게임인 〈구공화국 기사단〉의 연장선상에 있는 속편이다. 〈구공화국〉은 기존의 〈스타워즈〉와 완전히 다른 이야기다. 세계관은 공유하지만 스토리가 이어지지는 않는다. 게임 〈스타워즈: 구공화국 기사단(Star Wars: Knights of the Old Republic)〉은 스타워즈 세계관에 기반을 둔 최초의 컴퓨터 롤플레잉 게임이다. 그리고 명작으로 남았다. 〈구공화국 기사단〉은 1편과 2편이 있고, 〈스타워즈〉 오리지널 시리즈로부터 4천 년 전의 이야기이며, 〈구공화국〉은 〈구공화국 기사단〉으로부터 300년 후의 이야기다. 이야기는 그렇게 이어진다. 게임과 애니메이션, 영화와 단행본은 이렇게 거대한 〈스타워즈〉의 스토리와 세계관을 공유하며 거대한 서사시를 이어가고 있다. 그 서사시는 멈추지 않고 장대하게 펼쳐나갈 것이다.

2.
창작 동화《구름빵》

1) 백희나의 작품 세계와《구름빵》

　　백희나는 1971년에 태어나 이화여자대학교에서 교육공학을 공부했다. 공부를 마친 뒤에는 어린이를 위한 시디롬을 개발하다가 미국으로 건너가 캘리포니아예술대학 캐릭터애니메이션학과에서 공부하고, 현재 애니메이터로 활동하고 있다.《큰턱할미랑 큰눈할미랑 큰이할미랑》을 시작으로 어린이들에게 친근하게 다가갈 수 있는 개성 있는 그림을 그리고 있다. 두 번째 그림책《구름빵》은 반입체 기법으로 비 오는 날의 상상 이야기를 생생하게 담아냈다.《구름빵》으로 2005년 볼로냐아동도서전에서 픽션 부문 올해의 일러스트레이터로 뽑혔다. 제53회 한국출판문화상 어린이 청소년 부문에서 수상했으며, 최근 출간한 도서는《이상한 엄마》(2016),《삐약이 엄마》(2014),《어제 저녁》(2014),《꿈에서 맛본 똥파리》(2014),《장수탕 선녀님》(2012) 등을 책읽는곰에서

<그림 7-3> 동요 콘서트 〈구름빵〉과 애니메이션 〈구름빵〉

출간하고 있다.

백희나의 대표작인 《구름빵》은 타이완, 독일, 베트남, 일본, 중국 등 8개국 언어로 번역되어 판매되는 등 국내에서만 45만 부 이상 판매되었다. 정가가 8,500원이기 때문에 출판 매출은 40억 원 이상 된다. 《구름빵》은 책 외에도 TV 애니메이션, 뮤지컬 공연, 캐릭터 상품 등 부가상품으로 만들어져 4,400억 원의 가치를 창출한 것으로 추정된다. 또한 초등학교 1학년 교과서에도 실렸다.[10] 백희나는 컷 아웃 애니메이션(cut-out animation) 형식을 동화책에 도입한 독특한 그림 기법과 내용으로 그림책의 새 장을 연 작가로 인정받으며, 국내에서 서정적인 특징을 갖던 동화를 판타지적·몽환적으로 바꿨다는 평가를 받고 있다.

2005년 초 한솔교육의 단행본 사업본부인 한솔수북에서 처음 만

---

10   하동철(2015), 《믿기 힘든 저작권 이야기》, 커뮤니케이션북스.

든 책이 《구름빵》이다. 북클럽 회원들에게 보내는 소식지 한 칸에 실린 《구름빵》의 호응이 좋아 단행본으로 엮어서 출간되었고, 대박이 났다. 이 책이 성공을 거두면서 한솔교육의 단행본 사업도 대내외적으로 좋은 인식을 얻게 되었다. 원래 《구름빵》은 2004년 6월에 회원제 월간 그림책 시리즈인 '북스북스' 소프트커버에 그림책으로 나왔다. 이후 양장본으로 바꾸어 2005년 1월에 단행본으로 출간되었다. 2003년 8월부터 편집부에서 글그림 작가인 백희나 작가와 《구름빵》에 대한 이야기를 나누었고, 그해 11월부터 다음 해 2월까지 4개월에 걸쳐 입체 촬영을 한 후 편집 작업을 통해 2004년 6월에 책을 냈으니, 시작부터 책이 나올 때까지 거의 10개월이 걸렸다. 백희나 작가에게는 《구름빵》이 첫 번째 창작 그림책이지만, 출간 순서로 본다면 《큰턱할미랑 큰눈할미랑 큰이할미랑》이 첫 책이고 《구름빵》은 두 번째 책이다.

　《구름빵》은 작가의 상상력과 빛그림이 조화롭게 어우러진 개성 넘치는 그림책이다. 일반 그림책과 뭔가 다른 느낌을 주며, 보통 그림보다 형태감이 분명하고 위아래나 안팎의 거리와 공간감이 선명하다. 《구름빵》은 그냥 그림이 아니라, 인물과 소품을 손수 만들어 배경이 있는 세트로 놓고 사진으로 찍은 '입체 빛그림'이기 때문에 다르다. 그러면서도 입체가 아니라 그림으로 그린 것 같은 안정감도 주는 특징이 있다. 창작 그림책 작업을 처음 해보는 백희나 작가가 이런 그림책을 만들 수 있었던 배경은 애니메이터라서 가능했다. 캐릭터들의 움직임과 다양한 앵글, 레이어 따위를 고려한 그림 작업 등의 경험을 가진 애니메이터였기 때문에 그림책 장면 하나하나를 촬영 배경이 되는 세트로 만들고 거기에 캐릭터를 얹어 촬영하는 입체 빛그림 작업을 할 수 있었다.

또한, 출판사는 사진을 빛그림이라 표현한다. 김향수 작가가 작품의 빛그림을 찍었다. 장면을 모두 만들어놓고 촬영한 게 아니라 몇 장면씩 만들어가면서 빛그림을 하나씩 찍어 장면을 완성해갔다. 특히 작품 내용상 흐린 날씨의 표현이 중요했기 때문에 인형을 세우고 조명을 사용하여 명암 대비를 확실히 표현하는 데 초점을 두었다. 촬영한 작가는 출판사의 편집자였으며, 회사 안에 있는 스튜디오에서 4개월간 빛그림을 찍어 완성했다. 이후 《구름빵》은 8개국으로 수출되었을 뿐 아니라 다양한 2차 콘텐츠로 제작되어 경제적 수익을 얻었으며, 대표적인 OSMU 성공 사례이자 트랜스미디어 스토리텔링의 전형을 보여준다.

2) 《구름빵》의 스토리텔링 분석과 OSMU

《구름빵》의 핵심 스토리(Core Story)는 영유아에게 초점을 맞추고 있기 때문에 단순하지만 흡입력이 강하다. 비 오는 날 아침, 작은 구름 하나가 나뭇가지에 걸려 있다. 고양이로 표현된 아이들은 그것을 보고 신기해하며 구름을 조심조심 엄마에게 가져다준다. 엄마는 작은 구름을 반죽하여 빵을 굽는다. 잘 구워진 구름빵을 먹은 엄마와 아이들은 구름처럼 두둥실 떠오른다. 아이들은 회사에 늦을세라 아침도 못 먹고 헐레벌떡 나간 아빠한테 빵을 배달해준다. 《구름빵》은 아이들이 좋아하는 먹을거리에 구름을 합쳐 '하늘을 나는' 상상의 세계로 이끌어준다. 또한 이러한 독특하고 재미있는 사건에 '식구 사랑'도 함께 표현하여 아

이들이 따뜻한 마음을 배울 수 있도록 구성되었다.[11]

뮤지컬 〈구름빵〉은 2009년 부산에서 첫선을 보였다. 책의 주인공들이 구름빵을 먹고 날아오르는 내용을 살리려면 주인공 캐릭터들이 실제로 날아오르는 장면이 들어가야 했다. 따라서 소규모 어린이극이 아닌 대극장 버전의 뮤지컬로 제작했고, 제작비가 적지 않게 필요했다. 최소 5억 원 이상 규모의 투자가 필요했으며, 배우들도 많이 필요했다.

이러한 필요에 따라 극단 길과 문화아이콘에서 구름빵문화전문회사를 론칭하여 투자사의 투자를 받았고, 동서대학교 뮤지컬학과와 협력하여 '주크박스 플라잉 뮤지컬'이 제작되었다. 뮤지컬은 쉽게 따라 부를 수 있는 동요와 극중 등장인물이 하늘을 나는 '플라잉(Flying) 액션'이 결합되어 가족 단위 관객의 사랑을 받았다. 2009년 여름 부산과 서울에서의 첫 공연 이후 겨울방학과 여름방학에는 서울의 대극장에서 공연을 하고, 나머지 기간에는 전국 투어 공연이 진행되었다.

애니메이션 〈구름빵〉은 KBS 1TV에서 방송되었다. 애니메이션 〈구름빵〉의 프리 프로덕션을 맡고 있는 DPS가 메인 제작을 맡았다. 애니메이션 파일럿은 2005년 6월경부터 1년 동안 만들어 국내외 애니메이션 전시회 등에서 홍보를 시작했다. 강원정보문화진흥원은 중국 칼룽영시동화산업유한공사(卡龍影視動畫有限公司)*와 공동제작에 합

* 칼룽영시동화산업유한공사

《구름빵》이외에 〈렛츠고 MBA〉에도 투자했다. 〈렛츠고 MBA〉는 어린이 경제교육 애니메이션으로 DPS, SBS, 칼룽영시동화산업유한공사가 공동 제작했다. 창저우 동만기지에 위치한 애니메이션 미디어 주식회사다. 3,500만 위안의 자본금과 400명의 직원이 근무 중이며 일본, 미국, 한국 등과 교류하고 있다(卡龍影視動畫有限公司: www.carloon.cn 검색일 2012년 9월 28일).

---

11 이건웅(2013), 〈문화산업전문회사 사례 분석 연구:『마법천자문』과『구름빵』을 중심으로〉, 《글로벌문화콘텐츠》제11호, 글로벌문화콘텐츠학회, 88쪽.

의한 후 2008년 말부터 애니메이션 제작에 착수했고 40억 원이 넘는 제작비를 조성해 완성했다.[12] 2005년 《구름빵》을 단행본으로 출간한 뒤 몇몇 애니메이션 회사들과의 접촉이 있었다. 책이 일반 기법이 아닌 컷 아웃 기법으로 만들어졌기 때문에 애니 소스를 가지면 다른 책들과 차별화될 수 있는 특징이 있었다. 그러나 독특하기는 하나 아무런 인지도도 없는 그림책으로 애니메이션을 만들어보고 싶다고 하니, 애니메이션 회사들의 반응이 좋지 않았다고 한다.

애니메이션 〈구름빵〉은 배경과 캐릭터들이 좀 더 구체화되고 생동감 있게 살아난다. 다양한 스토리가 그 안에서 펼쳐질 수 있도록 토대가 마련되었으며, 비로소 트랜스미디어 스토리텔링의 요소와 결합되어 스토리의 확장이 일어난다. 〈구름빵〉의 무대가 되는 곳은 이 세상 가장 동쪽에 있는 '동쪽 끝머리 마을'이다. 이곳에는 고양이인 주인공 홍비와 홍시는 물론 양, 코끼리, 쥐, 여우, 강아지 등 여러 동물이 등장한다. 홍비와 홍시는 단행본에서는 이름이 없었으나 애니메이션을 제작하면서 이름을 얻었다. 이렇듯 다양한 동물들이 존재하는 이 마을은 사실 인간 세상을 그대로 재현하고 있다.

또한, 이야기를 이끌어나가는 데 주요한 도구가 되는 '구름빵'도 몇 가지 특성을 부여받는다. 구름빵은 아빠나 다른 동물들이 아닌 오로지 홍비와 홍시의 엄마만 만들 수 있다. 또한, 원작에서는 단순하게 빵을 먹고 날아오르는 내용만 등장했다면, 애니메이션에서는 구름빵을 먹은 후 캐릭터들이 구름빵의 율동을 반복하는 등 몇 가지 순서를 거쳐

---

12 이건웅(2013), 위의 논문, 90쪽.

하늘을 날게 된다. 구름빵은 오븐에 구워진 이후 두둥실 떠다니기 때문에 보관에 주의를 기울여야 한다. 그래서 홍비, 홍시는 각 에피소드마다 구름빵의 신비한 능력을 엉뚱하게 사용하기보다는 어려움에 처한 친구를 돕거나 용기를 주는 데 사용하고, 그 과정에서 기쁨과 즐거움을 느낀다. TV시리즈 〈구름빵〉은 이것을 메인 테마로 하여 TV를 시청하는 아이들과 또래인 홍비, 홍시의 일상과 모험 그리고 판타지를 보여준다. 홍비와 홍시는 아이들의 역할 모델이 되어 배려심, 목표를 향한 노력의 중요성을 전달한다.

이처럼 하나의 에피소드를 담은 짧은 그림책으로부터 나온 애니메이션 〈구름빵〉은 독자적이고 확고한 세계를 구성하여 그 안에서 다양한 이야기들이 계속해서 탄생할 수 있도록 만들어졌다. 실제로 한솔수북에서는 애니메이션을 바탕으로 하여 다시 책으로《구름빵》시리즈를 만들기도 했다. 그러나 애니메이션 제작에 출판사의 투자가 전혀 없었기 때문에 애니메이션 제작사 측에 로열티를 지급하는 방식으로 책의 출판이 이루어지고 있다. 또한, 애니메이션 방영 이후 원작《구름빵》에 대한 관심이 높아져 원작의 판매 부수가 증가하기도 했다. 강원정보문화진흥원은 애니메이션 TV 방영 시작에 맞춰 캐릭터 상품 개발에 착수했다. 특히 방영 전부터 2010년 5월 뚜레쥬르와 라이선싱을 체결하여 상품권 판매를 시작했고, 전국 1,380개 뚜레쥬르 매장에서 구름빵 6종을 출시 · 판매하여 수익을 올렸다.

더불어 창작 상품 개발이 문구와 완구 등의 분야로도 확대되었다. (주)비엔비퍼즐과 퍼즐 라이선싱 계약이 체결되었으며, 우산 5개 품목, 우비 1개 품목, 모자 1개 품목, 장화 2개 품목 등의 전략 상품도 등장했

〈표 7-4〉《구름빵》OSMU 사례

출판	국내출판	• 《구름빵》 단행본(2004), 그림책 등 • 애니메이션 그림책(1~9, 2012 5월 현재) • 2005년 볼로냐국제아동도서전 올해의 일러스트상
	해외출판	• 중국, 타이완, 일본, 프랑스, 독일, 노르웨이, 이란 수출

	전자책	• 퓨처북:
		  전자그림책, 트이트론 개발, 2011 대한민국 콘텐츠어워드 수상
		• 앱북(아이패드용):
		  한글과 컴퓨터 개발(2011), 구름빵 스토리북(2012)

애니메이션	TV용 (2010~2016)	• 시즌 1: 총 78편, 2010.09~2011.03 • 시즌 2: 총 20편, 2011.11~2012.05 • 시즌 3: 총 20편, 2016.07~2016.12 • KBS, 대교어린이TV, IPTV 등 방영 • 2010년 YMCA가 선정한 좋은 방송대상 우수상
	3D용	• TV용과 동시 제작 • 7분짜리 구름빵 3D 애니메이션 총 78편 독점 공급
게임	PC게임	• 구름빵 놀이터, 구름빵 스토리북
	오프게임	• 구름빵 보드게임 • 구름빵 하늘 달리기, 구름빵 수놀이, 구름빵 냠냠베이커리
공연	뮤지컬	• 주크박스 플라잉뮤지컬 • 구름빵문화산업전문회사 설립(2009) • 영어 뮤지컬
	연극	• 픽처플레이(Picture Play) 구름빵: 인형과 그림자로 표현하는 신개념 연극
기타	라이선스	• 문구팬시, 유아용품 • 제과(빵): 뚜레쥬르와 첫 라이선스(2009) • 키즈카페: 이마트 등 할인마트에 키즈카페 설치 • 리틀 퓨처북 2011년 킬러 캐릭터 상품 개발 지원 • 동요콘서트

출처: 이건웅(2013), 〈문화산업전문회사 사례 분석 연구〉, 《글로벌문화콘텐츠》 제11호, 글로벌문화콘텐츠학회, 90쪽.

다. 또한, 구름빵숍 및 카페 사업화 추진으로 춘천 애니메이션박물관 내 캐릭터 상품숍 및 카페테리아를 오픈하기도 했다. 위의 〈표 7-4〉는 《구름빵》의 OSMU 사례를 보여주고 있다. '픽처플레이(Picture Play)'는 신개념 연극으로 인형과 그림자가 나온다. 그런데 분명히 '구름빵'의 홍비와 홍시의 음성이 들린다. 극을 관람하는 어린이들은 마치 자신이 실제로 대화하는 것처럼 여긴다. 이처럼 이야기 주고받기를 통해 스스로 자기 역할을 열어간다.

3) 《구름빵》의 세계관 확장과 성공요인

《구름빵》의 트랜스미디어 콘텐츠의 성공요인을 정리하면 다음과 같다. 첫째, 잘 만든 원작이 있어야 이후에 다양한 콘텐츠로 재탄생할 수 있고, 매체 전환을 통해 OSMU로 부가가치를 획득할 수도 있으며, TV 애니메이션과 같이 트랜스미디어 스토리텔링으로 스토리를 확장할 수 있다. 그런 의미에서 《구름빵》은 다양한 상상력이 담긴 풍부한 콘텐츠, 독특한 그림, 그림을 살려준 사진의 삼박자가 잘 어우러진 작품이었다.

둘째, 《구름빵》이 성공한 중요한 요소는 끊임없는 마케팅 전략이 있었기 때문에 가능했다. 실제로 2005년 서울국제도서전에서 부스를 《구름빵》입체 포토존으로 꾸미고 책을 사면 먹는 구름빵을 주는 이벤트를 한 것도 《구름빵》홍보에 큰 역할을 했다. 또한, 구름빵 사진을 인화해서 도서관이나 서점, 학교 등에서 원화전을 계속 이어간 것도 큰 힘이 되었다. 우비, 스티커 등 사은품을 계속 주는 이벤트로 웹 서점 순위를 유지한 것도 성공의 비결이다. 《구름빵》은 한솔수북에서 마케팅 비를 가장 많이 쓴 제품일 정도로 사은품을 크게 걸어 이벤트를 했다.

셋째, 전자책 출시를 통해 차별화된 디지털 정책을 펼쳐 《구름빵》의 가치를 높였다. 특히 전자책 출시에서 신뢰성, 인지도가 높은 '한글과 컴퓨터'와 손을 잡아 퀄리티가 높은 콘텐츠를 개발하고, 가격대를 높게 책정하고 맛보기 기능을 제공하지 않는 등의 고급화 전략도 적중했다.

넷째, 매체의 특성에 맞는 스토리텔링을 적합하게 녹여냈다. OSMU 스토리텔링에서 매체의 차이에 따라 적절하게 이야기 방식을 달리하지 않으면 하나의 소재로 여러 장르에서 성공하기는커녕 한 장르에서 성공한 자본을 다른 장르에서 손해 보기 쉽다. 《구름빵》은 세트를 구성하고 사진으로 촬영하는 독특한 기법으로 만들어진 그림책이다. 이러한 특성을 이용하여 캐릭터에 애니소스를 부여함으로써 TV시청자의 호응을 얻을 수 있었다.

마지막으로 해외 합작을 통한 글로벌 OSMU 전략과 트랜스미디어 스토리텔링을 동시에 추진했다. 해외 합작은 공동투자, 공동제작, 공동마케팅의 시너지 효과를 창출한다. 공동 자본투자로 제작비 조달 및 투자 부담을 줄여 리스크를 분산시킬 수 있다. 한솔교육이 애니메이션에는 투자하지 않았으나, 중국 자본의 투자를 받은 것은 좋은 콘텐츠를 만드는 데 좋은 영향을 주었다.

3.
〈사기열전〉: 자객

1) 자객의 코드

　'자객'은 상품성이 좋은 코드다. 영화, 드라마, 소설은 물론 우리가 상상할 수 있는 모든 콘텐츠에 약방의 감초처럼 등장한다. 때로는 절대악을 제거하기도 하고, 때로는 주인공을 위협하는 장치로 활용되기도 한다. 자객이 갖고 있는 역할과 신분은 베일에 가려져 있지만, 콘텐츠로서의 활용 가치는 높다. 자객은 기분 좋은 단어가 되지 못한다. 2003년 개봉한 〈낭만자객〉처럼 코믹한 이미지를 담을 수도 있지만 '사람을 몰래 암살하는 일을 전문으로 하는 사람'라는 사전적 의미에서 알 수 있듯이 자객은 위협적인 단어다. 자객과 비슷한 단어로 '암살자'가 있다. 영어로 하면 어쌔신(assassin)으로, 이 말의 어원은 11세기 말 이란에서 결성된 비밀결사 단체 아사신(assassin)에 그 뿌리를 두고 있다. 이슬람 시아파 이스마일리야의 한 분파인 니자리파 수장 하산 이븐 사바는 이란에 있는 산중 요새 알라무트에 거점을 두고 입교자들과 공동체 생활을 했다. 교육과 훈련을 받은 입교자들은 이스마일리야를 탄압하는 셀주크 제국의 권력자들과 수니파 신학자 수십 명을 암살해 '공포의 대상'이었다.

작가 블라디미르 바르톨은 어쌔신의 어원에서 영감을 얻어 《알라무트》라는 소설을 창작했다. 현대 이슬람 테러리즘과 자살특공대의 창시자인 '하산 이븐 사바'가 11세기 말 알라무트성에 자리 잡은 이스마일파의 실화를 모티프로 쓴 정치소설이다. 소설 《알라무트》는 한 처녀가 알라무트 요새에 납치돼 끌려오는 것으로 시작된다. 노예로 팔려오거나 끌려온 처녀들은 요새 뒤편의 하렘에서 교육을 받는다. 셀주크 제국의 수니파 손에 아버지를 잃은 사내아이도 알라무트 요새로 들어와 정예부대인 페다인에 배속돼 훈련을 받는다. 니자리파의 세력이 점점 확장되자 셀주크의 술탄 말리크샤는 알라무트를 공격한다. 3만 명 대 500명. 하산이 셀주크와의 싸움에서 선택한 전술은 자객을 이용한 암살이었다. 적은 인원으로 적을 붕괴시킬 수 있는 가장 강력한 무기였다. 페다인들은 대마초(해시시)를 먹은 뒤 요새 뒤편의 비밀 정원에서 하렘의 여자들에 둘러싸여 천국의 즐거움을 맛본다. 그들은 천국과 대마초 금단증상에 시달린다. 그들은 죽어서라도 다시 천국에 가고 싶다는 열망으로 비수를 품고 암살자의 길로 들어선다.

소설 《알라무트》의 모티프는 '어쌔신'이라는 어원 외에 인도의 설화에 원형콘텐츠가 있다. 시대를 뛰어넘어 마초들의 유토피아는 단순한지도 모른다. 아무도 모르는 깊은 계곡 속에 우아한 궁전을 지어 산해진미와 술이 있고 잔잔히 흐르는 물과 아름다운 여인들이 나체로 뛰어노는 곳이 있다면 그야말로 유토피아가 아닐까? 이슬람의 전사들이나 납치한 건장한 청년들을 데려다가 환각약초에 취하게 한 후 이 정원에 넣어두어 여자들과 하룻밤을 즐기게 한다. 꿈같은 하룻밤을 지낸 마초들은 한 번 더 환락의 밤을 갖게 해달라고 애원하고, 암살단의 두목은 암살할 대상을 알려주고 그 대상을 암살하고 오면 다시 한번 그 쾌락의 정원에 들여보내줬다고 한다.

또 자객과 비슷한 말로 '킬러'가 있다. 물론 영어로 'killer'라고 하면 살인자를 통칭하기 때문에 'contract killer'라고 하는 청부살인업자가 있다. 청부살인, 킬러, 암살자, 그리고 자객은 서로 닮아 있지만 어딘가 다르고, 또 다른 듯하면서도 같은 공통분모가 있다. 할리우드 영화에서 어쌔신은 단골 메인 테마로 활용되거나 서브 테마로 양념처럼 사용된다. '어쌔신'이라는 키워드를 제목으로 한 영화만도 〈어쌔신〉(1995, 2011, 2014), 〈닌자 어쌔신〉(2009), 〈뱀파이어 어쌔신〉(2005), 〈어쌔신: 닌자걸〉(2008), 〈어쌔신 크리드〉(2016), 〈어쌔신: 더 비기닝〉(2017) 등 무수히 많다.

한국영화 〈황해〉에는 청부살인업자가 나온다. 연변에서 택시 운전을 하는 구남(하정우)은 빚 독촉을 받으면서 힘겹게 하루하루를 살아간다. 한국으로 돈 벌러 간 아내는 연락이 없고 빚 독촉에 점차 궁지로 몰린 구남은 면정학(김윤석)으로부터 한국에서 사람 한 명을 죽이면 빚을 청산해주겠다는 제안을 받는다. 황해를 건너 한국으로 건너온 구남은 자신의 목표가 다른 청부살인업자에 의해 잔인하게 살해되는 장면을 목격하게 되고 마침 들이닥친 경찰에게 살인의 누명까지 쓰고 달아나게 된다. 〈황해〉에서 구남은 돈 때문에 청부살인을 하지만 현실세계에서 자객을 동원해 살인하는 경우는 돈 외에도 정치권력이나 암흑세계의 반대파 숙청, 연인 간의 치정, 종교 갈등 등 경우의 수도 다양하고 이유와 명분도 무지개색처럼 다채롭다. 영화나 소설에서 자객이 저지르는 청부살인이 하나의 장치와 코드로 활용되지만, 현실세계에서는 가혹한 형벌이 기다리고 있다.

이야기를 바꾸어 우리 고전에도 자객의 코드는 존재한다. 하지만 대표주자가 없다. 중국에는 '형가'라는 걸출한 인물이, 일본에는 '닌자'라는 코드가 존재한다. 반면 우리의 이야기 속의 자객은 자객일 뿐 그 이상도 이하도 아니었다.《홍길동전》에 나오는 자객은 홍길동을 죽이려 몰래 잠입하나 결국 홍길동에게 죽임을 당한다. 홍 판서의 애처 초란은 '특재(特才)'라는 이름의 자객을 구한다. 홍 판서가 길동에 대한 근심으로 병이 들자 초란은 유씨 부인과 인형에게 길동을 죽이자고 음모를 꾸민다. 특재가 길동을 죽이러 가는데, 길동은 미리 알아채고 신통력으로 길재를 죽인 후 아버지에게 하직을 고한다. 아버지는 길동을 측은하게 여겨 호부호형(呼父呼兄)을 허락한다. 길동은 또 어머니에게 가서 하직하고 떠난다.

물론 역사를 거슬러 올라가면 우리나라에도 나름 자객의 원형은 있다. 1932년 발행된 〈별건곤〉이라는 잡지에 실린 '조선의 자객열전(朝鮮刺客列傳)'이라는 글에서 고구려의 뉴유(紐由)와 신라의 황창랑(黃倡郎)을 소개하고 있다. 고구려와 국경이 맞닿아 있던 위나라가 병사를 모아 고구려를 침공하자 지략과 검술이 뛰어난 뉴유는 위나라 장수 왕기(王頎)를 암살하고 스스로 목숨을 끊었다. 장수를 잃은 위나라는 고구려의 역공을 받고 후퇴할 수밖에 없었다.

신라의 황창랑은 백제로 들어가 궁중에서 검무(劍舞)를 추다가 백제왕을 죽인 뒤 붙잡혀 죽었다. 죽음에 대해서도 백제왕의 공주에 의해 죽었다는 설과 자결했다는 설이 있으나 신라인으로서 위장을 통해 목적을 이룬 점은 높이 살 만하다. 물론 황창랑에 대한 기록이 《삼국사기(三國史記)》나 《삼국유사(三國遺事)》에 근거를 둔 역사상 사실은 아니며 신라 본국검의 창시자로 알려지면서 구전되어 내려오고 있다.

아픈 역사의 잔상으로 명성황후를 시해한 일본 자객도 콘텐츠로 자주 등장한다. 드라마와 뮤지컬 〈명성황후〉는 너무나 유명하며, 영화 〈불꽃처럼 나비처럼〉이나 《자객 고영근의 명성황후 복수기》 같은 소설 등 단행본으로 엮어서 나온 책은 그 수를 헤아릴 수 없을 정도로 많다. 일제강점기 일제에 복역했던 반민족 친일파를 제거하는 영화 〈암살〉은 자객과 결은 다르지만 '처단'이라는 공통분모가 있다. 당시 〈암살〉은 천만 관객을 넘기면서 큰 인기를 끌었다.

이웃 나라 일본의 닌자는 '자객'의 코드로 본다면 콘텐츠의 보고다. 하지만 자객과 닌자는 태생적으로 다른 성격을 보여준다. 닌자가 자객이 될 수는 있으나 자객은 닌자가 아니다. 닌자는 일본에만 존재하지만, 자객은 인류의 역사와 함께한 공통분모다. 닌자는 일본 무사계급 중에서도 천민에 속하는 계층이지만, 신분의 의미 없이 목적만 있는 자객과는 다르다. 그럼에도 불구하고 닌자는 요인 암살과 정보를 수집하는 등 자객의 역할을 일정 부분 수행하고, 가장 중요한 점은 콘텐츠로서 가치가 높다는 점이다. 또 일본은 막부시대를 거치면서 '무사' 계급이 형성되었고, 역사 속에서 자연스럽게 이야기가 만들어졌다. 예를 들어 〈13인의 자객〉은 13 대 200이라는 전형적인 일본 사무라이 영화의 미학이 돋보이는 무협극이다. 피가 낭자하고 팔다리가 잘려나가는 고어물과 액션, 그 속에 묘한 위트가 숨어 있는 일본식 활극 영화는 중국 영화의 그것과는 분명히 다른 맛을 보인다. 〈13인의 자객〉에서 우리가 주목하는 것은 물론 '자객'이라는 코드다. 에도시대 말기를 배경으로 한 이 영화에도 처단해야 할 절대악이 등장한다. 막부시대에 쇼군의 동생이자 포악한 영주인 나리쓰구를 암살하기 위해 쇼군의 최측근인 도이의 요청으로 신자에몬을 중심으로 13인의 자객이 모인다. 자객 코드에서 자객의 목적에 정당성을 부여하는 첫 번째 조건은 절대악의 제거다. 영주 나리쓰구는 권력을 가진 폭군이라는 절대악의 권위를 그대로 갖고 있다.

단순히 요인 암살이나 정적 제거는 영화의 소품에 지나지 않을 뿐 아니라 일본에는 '닌자'라는 구매력과 상품성을 갖춘 캐릭터가 이미 존재한다. 적어도 자객이 닌자와 구분되고 독창적인 캐릭터를 찾기 위해서는 다른 정당성이 부여되어야 한다. 물론 닌자와 다른 캐릭터를 구사하기 위해 단독이 아닌 '13인'이 뭉쳐 단 한 명이 아닌 200명의 사무라이를 무너뜨린다. 또 제목에서 사무라이가 아닌 '자객'에 방점을 둔 것은 사무라이처럼 무사라는 거창함보다 '자객'이 함축하고 있는 목적에 비중을 두고 있기 때문이다. 구로사와 아키라(黒澤明, 1910~1998)의 〈7인의 사무라이〉(1954)의 아류로 남지 않기 위한 생각도 저변에 깔려 있었을 것이다. 〈13인의 자객〉은 구도 에이치 감독이 1963년에 만든 영화를 2010년 버전으로 리메이크한 작품이다. 어차피 이미 지구인이라는 명성을 갖고 있고 구로사와 아키라의 〈7인의 사무라이〉와 다른 존재로서 인정받고 싶은 구도 에이치 감독의 선택은 '자객'이었을 것이다.

2) 사기열전과 자객

중국에서 자객이 최초로 생겨난 것은 춘추전국시대다. 자객은 늘 정치적인 원인으로 어떠한 인물을 암살해야 하는 직업이다. 한(漢)나라 역사학자 사마천(司馬遷)이 집필한 《사기(史記)》 중 《자객열전(刺客列傳)》은 중국 최초의 자객 전기체의 역사 자료다. 그중 "선비는 자기를 알아주는 사람을 위해 죽는다(士爲知己者死)"를 신조로 삼은 자객이 가장 유명하다.

사마천의 《사기열전》에는 〈자객열전〉을 따로 두어 5명의 자객인 조말(曹沫), 전제(專諸), 예양(豫讓), 섭정(聶政), 형가(荊軻)의 이야기를 풀어내고 있다. 이 중 진시황을 암살하려 했던 형가의 내용이 가장 비중 있고 묘사도 치밀하게 전개된다. 또한 현대에도 영화, 드라마, 도서 등 다양한 콘텐츠로 재생산되고 있다. 〈자객열전〉이 무협과 다이내믹한 스토리를 갖고 있기 때문일 것이다. "선비는 자기를 알아주는 사람을 위해 죽고, 여자는 자기를 사랑하는 사람을 위해 화장한다"라는 말은 일상에서도 흔히 쓰일 정도로 유명하다. 이 말을 한 사람이 바로 예양이다. 그는 진(晉)나라 사람으로 지백(智伯)을 섬겼다. 원래는 범씨(范氏)와 중항씨(中行氏)를 섬겼으나 이 두 사람은 예양을 평범하게 대했다. 하지만 지백은 그를 국빈급으로 대우해주었다.

그런 지백이 범씨와 중항씨를 죽이고 조양자(趙襄子)를 공격했는데, 오히려 한·위나라가 연합해 지백도 죽고 진(晉)나라도 멸망하고 만다. 예양은 자신의 진가를 알아준 지백을 위해 원수를 갚아 영혼이 부끄럽지 않게 하겠노라고 다짐하며 산속으로 달아났다. 그는 성과 이름을 바꾸고 성 안에서 벽 바르는 일을 자처했다. 어느 날 조양자가 화장실을 가는데 예양의 행동이 수상해 수색했는데 몸속에 비수를 숨기고 있었다. 주위의 부하들이 그를 죽이려고 했으나 조양자는 그를 의로운 사람이자 천하의 현인이라며 풀어주었다. 얼마 뒤 조양자가 외출해 다리를 건너려 할 때 다리 밑이 수상해 수색해보니 역시 예양이 분장을 하고 숨어 있었다. 조양자는 예양을 호되게 꾸짖었다.

"왜 범씨와 중항씨를 섬겼다가 지백에게 몸을 맡기고, 지백이 그들을 멸망시킬 때는 가만히 있더니 죽은 지백을 위해 이토록 끈질기게 원수를 갚으려고 하느냐?"

"지백은 나를 선비로 예우해주었기에 나도 선비로서 그에게 보답하려 하는 것이다."

조양자는 탄식했다.

"예양아! 네가 지백을 위해 충성을 다한 것은 천하가 다 안다. 나 또한 너를 충분히 용서한 듯하다. 이제 각오가 되었느냐?"

"현명한 군주는 다른 사람의 아름다운 이름을 가리지 않고, 충성스런 신하는 이름과 지조를 위해 죽을 의무가 있소. 바라건대 당신의 옷을 얻어 그것을 칼로 베어 원수를 갚게 해준다면 죽어도 원이 없소이다."

이 말을 들은 조양자는 그 의로움에 감동하여 의복을 벗어 예양에게 주었다. 예양은 칼로 옷을 세 번 내리치면서 "이것으로 나는 지하에 있는 지백에게 은혜를 갚을 수 있게 되었구나!"라고 말하고 칼에 엎어져 스스로 목숨을 끊었다.

자객 중에서 가장 유명한 사람은 형가다. 영화 〈영웅〉에서 모티프로 삼은 것도 형가였다. 형가는 전국시대 말기 위(衛)나라 사람으로 책 읽기와 격투기, 검술을 좋아했으며 호방한 성격에 술도 즐겨 마셨다. 그의 선조는 제나라 사람이지만 연나라로 넘어가 개나 잡는 이름 모를 백정과 축(筑, 악기 이름)을 타는 고점리(高漸離)와 술을 마시며 자유분방함을 즐겼다. 술에 취하면 고점리는 비파를 켜고, 형가는 그에 맞추어 구슬픈 노래를 부르며 함께 울기도 했다.

> 바람은 소슬하고 역수는 차갑구나(風蕭蕭兮易水寒)
> 장사가 한 번 떠나면 다시는 돌아오지 못하리(壯士一去兮不復返)

형가가 비록 시정잡배들과 어울리기는 했으나 그의 사람됨은 오히려 침착하고 신중한 편이었다. 어디를 가도 현인이나 호걸들과 사귀었고 그러면서도 철저히 원칙을 지켰다. 형가를 알아보고 잘 대우해주었던 사람은 은사이기도 한 전광(田光) 선생이었다. 전광 선생은 형가를 당시 진나라에 인질로 잡혀 있다가 탈출한 연나라 태자 단(丹)에게 소개해준다. 연나라 태자 단과 진나라 진(훗날 진시황)은 어릴 적부터 죽마고우로 지낸 막역한 사이였으나 그가 왕이 되자 오히려 단을 진나라의 인질로 삼으며 좋지 않은 대우를 했다. 단은 이런 진왕을 원망하며 원한을 품고 연나라로 도망 온 것이었다. 진왕이 산둥지역으로 군대를 파견해 영토를 확장하자 연나라도 점차 위협을 느끼기 시작했다. 결국, 태자 단은 진시황 암살을 계획하고 전광 선생에게 적임자를 묻는데, 이때 형가를 추천한다. 하지만 진왕을 음해하려고 한다는 비밀이 새어나가는 것을 두려워한 태자 단이 전광 선생을 의심하자 그는 이 사실을 형가에게 알리고 자결한다. 의심이 많고 이것저것 재는 것이 많은 태자 단이 진왕 암살에 결단을 내리지 못하고 있을 무렵 조나라가 진에게 무너진다. 이에 조급해진 태자 단은 형가에게 진왕을 죽일 것을 명한다. 형가가 진왕을 만나기 위해서는 명분이 필요했다. 마침 진왕을 배신하고 도망 온 진나라 장수 번오기(樊於期)의 목과 연나라 지도가 그려진 지도를 갖고 간다면 진왕을 만날 수 있다고 여겼다. 형가는 번오기를 찾아간다.

"내가 알기로 진왕은 매우 잔인한 품성의 소유자로 당신은 그를 섬기지 않고 떠났다고 알고 있소."

"맞소! 그는 잔인할 뿐 아니라 야망이 큰 인물이오."

"당신의 가족이 몰살당하고 당신만 몸을 피해 달아났다고 알고 있소. 내가 원수를 갚을 묘안이 있습니다."

"그게 무엇이오? 만약 원수를 갚을 수만 있다면 무엇이든 하겠소."

"당신의 목이 필요하오. 진왕을 만나기 위해서는 명분이 필요한데, 당신 목에 1천 근의 황금과 만호의 식읍이 걸려 있지 않소."

"저 또한 진왕에게 복수할 생각만 할 뿐 어찌할지 방법을 모르고 있던 중입니다."

번오기는 자신의 목을 찔러 죽었다. 번오기의 수급을 들고 온 형가는 연나라 지도와 조나라 서 부인이 갖고 있던 예리한 비수를 품고 진시황을 만나게 된다. 진시황이 번오기의 목에 만족해하는 틈을 타 형가는 지도 속에 숨겨둔 비수를 꺼내 들어 죽이려고 한다. 형가는 계획한 대로 왼손으로 진왕의 소매를 잡고 가슴을 찌르려고 했으나 소매가 찢어져 뜻을 이루지 못했다. 두 번이나 암살 시도를 당한 진왕은 왕실에 어떠한 무기도 들이지 않았기에 신하들은 우왕좌왕하며 어떠한 대응도 할 수 없었다. 그렇게 혼란한 틈에 허무자가 형가에게 약을 뿌려 시간을 벌고 진왕도 기둥 사이로 피하며 옥신각신했다. 어느 신하가 등 뒤에 칼을 대고 뽑으라고 말하고 간신히 칼을 뽑은 진왕은 형가의 왼쪽 다리에 큰 상처를 낸다. 다리를 다친 형가는 마지막으로 칼을 던졌으나 빗나가 엄한 기둥에 맞추었다.

형가는 미소를 머금으며 "내가 일을 이루지 못한 까닭은 진나라 왕을 사로잡아 협박해 반드시 약속을 받아내 태자에게 보답하려 했기 때문"이라고 말한다. 결국, 진왕 암살에 실패한 형가는 신하들의 손에 죽고 진왕은 연나라 태자 단이 이 모든 음모를 꾸민 것을 알게 되었다. 이 일로 진시황은 연나라를 공격했고 태자 단은 연수(衍水)라는 섬에 숨어 있다가 아버지 연왕이 보낸 자에 의해 목이 베이고 만다. 태자의 복수극은 허망하게 끝났고 연나라도 5년 만에 멸망하게 된다. 초당사걸(初唐四傑) 중 협객의 기질이 있던 낙빈왕은 형가에 관한 시 한 수를 남겨 형가의 비장한 감정을 노래했다.

이곳은 형가(荊軻)를 송별하던 곳(此地別燕丹)
장사(壯士)의 머리털이 관을 찔렀지(壯士髮衝冠)

그때 그 사람은 이제 죽어 없지만(昔時人已沒)

오늘도 강물만은 여전히 차갑도다(今日水猶寒)

3) 영화와 자객

한때 진시황에 대한 영화가 대유행이었다. 〈진용〉(1990), 〈진송〉(1996), 〈시황제 암살〉(1998), 〈형가 전기〉(2004), 〈영웅〉(2002), 〈신화: 진시황릉의 비밀〉(2005), 그리고 할리우드 영화 〈미라 3(The Mummy: Tomb Of The Dragon Emperor)〉(2008)에서도 진시황을 모티프로 삼았다. 그 속에서 진시황에 대한 중국인의 또 다른 시각을 엿볼 수 있다. 진시황은 우리에게 익숙한 폭군의 이미지만 있는 것은 아니다. 그는 중국을 처음으로 통일하고 황제를 칭한 첫 번째 황제이자 만리장성과 병마용 같은 거대한 유산을 남김으로써 현재 중국적 문화코드의 핵심, 문화적 영웅의 지위까지 누리고 있다. 물론 이 영화들은 진시황에 관한 역사적 자료들을 토대로 만들어졌다. 대표적인 자료는 단연 사마천의 《사기》다. 사마천의 《사기》 본기 중 〈진시황본기〉와 열전의 〈여불위열전〉, 〈자객열전〉, 〈이사열전〉, 〈백기왕전열전〉, 〈몽염열전〉 등이 진시황 소재 영화의 기본적인 틀을 이룬다. 《사기》에 따르면 진시황은 평생 동안 18번에 달하는 죽음의 고비를 넘기며 암살의 위협에 시달렸다. 550년간의 혼란을 종식시킨 종결자인 진시황의 삶을 영화처럼 드라마틱하게 만드는 요소이기도 하다.

진시황은 원래 진나라가 아닌 조나라 땅에서 볼모의 아들로 출생했다. 13세라는 어린 나이에 조부와 아버지를 잃고 왕위에 오르게 된다. 그리고 22세가 되던 해 어머니가 연루된 반란을 강제로 진압하고, 그 한 해 전에는 동생이 관여한 반란도 진압한다. 그리고 23세가 되어서는 자신의 아버지와 개인적인 관계를 맺고 있었고 자신이 어릴 때 정사를 도맡아 처리하던 재상을 축출하게 되고, 결국 죽음으로 몰고 간다. 30세 때 6국의 하나인 한을 멸망시킨 것을 시작으로 10여 년 만에 전국을 통일한다. 그리고 이 무렵부터 진시황의 목숨을 노리는 시도는 계속 이어져서 널리 잘 알려진 것만 해도 33세 때 형가에게 습격당한 것, 통일 직후(《사기》에는 정확한 연대가 나오지 않음) 악사 고점리에게 습격당한 것, 그리고 42세 때 순행 중 박랑사에서 습격당한 것 등 세 번이었다.

이러한 기록들을 바탕으로 약간의 상상력을 발휘하여 진시황이라는 인물에 관해 생각해본다면, 아무리 보아도 그는 개인적으로는 불행한 사람이었을 가능성이 높다. 그렇기 때문에 사람들은 끊임없이 진시황이라는 인물을 '고독한 독재자'의 모습으로 인식해왔다. 〈시황제 암살〉은 진시황을 암살하고자 하나 뜻을 이루지 못하고 분사한 형가의 이야기를 전면적으로 다루고 있고, 시대의 영웅들이 진시황을 암살하려 모여든다는 〈영웅〉도 진시황 암살을 주요 코드로 다루고 있다. 소꿉친구로 자라왔지만, 운명적 대립을 피하지 못하고 결국 진시황을 시해하려다 실패하고 죽임을 당한 궁중악사 고첨리와의 대결구도를 그린 〈진송〉도 빼놓을 수 없는 영화다.

(1) 〈진송(秦頌: The Emperor's Shadow)〉(1996)

'진송(秦頌)'은 진나라 노래라는 뜻이다. 천하통일을 눈앞에 둔 진나라 왕이 애타게 추구하는 진나라의 정신이 스며 있는 노래다. 진시황에게는 그런 노래가 필요했다. 정면으로 진시황의 시대를 다루고 있지만, 영화에서 큰 비중을 두는 것은 잔혹살벌한 폭군 진시황이 아니라 천하를 경영하는 지략과 야망을 품은 영명한 군주 진시황이다. 그는 말 위에서 얻은 천하는 말 위에서 다스릴 수 없다는 원리를 일찌감치 꿰뚫고 있었다. 그는 천하의 민심을 얻어야 했다. 그 방법으로 택한 것은 음악이었다. 영화는 음악에 대한 진시황의 집착과 궁중악사 고점리 사이의 대립이 큰 틀을 이룬다.

배경은 약 2천 년 전 전국7웅을 다뤘던 전국시대다. 영화는 조나라에 볼모로 잡혀 있는 진나라 왕자 영정(훗날 진시황)이 친형제나 다름없이 고점리의 어머니 젖을 먹고 자라는 어린 시절 이야기에서 시작된다. 그러나 둘은 진시황이 진나라로 돌아오게 되면서 헤어지게 되고, 이후 진왕으로 등극하여 연나라를 정복한 영정은 연에 살던 고점리를 황궁으로 데려온다. 그리고 궁궐에서 진시황은 고점리로 하여금 자신을 위한 '진송'을 만들게 하려 하지만, 고점리는 식음을 전폐하며 항명한다. 진왕이 총애하던 딸 역양공주는 고점리를 살리고자 나섰다가 서로 사랑에 빠진다. 하지만 역양공주는 진왕에 의해 진나라의 중추 왕분 장군과 이미 정혼한 몸이었기에 갈등은 더욱 심화된다. 공사하다가 발견된 저주의 문구로 포로를 참수하기 시작하자 무고한 희생을 막고자 한 고점리는 드디어 '진송' 제작을 약속하고 대악사의 자리에 오른다.

그러나 역양공주와 왕분의 혼삿날을 앞두고 공주와 고점리가 사랑을 나눈 사실을 알게 된 진시황은 고점리의 눈을 멀게 한다. 시집간 역양공주는 질투에 눈이 먼 왕분에게 결국 살해당하고, 왕분은 스스로 목숨을 끊는다. 분을 이기지 못한 고점리는 진왕을 살해하려 하지만 결국 실패하고 진왕의 손에 죽음을 맞는다. 진시황은 만고지존의 황제 자리에 올랐으나 그 자리에는 허무한 악기소리만이 맴돈다. 이윽고 진시황은 모든 악기를 황하에 제물로 던져 넣을 것을 명한다.

이 영화의 마지막 부분은 앞서 밝힌 바처럼 진시황에 대한 일반적인 해석인 '고독한 독재자'라는 이미지와 일치한다고 볼 수 있다. 영화 속 진왕은 고점리에게 유독 집착하는 모습을 보이는데, 이런 상황은 천하통일의 위업을 이루었음에도 곁에 자신을 이해해주는 이 하나 없는, 영웅이 아닌 한 인간의 고뇌와 외로움을 더욱 극대화한다. 영화 〈진송〉 역시 진시황을 시해할 수밖에 없었던 고점리의 이야기를 모티프로 하고 있다. 물론 고점리의 암살 시도는 〈자객열전〉에 실린 내용은 아니다. 고점리의 암살 시도는 진시황 시해의 가장 중요한 세 번의 시도 중 하나일 뿐이다. 하지만 진시황 시해 사건은 훗날 훌륭한 문화원형의 콘텐츠로 상품화되고 있다.

픽션과 논픽션의 경계는 항상 위태롭지만 흥미를 유발한다. 인문학적인 상상력을 영화로 재현한다는 것은 대단히 큰 매력을 품고 있다. 《사기》에는 진시황이 어린 시절 연나라에서 지낸 것, 고점리를 악사로 두고 그가 암살을 시도했으며 실패 후 죽음을 맞이했음을 확인해준다. 20세기의 홍콩 영화사에서는 이 훌륭한 콘텐츠를 사랑과 우정, 그리고 권력 사이의 갈등으로 승화해 역사콘텐츠로 재현했다. 21세기로 넘어와서도 진시황을 둘러싼 콘텐츠는 무수히 재생산되고 있다. 중국을 첫 번째로 통일한 황제는 역시 그 업적 한 가지만으로 역사에 길이 남는 것일까?

(2) 〈시황제 암살(荊軻刺秦王, The Assassin)〉(1998)

장이머우와 더불어 중국의 대표적인 5세대 감독 중의 한 명인 첸카이거 감독이 메가폰을 잡은 영화다. 5년 후 장이머우 감독이 '시황제 암살'이라는 같은 주제로 영화를 만들면서 중국을 대표하는 두 감독의 연출을 비교하는 재미가 있다. 또한, 첸카이거 감독과 장이머우 감독은 공리를 사이를 두고 삼각관계를 맺어 은막의 스캔들로 호사꾼들의 입에 오르내리곤 했다. 공리와 염문설에 빠졌던 장이머우는 당시 유부남으로 사회적으로 비난을 받았으며, 1995년 둘이 결별하자 공리를 마음에 두고 있던 천카이거는 〈시황제 암살〉에서 계획에 없던 캐릭터까지 만들며 공리의 마음을 얻었다. 공리는 조나라 공주로 출연한다.

진왕 영정은 전국7웅으로 압축된 혼란의 시대를 접고 중국을 통일하기 위한 집념에 사로잡혀 있다. 550년 동안 도탄에 빠진 백성을 구하고 피폐해진 국가를 통일해 부국강병을 이루고자 한 진왕 영정의 꿈은 창대하지만, 통일을 위해 수단과 방법을 가리지 않는 무자비하고 잔혹한 그의 성품은 많은 적을 양산한다. 조나라 공주 조희는 진왕 영정을 증오하는 연나라의 태자 단을 사주해 영정왕 암살에 착수케 하고, 영정왕과 그것을 밝혀냄으로써 무혈로 연나라를 접수해 진의 통일을 이룬다는 책략을 모의한다. 하지만 영정왕은 조나라마저 무참하게 침략해 멸망시키고 어린아이까지 생매장하면서 잔혹한 성품을 드러낸다. 이에 조희는 조나라에서 만난 자객 형가를 설득해 진왕 암살을 시도한다.

　이 영화는 진왕 영정의 심리상태를 잘 묘사하고 있다. 권력을 가진 자의 불안한 심리, 통일에 대한 집념과 절대권력을 지키고자 하는 인간의 본성을 세련되게 형상화하고 있다. 복잡한 권력자의 심리와 그를 증오하고 죽이기 위해 암약하는 자객 형가와 조력자의 심리가 뒤엉켜 한 편의 걸작이 탄생했다. 장중함과 중후한 미장센이 일품인 첸카이거 감독의 〈시황제 암살〉과 색채미를 함축된 이미지로 투영한 〈영웅〉은 진시황과 형가를 바라보는 두 가지 시선을 잘 보여준다.

(3) 〈영웅(英雄, Hero)〉(2003)

　장이머우 감독의 영화 〈영웅〉에서 명장면 중 하나를 꼽는다면 진시황과 형가(이연걸)가 기싸움을 하면서 천하(天下)의 의미를 되새기는 장면일 것이다. 진시황은 형가에게 자신의 칼을 던져주며 "네 마음대로 하라"고 말한다. 형가는 진시황을 향해 칼을 겨누지만 그를 죽이지 않는다. 결국 전쟁과 빈곤에 지친 전국시대를 끝낼 수 있는 인물은 진왕뿐이라는 것을 알았기 때문이다. 영화 〈영웅〉은 2003년 중국 영화계의 거장 장이머우 감독과 이연걸(무명), 양조위(파검), 장만옥(비설) 등 유명 배우의 대거출연으로 큰 기대를 모으며 개봉했다. 75회 아카데미 시상식에서 외국어영화상, 53회 베를린국제영화제에서 알프레드바우어상,

60회 골든글로브 시상식에서 외국어영화상을 수상했다. 흥행성적 역시 중국 국내뿐만 아니라 미국에서 2천 개 이상의 개봉관을 확보하고 1,800만 달러 이상의 수익을 올리며 북미지역에서 개봉한 아시아영화로는 역대 최고 기록(2003년 당시)을 세웠다.

영화 〈영웅〉의 배경은 중국역사상 가장 치열하다고 하는 춘추전국시대다. '전국7웅'이라 불린 막강한 일곱 국가가 천하통일이라는 대업을 이루기 위해 끊임없이 전쟁을 일으켜 많은 백성이 죽고 고통스런 삶을 살고 있었던 때다. 〈영웅〉은 진시황을 소재로 한 여러 영화 가운데 가장 허구적인 성격이 강하다고 볼 수 있다. 주인공 가운데 진시황을 제외한 인물이 모두 가상의 인물이라는 점에서도 그러한 성격을 엿볼 수 있다. 자객의 이름이 여럿으로 달라졌고 그들의 간계도 복잡해졌지만, 《사기열전》 속 형가의 이야기를 토대로 번안된 것임은 영화 곳곳에서 확인할 수 있다. 또한 2008년 베이징올림픽을 앞두고 중국의 문화를 세계에 알리고자 한 속내를 품고 있다.

〈영웅〉은 영화라는 상품으로 본다면 '상업'과 '예술'을 절묘하게 절충시킨 영화 중의 하나다. 장이머우는 진의 천하통일이라는 역사적 사실과 무술, 서예, 음악 등 자랑할 만한 찬란한 전통문화를 배경으로 화려한 액션과 엑스트라를 동원해 끊임없이 볼거리를 제공하고 관중의 눈을 즐겁게 만드는 상업영화를 만들어냈다. 그런 의미에서 〈영웅〉은 중국 당국이 요구하는 '중국 특색의 사회주의 문화 건설'이라는 조건에 부합할 뿐만 아니라 WTO 가입 이후 중국 영화계가 추구하지 않을 수 없는 상업성과 오락성마저 겸비하고 있었다. 이후 이러한 기대는 2004년 〈연인〉으로 이어진다. 물론 5세대 영화감독들이 이데올로기의 틀을 깨고 나와 할리우드와 겨루어 손색이 없는 블록버스터급 영화를 만들어냈지만, 지나친 '중화'주의를 내세운 내셔널리즘의 표방은 따가운 비판을 피해갈 수 없을 것이다.

세계에서 세 번째로 넓은 국토를 소유하고 있는 중국은 다양한 기후와 자연환경을 두루 갖추고 있는데다 도시 이외에는 개발되지 않은 곳이 많아서 사람의 손이 닿지 않은 장소를 물색하여 영상화하는 작업이 용이하다. 이러한 장점을 십분 발휘하여 〈영웅〉에서는 샛노란 은행나무 숲에서 빨간 옷을 입은 비설과 월이 대결하는 장면, 비설이 죽고 난 후 한 폭의 동양화 같은 산수를 배경으로 무명과 파검이 가상 대결을 벌이는 환상적인 장면을 만들어냈다. 끝이 보이지 않는 뜨거운 사막의 메마른 정경도 중국이 아무런 대가 없이 누리고 있는 광활한 자연의 일부로서 아름답게 펼쳐진다. 이러한 장면들은 그저 '풍경'에 불과한 것이라고 판단할 수도 있지만, 보는 이들로 하여금 동경을 불러일으킨다는 점에서 내셔널리즘과 연결될 수 있다. 5세대 감독으로서 향토적이고 사실적인 중국의 풍물을 묘사해온 장이머우가 2000년대 이후 중국의 아름다운 풍광을 강조한 영화들을 찍고 있다는 점은 주목할 만한 사실이다. 그 수려한 이미지들 속에 중국에 대한 환상이 심어져 있음을 발견하는 것은 어려운 일이 아니다.

이안 감독의 성공과 장이머우의 국제적 활약에 힘입어 중화권 영화감독들은 최근 무협 블록버스터를 앞 다투어 내놓고 있다. 진가신(陳可辛)의 〈명장(投名狀)〉(2007), 펑샤오강(馮小剛)의 〈야연(夜宴)〉(2006)과 〈집결호(集结号)〉(2007), 이인항(李仁港)의 〈삼국지: 용의 부활(Three Kingdoms: Resurrection Of The Dragon)〉(2008). 장이머우의 영화와 마찬가지로 무협물이

라는 장르가 가지는 중국의 태생적 민족주의의 기반 위에 세계의 강대
국으로 군림하고자 하는 중국인의 욕망이 투영될 때, 그것을 막을 이유
나 방법은 없다 해도 세뇌당하거나 동화되지 않을 수 있는 능력은 갖추
어야 하기 때문이다.

〈영웅〉은 전통 무협영화 색채를 가진 영화 중 가장 특출 난 영화
중 한 편이다. 특히 검과 서예의 합일은 중국 전통문화 중 '合'의 사상을
출중하게 표현해내고 있다. 서예와 검술, 하나는 부드럽고 하나는 강하
며 하나는 양을 상징하고 다른 하나는 음을 상징한다. 파검은 일반 검
객들과 다르게 서예로부터 심원한 검법의 도리를 깨우치게 된다. 마지
막 무명 역시 파검의 글자에서 '天下'의 도리를 깨달아 진황을 죽이려
는 계획을 포기하고 만다. 소소한 개인의 원망보다 세상이 하나가 됨으
로써 전쟁이 끝나고 평화를 찾을 수 있다는 파검의 뜻이었다. 이러한
대의를 이루고자 함은 영화의 끝부분에서 무명이 진시황을 죽이려 하
는 장면에서도 나온다.

마주선 시황제는 무명에게 묻는다.

"지금 통일을 대신할 가치 있는 것이 있는가? 나를 여기서 죽이면
과연 백성에게 영원한 평화가 오는가? 그렇다고 확신한다면 날 죽여
라."

그러면서 검을 자객에게 내던진다. 이에 자객 '무명'은 결국 '天下'
라는 대의를 위해 암살을 포기하고 돌아서며 죽음을 맞이하고, '무명'
을 도왔던 자객들 역시 슬픈 죽음을 맞이하며 영화는 끝이 난다.

영화 〈영웅〉은 말 그대로 형가에서 모티프를 가져왔을 뿐 진시황
암살 실패라는 결론은 같지만, 그사이의 스토리는 극과 극이라고 볼 수

있다. 영화 〈영웅〉 속 인물들이 '천하'라는 대의를 위해 개인적인 복수심을 접어두고 자신의 목숨까지 포기했다면, 〈사기열전〉 속 인물들은 그들 스스로 천하를 이루려고 했다는 점이 같은 모티프를 가지고 있지만 바라보는 관점이 다르다는 것을 나타낸다.

〈사기열전〉에서 형가와 같이 혼란스럽고 뜨거웠던 역사 속에서 삶을 살아간 여러 인물이 끝까지 자신을 고수하며 죽음까지도 불사하는 모습을 보였다면, 영화 〈영웅〉에서는 천하라는 대의를 위해 자신을 포기하는 모습을 통해 중화민족의 단합을 보여줌과 동시에 드라마적인 요소로 쓰여 관객으로 하여금 감동을 느끼게 한다. 영화 〈영웅〉과 〈사기열전〉 속의 인물들이 나라를 위해, 세상을 위해 살았던 역사 속 인물이라는 점은 같다고 볼 수 있지만 영웅의 스토리 같은 그동안의 역사물이 대의를 내세우며 소의 희생을 강요하여 존경심과 감동을 받을 수 있었다면, 이와는 달리 〈사기열전〉 속의 인물들은 끝까지 자신의 뜻을 굽히지 않았다는 점에서 과거사회에서 현대사회로의 변화와 일치한다고 볼 수 있다.

왕이 존재하고 왕을 따라야 했으며 위에서부터 흐르는 것이 과거사회였다면, 현대사회는 개개인의 사회구성원으로부터 시작하여 위로 올라가는 형태를 보이고 있다. 개인의 능력이 점점 중요해짐에 따라 스스로 자신의 뜻을 굽히지 않는 의지의 중요성이 커져 〈사기열전〉 속 인물들의 모습은 현대인에게 작은 위로와 교훈이 될 것이다.

물론 대부분 역사서는 승자의 기록이다. 정권쟁취에 성공한 제왕이나 제왕의 권력쟁취에 이바지했던 영웅호걸이 역사에 등장하고, 이들의 행위는 모두 정당하고 천명을 받든 필연적인 것으로 기록되기 마련이며, 그 속에서 자객이나 타인은 도구일 따름이었다. 따라서 권력 창출 과정에서 그들이 행한 역할은 의도적으로 부정된다. 그런데 사마천은 정사에 감히 〈자객열전〉을 넣었다. 그에게 역사를 창조하고 움직이게 하는 주체란 단순히 현재 정치적 권력의 정점에 있던 제왕이나 제왕의 권력을 공간적으로 나눠 쥐고 있는 제후들이 아니었다. 오히려 정치 · 경제 · 문화 등 사회의 각 분야에서 활동하면서 생을 영위하는 구체적인 개인, 즉 피와 살이 있는 인간이었다. 때로는 궁극적인 도덕의 실천에 모든 것을 바치지만, 때로는 사소한 이욕에 따라 움직이는 불완전한 인간의 생생한 삶을 기록함으로써 역사로 재구성하는 사마천의 역사해석 방식은 한마디로 탈신격의 인간중심주의라고 할 수 있을 것이다. 인간에 대한, 인간의 의지가 빚어내는 역사에 대한 이런 통찰이 있기에 승자가 모든 역사적 당위성을 독점하는 오늘날의 세태에 대한 의미 있는 비판도 가능했을 것이다. 그런 점에서 이를 담고 있는 사마천의 〈사기열전〉은 여전히 유의미한 문화적 콘텐츠로서 계속해서 재해석되는 것이고, 우리는 거기에서 무언가를 얻으려 하는 것일 테다.

(4) 〈형가전기(荊軻傳奇)〉(2004)

〈형가전기〉는 사마천의 《사기》 〈자객열전〉에 기록되어 있는 진왕 정(政), 즉 훗날의 진시황제를 암살하려다 실패한 연나라 자객 형가의 이야기를 다룬 것이다. 〈형가전기〉에서 진왕 정(政)은 법가사상으로 진나라를 정비하여 전국을 통일하려 한다. 형가는 검으로 세상을 바꾸려

하고, 번오기는 군사로 세상을 바꾸려 한다. 고점리는 음악으로 세상의 평화를 이루려고 한다. 〈형가전기〉는 진시황이 주인공이 아니라 형가가 주인공이다. 열전 중에서도 순수하게 〈자객열전〉을 모티프로 한 드라마인 셈이다. 형가의 일생을 통해 전국시대의 혼란과 그들의 삶을 투영해 보이고 있고, 암살자로서의 고단한 삶을 잘 보여주고 있다.

사실 이 드라마는 2003년 흥행에 성공한 영화 〈영웅〉에서 자극을 받았다. 〈영웅〉이 전 세계 관객에게 열렬한 환영을 받은 후 TV드라마 〈영웅〉에서 다시 한번 '징커의 진시황제 암살사건'에 대해 주목하며 진정한 '영웅'에 대한 생각을 다시 하게 된다. '금마황제'상을 수상한 리우에가 진시황 암살을 도모하는 징커 역을 맡았고, 〈여불위 전기(呂不韦传奇)〉에서 여불위로 열연한 장티에린(张铁林继)이 〈형가전기〉에서도 여불위 역할을 맡았다. 폭군 진시황은 샤오빈(邵兵)이 맡았고, 대만배우 허룬동(何润东)은 징커의 생애에서 가장 친한 지기인 천하제일의 악사 고점리(高渐离) 역을 맡았다. 〈영웅〉은 남성 중심의 드라마이지만 〈형가전기〉는 형가의 사랑이 돋보이며, 쥐잉 등 중국 및 대만의 아름다운 미녀들이 징커 주위의 여인들로 등장한다. 영화 〈신용문객잔(新龙门客栈)〉과 〈소호강호(笑傲江湖)〉를 연출한 홍콩의 유명감독 리휘이민(李惠民)이 드라마 〈형가전기〉에서도 감독을 맡았다.

4) 〈사기열전〉의 재해석

지금껏 살펴본 내용처럼 진시황을 다룬 영화들은 모두 진시황을 '고독한 독재자'로 인식하고 있다. 사료를 살펴봐도 알 수 있듯 진시황 이라는 인물을 외로운 독재자로 해석할 만한 개연성은 충분히 있다고 생각한다. 하지만 이들 영화에서는 그러한 해석에서 한걸음 더 나아가 진시황에게 깊은 정도의 감정이입을 행하고 있으며 진심으로 그의 '불 우한' 처지에 동정심을 표하고 있는 듯하다. 특히 〈영웅〉은 독재자로서 진시황의 존재를 적극적으로 옹호하려는 시도조차 드러나 보인다.

동시에 이러한 인식은 당시를 총체적인 비극의 시대, 즉 멸망당한 6국의 지배층도 불행했고 전쟁과 노역에 시달린 천하의 백성도 불행했 지만, 그러한 상황의 핵심에 서 있던 진시황 역시 불행했고, 곧 천하의 모든 사람이 불행한 채 고통 받았던 시대로 인식하는 것으로 이어진다. 그리고 그러한 총체적 비극은 다가올 평화의 시대를 위해 치러진 어쩔 수 없는 희생 같은 것이라는 해석을 근저에 깔고 있다. 요컨대 진시황 으로 상징되는 당시의 시대상황, 즉 무력에 의한 강제적인 병합과 통 일, 그리고 제국이라는 모습으로 등장한 절대적인 권력을 용인하고 체 념적으로 수용하고 있는 것으로 볼 수 있다.

물론 각 영화는 모두 마지막 장면에 자막으로 진시황이 통일을 이 루기는 했으나 이내 진이 멸망하게 되었다는 사실을 빠짐없이 밝히고 있다. 그러나 그러한 설명은 어디까지나 부가적인 것으로서 관객에게 당시에 대한 낭만적인 허무감을 더해줄 뿐 위와 같은 해석을 뒤집는 것 으로는 볼 수 없다. 몇 년의 편차를 두고 각각 제작된 세 편의 영화에서

이와 비슷한 류의 해석이 거듭 나타나고 있는 것은 영화를 만드는 사람들이 당시에 대해 이 같은 해석을 내리고 있다는 사실뿐만 아니라 영화를 향유하는 대중 역시 이러한 해석에 강하게 동조하고 있음을 암시한다. 다시 말해 이러한 영화들은 오늘날 사람들이 당시에 대해 어떻게 해석하고 평가하고 있는지를 드러내 보이고 있다고 생각한다.

이처럼 영화 속에 포함되어 있는 내용이 오늘날을 살아가는 중국인의 역사 인식을 반영하고 있다고 생각해본다면, 그리고 그 내용이 '진시황'으로 상징되는 절대적 권력에 대한 감상적인 동조와 스스로를 둘러싼 역사적 상황에 대한 체념적인 용인이라 볼 수 있다면, 이는 상당히 위험한 것으로 볼 수 있다. 특히 오늘날 중국의 매우 중요한 정치적 목표 가운데 여러 민족을 한족 중심으로 통합하는 것이 포함되어 있다는 사실을 고려한다면, 최초의 통일제국을 완성한 '진시황'에 대한 심정적 동조와 감상적인 동경은 자칫 진시황의 행적처럼 강압적인 수단을 동반한 '통합'을 지지하는 쪽으로 나아갈 수도 있다고 볼 수 있을 것이다. 또한 〈영웅〉에서처럼 강력한 권력과 폭력이 오히려 진정한 평화를 가져올 수 있다는 역설을 그대로 주장하는 것은 지나치게 승자 중심으로 역사를 해석하는 오류를 범하고 있을 뿐만 아니라, 정치적으로도 힘을 가진 자들을 정당화하는 위험성을 내포하고 있다고 본다.

〈영웅〉은 강력한 대제국을 건설한 진시황에 열광하고 숭배하는 중국인의 일반적인 정서를 대변하고, 또한 그에 영합하고 있다. 특히 아편전쟁 이후 서구 열강에 의해 민족적 위기를 겪다가 오늘날 급속도의 경제적인 성장을 이루며 급속히 국가 패권주의적 경향을 보이는 현재 중국의 시대조류에 야합하고 있다는 우려를 금할 수 없다. 바로 영화들의 기저에 위치한 이러한 파시즘적인 논리가 〈영웅〉이 미국에서 흥행하게 된 근본적인 힘이 아니었을까 생각해보았다. 또한, 한편으로 정치는 역시 속임수라는 메시지를 전달한다고도 볼 수 있다. 하지만 그 속임수는 좀처럼 진면목을 드러내지 않는다. 그리고 때로는 실제보다 훨씬 장엄하고 아름답고 요란하게 포장되어 민심을 현혹한다. 진시황이 진송을 필요로 한 까닭도 민심을 복종시키면서 자신의 권위를 효과적으로 전파할 도구가 필요했기 때문이다. 오늘날의 정부가 끊임없이 미디어와 언론을 손아귀에 넣으려는 행태가 겹쳐졌다.

역사는 승자의 기록이다. 정권쟁취에 성공한 제왕이나 제왕의 권력쟁취에 이바지한 영웅호걸이 역사에 등장하고, 이들의 행위는 모두 정당하고 천명을 받든 필연적인 것으로 기록되기 마련이며, 그 속에서 자객이나 타인은 도구였을 따름이다. 따라서 권력 창출 과정에서 그들이 행한 역할은 의도적으로 부정된다. 사마천은 정사에 감히 〈자객열전〉을 넣었다. 그에게 역사를 창조하고 움직이게 하는 주체란 단순히 현재 정치적 권력의 정점에 있는 제왕이나 제왕의 권력을 공간적으로 나눠 쥐고 있는 제후들이 아니었다. 오히려 정치 · 경제 · 문화 등 사회의 각 분야에서 활동하면서 생을 영위하는 구체적인 개인, 즉 피와 살이 있는 인간이었다. 때로는 궁극적인 도덕의 실천에 모든 것을 바치지만, 때로는 사소한 이욕에 따라 움직이는 불완전한 인간의 생생한 삶을 기록함으로써 역사로 재구성하는 사마천의 역사해석 방식은 한마디로 탈신격의 인간중심주의라고 할 수 있을 것이다. 인간에 대한, 인간의 의지가 빚어내는 역사에 대한 이런 통찰이 있기에 승자가 모든 역사적 당위성을 독점하는 오늘날의 세태에 대한 의미 있는 비판도 가능했을

것이다. 그런 점에서 이를 담고 있는 사마천의 〈사기열전〉은 여전히 유
의미한 문화적 콘텐츠로서 계속해서 재해석되는 것이고, 우리는 거기
에서 무언가를 얻으려 하는 것이다.

참고문헌

단행본

김도남(2003). 《상호텍스트성과 텍스트의 이해 교육》. 박이정.

김민주(2016). 《레고, 상상력을 팔다》. 미래의 창.

김성수(2014). 《시각 문화 대표 콘텐츠》. 커뮤니케이션북스.

김소영 · 백해린 · 임대근(2018). 《세계의 영화, 영화의 세계》. 컨텐츠하우스.

김윤아 외(2015). 《신화, 영화와 만나다》. 아모르문디.

김용준 외(2013). 《중국 일등기업의 4가지 비밀》. 삼성경제연구소.

김진형(2018). 《문화콘텐츠의 비판적 인식》. 북코리아.

김평수(2014). 《문화산업 기초이론》. 커뮤니케이션북스.

김희경(2015). 《트랜스미디어 콘텐츠의 세계》. 커뮤니케이션북스.

데이비드 로버트슨 · 빌 브린(2016). 《레고 어떻게 무너진 블록을 다시 쌓았나》. 김태훈 역. 해냄.

롤랑 바르트(1997). 〈작품에서 텍스트로〉. 박인기 편역. 《작가란 무엇인가》. 지식산업사.

류철균 외 12인(2015). 《트랜스미디어 스토리텔링》. 이화여자대학교출판부.

박신희(2016). 《중국문화산업이 미래다》. 차이나하우스.

박신희 외(2017). 《차이나온라인마케팅》. 차이나하우스.

박치완 · 신광철 외(2016). 《문화콘텐츠와 트랜스미디어》. 한국외국어대학교 지식출판원.

성대훈(2018). 《스토리플랫폼》. 미디어랩.

성완경(2001). 《세계만화》. 생각의나무.

송희영 · 배은석 · 임동욱(2018). 《프랑스의 지역문화 콘텐츠》. 북코리아.

스티븐 존슨(2017). 《원더랜드》. 홍지수 역. 프런티어.

안창현(2016). 《서유기 고전의 부활》. 차이나하우스.

안태근(2017). 《한국합작영화100년사》. 스토리하우스.

앙리 르페브르(2005). 《현대세계의 일상성》. 박정자 역. 기파랑.

유현주(2017). 《텍스트, 하이퍼텍스트, 하이퍼미디어》. 문학동네.

윤홍근(2013). 《문화마케팅전략론》. 청람.

이건웅 외(2010). 《문화콘텐츠 그 경쾌한 상상력》. 북코리아.

이건웅 외(2017). 《새로운 문화콘텐츠》. 커뮤니케이션북스.

이규원(2015). 《마블 백과사전》. 시공사.

이영구(2013). 《문화콘텐츠 기획론》. 한국외국어대학교 출판부.

이재현(2013). 《디지털 시대의 읽기 쓰기》. 커뮤니케이션북스.

필 사이먼(2013). 《플랫폼의 시대》. 장현희 역. 제이펍.

하동철(2015). 《믿기 힘든 저작권 이야기》. 커뮤니케이션북스.

한국텍스트언어학회. 〈상호텍스트성〉. 《텍스트언어학의 이해》. 박이정.

한창완(2001). 《저패니메이션과 디즈니메이션의 영상전략》. 한울아카데미.

헨리 젠킨스(2008). 《컨버전스 컬처》. 김정희 · 김동신 옮김. 비즈앤비즈.

《21세기 한국인은 무슨 책을 읽었나》. 한국출판마케팅연구소. 2007.

논문

강정석(2017). 〈'옥자', 넷플릭스, 영화의 미래〉. 《문화과학》 91, 《문화과학사》.

고은나래 · 김효용(2012). 〈스마트 미디어시대에 있어서 웹툰의 발전과 앱툰에 관한 연구〉. 한국애니메이션학회 학술대회, 한국애니메이션학회.

김기영(2014). 〈문화상품의 무역갈등과 분쟁해결에 관한 연구〉. 《문화산업연구》 14(4), 한국문화산업학회, 146쪽.

김나영(2009). 〈귀여니의 사이버 소설 연구〉. 부산대학교 교육대학원 석사학위논문.

김동길(2018). 〈OTT서비스의 계층화 특성을 반한 소비자 선호도에 한 연구〉. 강릉원주대학교 박사학위논문.

김락희(2017). 〈미국 슈퍼히어로 코믹스 작화의 특징 연구〉. 세종대학교 석사학위논문.

김민정(2014). 〈출판만화를 원작으로 한 영화의 캐릭터 변형 연구〉. 《애니메이션연구》 10, 한국애니메이션학회.

김성수(2017). 〈배트맨: 미국의 문화코드와 슈퍼히어로 캐릭터〉. 《글로벌문화콘텐츠》 30, 글로벌문화콘텐츠학회.

김세리(2007). 〈로돌프 토페르-최초의 만화가〉. 《프랑스학연구》 제39권, 프랑스학회.

김시범(2018). 〈문화산업의 법률적 정의 및 개념 고찰〉. 《인문콘텐츠》 48, 인문콘텐츠학회.

김시훈·임경란. 〈SF영화에 나타난 공간 유형 분석: 매트릭스 영화 시리즈를 중심으로〉. 《디지털디자인학연구》 15, 디지털디자인학연구회.

김신엽(2015). 〈브랜드 마케팅의 트랜스 미디어 스토리텔링에 관한 연구〉. 한국콘텐츠학회.

김윤미(2019). "NEFLIX 넷플릭스 오리지널 영화의 공습". 샘터사.

김정아(2013). 〈N-스크린 환경 기반의 스마트 콘텐츠에 관한 연구: 사용자 실증 분석을 중심으로〉. 숭실대학교 박사학위논문.

김치호(2017). 〈상하이디즈니랜드의 현지화 전략〉. 《인문콘텐츠》 44, 인문콘텐츠학회.

김택규(2014). 〈중국 수출 성공 사례〉. 《도서저작권 수출 가이드북(중국편)》, 한국출판문화산업진흥원.

김희경(2009). 〈어린이과학관의 테마파크적 기획설계에 관한 연구〉. 한국외국어대학교 박사학위논문.

──── (2015). 〈N스크린 시대의 콘텐츠와 트랜스미디어콘텐츠〉. 《인문콘텐츠학회논문집》, 인문콘텐츠학회.

남현우(2011). 〈박물관, 미술관 문화상품 브랜드 모델 연구〉. 《한국디자인문화학회지》 17(4), 한국디자인문화학회.

문정호(2017). 〈영화 '배트맨': 가장 현실적인 허구의 도시, 고담시〉. 《국토》 432, 국토연구원.

박인성(2012). 〈인터넷 소설의 작은 역사〉. 《한국문학연구》 43집, 한국문학현구회.

백은지(2011). 〈성공한 학습만화 사례 분석〉. 《한국만화애니메이션학회 학술대회자료집》, 한국만화애니메이션학회.

백진환·한윤옥(2011). 〈학습만화 독서지도 및 효과에 대한 실행연구〉. 《한국비블리아학회지》 22(4), 한국비블리아학회.

변미연·백민숙(2015). 〈한류 문화상품으로써의 아동복 디자인 개발에 관한 연구〉. 《한국산학기술학회 논문지》 16(11), 한국산학기술학회.

서성은(2011). 《크로스미디어 스토리텔링의 온라인 구전 양상〉. 《한국콘텐츠학회논문집》 11(1),

한국콘텐츠학회.

_____(2015). 〈매체 전환 스토리텔링 연구〉. 이화여자대학교 대학원 디지털미디어학부
　　　　영상미디어전공 박사학위논문.

_____(2015). 〈트랜스미디어 스토리텔링으로서 '미생'의 가능성과 한계〉.《어문학》128,
　　　　한국어문학회.

선지아 · 김명숙(2016).〈중국 민영기업의 글로벌 M&A를 통한 다각화 전략에 관한 연구:
　　　　완다(萬達)그룹을 중심으로〉.《국제경영리뷰》20(2), 한국국제경영관리학회.

손현주(2007). 〈매트릭스, 그 끔찍한 어머니〉.《인간연구》제13호.

송요셉(2012).〈웹툰의 발생 과정 탐색과 발전을 위한 제언〉.《한국정보기술학회지》10(4),
　　　　한국정보기술학회.

송진영(2006).〈현단계 중국의 문화산업과 중국의 전통의 전통서사문화〉.《중국어문학지》,
　　　　중국어문학회.

신동희 · 김희경(2014). 〈N스크린 서비스를 이용한 크로스미디어 스토리텔링 전략〉.
　　　　《한국콘텐츠학회논문지》14, 한국콘텐츠학회.

양지욱(2016). 〈배트맨과 슈퍼맨의 대결 승자는?〉.《문화와 융합》38(2), 한국문화융합학회.

오혜영(2007). 〈인터넷 콘텐츠의 단행본 출판에 관한 연구: 인터넷 소설, 블로그 연재물, 웹툰의
　　　　출판을 중심으로〉. 중앙대학교 신문방송대학원 학위논문.

유은재(2011). 〈N스크린(N-Screen)〉.《인터넷 & 시큐리티 이슈》, 한국인터넷진흥원.

윤성은(2008). 〈현대 중국 영화의 내셔널리즘〉.《현대영화연구》Vol.5, 현대영화연구학회.

이건웅(2013). 〈문화산업전문회사 사례 분석 연구: ☒마법천자문☒과 ☒구름빵☒을 중심으로〉.
　　　　《글로벌문화콘텐츠》제11호, 글로벌문화콘텐츠학회.

이건웅 · 박성은(2015).〈중국 온라인 동영상 서비스의 비즈니스 사례 비교 연구〉.《한국콘텐츠학회
　　　　논문집》5, 한국콘텐츠학회.

이건웅 · 위군(2018). 〈한중 웹소설의 발전과정과 특징〉.《글로벌문화콘텐츠》31호,
　　　　글로벌문화콘텐츠학회.

이상원 · 김명석(2000). 〈서사구조에 근거한 테마파크 디자인〉. Archives of Design Research,
　　　　한국디자인학회.

이영수(2014). 〈멀티버스에 기반한 마블 코믹스의 트랜스미디어 스토리텔링 연구〉.
　　　　《애니메이션연구》Vol.10 No.4, 한국애니메이션학회.

이윤영(2015). 〈윤태호 만화 연구〉. 가톨릭대학교 대학원 석사학위논문.

이지영(2016). 〈윤태호 웹툰의 트랜스미디어 확장성 연구〉. 중앙대학교 대학원 석사학위논문.

이지원(2006). 〈디즈니, 디즈니랜드의 오싹한 현실〉. 창비어린이.

임동욱(2015). 〈트랜스미디어 콘텐츠의 연속성과 일관성 강화 전략〉.《인문콘텐츠학회 추계학술대회 논문집》, 인문콘텐츠학회.

임송이 · 김만훈(2007). 〈웹툰 캐릭터의 디자인 특성 분석 연구〉.《한국디자인학회 국제학술대회 논문집》, 한국디자인학회.

장동련 외 2인(2013). 미디어 확장과 진화에 따른 트랜스브랜딩.《디자인학연구》제26권 제1호, 한국디자인학회.

전성원(2010). 〈월트 디즈니(Walt Disney, 1901~1966): 한 마리 생쥐에서 시작한 글로벌 미디어 제국의 창조자〉. 인물과 사상사.

전현지(2008). 〈웹툰(webtoon)의 차별성에 따른 웹믹(webmic) 개념설정연구〉.《애니메이션연구》4(2), 한국애니메이션학회.

정규하 · 윤기헌(2009). 〈웹툰에 나타난 새로운 표현형식에 관한 연구〉.《만화애니메이션연구》, 한국만화애니메이션학회.

정미진(2006). 〈사이버 소설이 활용방법 연구: 소설과 시나리오 비교를 중심으로〉. 한남대학교 석사학위논문.

정일현(2016). 〈N-스크린 환경에서의 콘텐츠 재매개〉.《사회과학연구》32, 경성대학교 사회과학연구소.

정철(2011). 〈장편 브랜드 웹툰 발전 모형 연구〉.《한국애니메이션학회 학술대회지》, 한국애니메이션학회.

조윤경(2010). 〈접두어 Trans-의 인문학적 함의〉.《탈경계 인문학》제3권 제3호(제7집), 이화인문과학원.

조혜정(2017). 〈넷플릭스 진출을 통해 본 국내 OTT 산업의 현황 및 활성화 방안 연구〉. 중앙대학교 대학원 석사학위논문.

최미진(2003). 〈N세대와 인터넷 소설의 논리〉.《대중서사연구》10집.

최승호(2017). 〈N스크린 시대의 트랜스미디어 스토리텔링에 관한 연구〉. 동국대학교 석사학위논문.

최열(1995).《한국 만화의 역사》, 열화당.

하지영(2011). 〈학습만화 읽기 활동이 학업성취도와 읽기 능력에 미치는 효과 연구〉. 한국교원대학교 교육대학원 학위논문.

한미화(2009). 〈인터넷 연재소설 무엇이 다른가〉.《작가세계》Vol.81.

한상웅(2018). 스튜디오드래곤. 유진증권(www.Eugenefn.com).

한상정(2015). 〈한국 웹툰의 연출문법 연구〉. 《애니메이션연구》 11(3), 한국애니메이션학회.

한혜원 · 남승희(2009). 「트랜스미디어 콘텐츠의 스토리텔링 구조 연구: '로스트' 대체현실게임을 중심으로」. 《인문콘텐츠》 15호, 인문콘텐츠학회.

황혜진 · 이승환(2005). 〈SF 영화 '매트릭스'에 나타난 문화적 혼성성〉. 《한국콘텐츠학회논문집》 5, 한국콘텐츠학회.

외국 참고문헌

Eckart Voigts & Pascal Nicklas (2013). Introduction: Adaptation, Transmedia Storytelling and Participatory Culture. Adaptation Vo.6, No.2.

Marsha Kinder (1991). Playing with Power in Movies, Television, and Video Games: From Muppet Babies to Teenage Mutant Ninja Turtles. University of California Press.

Pimpawan Kumphai (2000). "Cultural Products: Definition And Website Evaluation." Kasetsart University.

Ryan, Marie-Laure (2013). Transmedial Storytelling & Transfictionality. Poetics Today, Vol.34. No.3.

Susanne Holthuis (1993). Intertextualität: Aapekteeiner rezeptionsorientierten Konzeption. Tübingen.

"Transmedia intertextuality works to position consumers as powerful players while disavowing commercial manipulation." Marsha Kinder (1991). Playing with Power. University of California Press.

2017 Theme Index and Museum Index: The Global Attractions Attendance Report.

郭炎武(2001). 〈試論網絡文學的特質及其對傳統文學的超越〉. 《南京師大學報》(7).

歐陽友權(2003). 《網絡文學網領》. 人民文學出版社.

吳曉明(2000). 《網絡文學創作述論》. 湛江師範學院學報.

卡龍影視動畫有限公司: www.carloon.cn 검색일자: 2012년 9월 28일.

〈アニメ産業レポート2018〉, 日本動画協会, 2018.

보고서 · 신문 · 정기간행물 등

〈만화 · 웹툰 불법유통 실태조사〉. 한국콘텐츠진흥원. 2018.

〈세계 극장용 애니메이션 산업 규모 및 전망〉, 한국콘텐츠진흥원, 2019, 307쪽.

〈완다그룹(万达集团) 문화산업 전면 진입〉. 해외시장동향. 한국콘텐츠진흥원, 2018.

〈中 완다그룹, 유럽 영화관 인수 추진〉. 해외시장동향. 한국콘텐츠진흥원, 2017.

〈2016 만화산업백서〉. 한국콘텐츠진흥원, 2017.

〈2018 중국 문화산업 비즈니스 가이드〉. 한국콘텐츠진흥원, 2018.

"귀여니 열풍, 왜 우리는 이것에 주목하는가?". 〈오마이뉴스〉, 2003년 5월 22일.

"넷플릭스 CEO 리드 헤이스팅스 '우리는 스토리에 투자한다'". 〈중앙일보〉, 2018년 11월 8일.

"스타워즈 깨어난 포스, 아바타 넘다". 〈매일경제〉, 2016년 1월 7일.

"어린이 도서 이대로 좋은가 | 외국 책 표절한 값비싼 전집류 판쳐". 〈중앙일보〉, 1997년 5월 4일.

"예양(豫讓)". 〈한국경제〉, 2011년 2월 11일.

"완다, '부동산 재벌'에서 '글로벌 최대 영화사업체'까지". 〈상하이저널〉, 2016년 3월 4일.

"장르소설 목표는 재미… 문학성 따지면 안 돼". 《주간조선》 통권2364호, 2015.

"지표로 짚어보는 2019 중국 영화 총결산", 人民網, 2020년 1월 8일.

"형가(荊軻)". 〈한국경제〉, 2010년 6월 11일.

"2018년 중국 영화 박스오피스 600억 돌파". 人民網(http://kr.people.com.cn), 2019년 1월 4일.

"3개社 아동과학안화시리즈 海賊版是非로 물의". 〈동아일보〉, 1981년 2월 5일.

"8만 명 작가 데뷔, 조아라 20주년 성과 담은 인포그래픽 공개", 게임포커스, 2020년 1월 30일.

"'10조원 돌파' 일본 애니메이션, 국외시장 매출 절반 육박", 한겨레신문, 2019년 12월 16일.

"CJ 영화의 정치 상업주의".《신동아》, 2019년 1월 18일.

인터넷

금융감독원 전자공시시스템(dart.fss.or.kr), CJ ENM 분기보고서, 2019년 1월 15일 검색.

네이버 지식백과: '기생충의 수상 및 후보 목록', 2020년 2월 20일 검색.

_____: 《만화학개론》, 북코리아, 2018년 1월 2일 검색.

_____: 대체현실게임(Alternate Reality Game), 2017년 3월 20일 검색.

_____: 배트맨의 악당들 ― 고담시를 위협하는 진정한 미치광이들, 2019년 1월 30일 검색.

_____: 앙굴렘국제만화페스티발(Angoulême International Comics Festival), 2019년 1월 30일 검색.

_____: 시뮬라시옹(Simulation)[철학사전, 2009, 중원문화]

_____: 디즈니랜드(세계문화사전, 2005. 8. 20, 인물과사상사)

넷플릭스: https://www.netflix.com/kr/, 2017년 3월 20일 검색.

두산백과: 아우라 http://terms.naver.com/entry.nhn?docId=1946672&cid=40942&categoryId=31538

레고 에듀케이션: https://education.lego.com/ko-kr, 2019년 1월 25일 검색.

레고코리아: https://www.lego.com/ko-kr

마블: https://www.marvel.com

상하이 디즈니랜드: https://www.shanghaidisneyresort.com/en

시사상식사전: 3스크린플레이, http://terms.naver.com, 2017년 3월 30일 검색.

스타워즈: StarWars.com

완다시네마: http://www.wandafilm.com, 2019년 1월 15일 검색.

유네스코(http://uis.unesco.org), UIS, 2009 UNESCO Framework for Cultural Statistics, 2009, 2019년 1월 2일 검색.

유청. "우리나라 천재 바카본 학습만화 표절 클래스". 2015. 10. 31., blog.naver.com/dbxhvldk22/220525390668

위키백과: 대체현실게임, 2017년 3월 20일 검색.

_____: 존 페리 발로, http://ko.wikipedia.org/, 2014년 6월 21일 검색.

판화 문학, 로돌프 토페르(Rodolphe Töpffer), 코믹파크(http://comixpark.com), 2019년 1월 2일 검색.

한국정보통신기술협회(www.tta.or.kr)

CJ ENM(www.cjenm.com), 2019년 1월 25일 검색.

DC Entertainment: https://www.dcentertainment.com

https://blog.oup.com/2013/11/stan-lee-on-what-is-a-superhero/, 2017년 6월 1일 검색.

SBS 라디오핫클립: 〈박선영의 씨네타운〉. '너의 이름은.' 마침표의 의미는?, 2019년 1월 30일 검색.

STUDIO DRAGON(www.studiodragon.net), 2019년 1월 25일 검색.

xongsang. "추억의 바카본 과학만화_웃으며 배우는 깔깔 우주과학만화, 수학만화", 2015년 4.16., http://blog.naver.com/xongsang/220332836612

찾아보기

트랜스미디어 시대의
문화산업과 문화상품

2020년 4월 10일 초판 인쇄
2020년 4월 15일 초판 발행

지은이 | 이건웅 · 최승호
교정교열 | 정난진
펴낸이 | 이찬규
펴낸곳 | 북코리아
등록번호 | 제03-01240호
주소 | 13209 경기도 성남시 중원구 사기막골로 45번길 14
　　　우림2차 A동 1007호
전화 | 02-704-7840
팩스 | 02-704-7848
이메일 | sunhaksa@korea.com
홈페이지 | www.북코리아.kr
ISBN | 978-89-6324-698-7 (93300)

값 18,000원

* 이 도서는 교육부 및 한국연구재단의 BK21플러스사업 지원에 의해 출간된 도서입니다.
* 본서의 무단복제를 금하며, 잘못된 책은 바꾸어 드립니다.